Nils Pickert

Lebenskompliz♥innen

Nils Pickert

Lebenskompliz♥innen

Liebe auf Augenhöhe

BELTZ

FSC www.fsc.org MIX Papier aus verantwortungsvollen Quellen FSC® C089473

Klimaneutral Papier ClimatePartner.com/13732-1910-1001

Dieses Buch ist erhältlich als:
ISBN 978-3-407-86706-3 Print
ISBN 978-3-407-86725-4 E-Book (EPUB)

2. Auflage 2022

Lektorat: Judith Roth, Frankfurt am Main
Umschlaggestaltung: Vietmeier Design, München
Bildnachweis: Claire Desjardins

Herstellung: Sarah Veith
Druck und Bindung: Beltz Grafische Betriebe, Bad Langensalza
Beltz Grafische Betriebe ist ein klimaneutrales Unternehmen
(ID 15985-2104-100).
Printed in Germany

Weitere Informationen zu unseren Autor_innen und Titeln
finden Sie unter: www.beltz.de

Inhalt

Für dich, mein Herz, wie immer für dich,
Ich hoffe, es macht dir nicht allzu viel aus:
Kein Buch über Liebe wüsste ich
Alleine zu schreiben und zu beenden.
Denn wohin wir uns beide auch immer wenden –
Ich folge dir oder gehe voraus.

Liebloses Vorwort

Liebe ist niemals genug.

Lassen Sie uns das gleich vorab klarstellen. Sie ist das genaue Gegenteil von dem, als was sie im biblischen Hohelied der Liebe beschrieben wird: Sie ist bisweilen ruhelos, unfreundlich und eifert süchtig. Manchmal schaut sie mutwillig auf andere herab und sucht aufgeblasen und anstandslos den eigenen Vorteil. Liebe lässt sich zu vielem reizen und trägt einiges nach. Ab und an begeht sie Unrecht und freut sich daran, mit ihren Lügen davonzukommen. Liebe ist nicht unendlich belastbar, irgendwann verliert auch sie den Glauben, ist hoffnungslos und versagt.

Liebe ist vergänglich. Liebe ist manipulierbar. Liebe irrt. Glücklicherweise. Denn bei allen Bemühungen, zwischenmenschliche Liebe zu einem ewigen, unverbrüchlichen Prinzip zu erklären, das weit über Liebende hinausweist, ist es doch gut, dass sie ganz und gar in uns verhaftet ist. In unserer Fehlbarkeit und unserer Langeweile, unseren Nöten, Begehrlichkeiten, Ängsten und Träumen.

Liebe leistet und überwindet eben nicht alles. Sie ist kein ultimatives Multifunktionswerkzeug, mit dem alle Schäden repariert und alle Wünsche realisiert werden können. Sie ist kein Fährschiff, das wir mit einer einzigen gemeinsamen Entscheidung betreten, um anschließend sicher und ohne Kurskorrektur ans Ziel gebracht zu werden. Was also ist Liebe? Und was soll das hier alles?

Dieses Buch ist ein Frontalangriff auf die romantische Liebe mit dem Ziel, die Liebe zu retten. Es ist der Versuch einer Fürsprache, die Liebe verbal auf ein Ausmaß zusammenstreicht, das sich überhaupt erst verteidigen lässt. Denn Romeo und Julia taugen nicht einmal ansatzweise als Vorbilder dafür, wie sich Liebe leben lässt. Bei den beiden scheitert es ja schon am Leben. Von Strategien zur Bewältigung von Stress, Versagensängsten, Kinderbedürfnissen, Armut, Krankheit und diesem wiederkehrenden Verdacht, dass das Gras womöglich auf der anderen Seite doch viel grüner ist, mal ganz abgesehen. Wenn Sie so wollen, ist das hier ein Entwicklungsprogramm für die Liebe. Und der Name dieses Programms lautet:

Gleichberechtigung

Das klingt zunächst einmal ausgesprochen unsexy. Gleichberechtigung hört sich so gar nicht nach Liebesschwüren, durchtanzten Nächten, spontanen Zugreisen nach Paris oder spätabendlichen Einbrüchen ins Freibad zwecks romantischen Nacktbadens und anschließender Vögelei auf der Tischtennisplatte an. Gleichberechtigung klingt nach getrennten Rechnungen, Aushandlungsprozessen, Kompromissen, Verantwortung. Und, verdammt noch mal, es klingt nach Feminismus! Gut so, denn genau das ist der Plan. Dieses Buch beschäftigt sich nämlich mit der Frage, was passiert, wenn sich zwei Menschen sterblich ineinander verlieben, die überzeugt sind, unsterblich verliebt sein zu müssen. Es möchte wissen, wie wir miteinander in den äußerst renovierungsbedürftigen Teilen unserer Beziehung umgehen, während wir am Handy durch die inszenierten Liebespaläste Prominenter in den sozialen Netzwerken scrollen. Es will klären, ob wir von der Liebe nicht mehr haben können, als sie uns im Augenblick zu geben in der Lage ist, wenn wir nicht länger von ihr erwarten, dass sie uns alles gibt. Dieses Buch wird also unfreundlich zu Ihren Liebeskonzepten sein, aber sehr nett zu Ihnen. Es wird Preisschilder an Dinge und Tätigkeiten hängen, die man doch eigentlich nicht bewerten sollte, weil sie aus Liebe geschehen. Es wird sich in all die kleinen und großen Ungerechtigkeiten verbeißen, über die Liebe eigentlich drüberstehen und uns erheben sollte – die aber in Wahrheit die Gründe dafür sind, dass wir ins Straucheln geraten und unsere Liebe zerfällt. Wir brauchen endlich Gewissheit. Und weil Oscar Wilde recht hat, wenn er schreibt, dass Ungewissheit die Essenz der Romantik sei[1], muss es dabei zwangsläufig sehr unromantisch zugehen: Wer hat wie lieben gelernt, mit welchen Erwartungen wird gearbeitet, welche Geheimverträge wurden in Sachen Beziehung aufgesetzt, auf denen die Unterschrift der oder des anderen einfach gefälscht wurde?

Wer stellt welche Ansprüche, wer verdient wie viel, wer initiiert wann wie oft Sex, wer übernimmt die Planung für das gemeinsame Leben? Wer setzt sich bei der Abendgestaltung durch, wer ruft die Eltern an, wer führt die Taschengeld- und Ausgabenliste der Kinder? Wer merkt bei Benutzung der Toilettenbürste, dass sie schon ganz schön wackelig und ranzig ist, und überlässt das Problem dann achselzuckend jemand anderem?

Wir benötigen nicht zuletzt auch Gewissheit, worüber wir uns eigentlich genau verständigen. Immerhin werden hier große Begriffe verhandelt. Wenn ich nicht konkret definiere, was ich mir unter Gleichberechtigung vorstelle und um welche Art von Beziehung es mir geht, können wir nicht sicherstellen, dass wir über die gleichen Dinge sprechen.

Wenn ich also von Gleichberechtigung schreibe, dann meine ich die Gleichwertigkeit von Menschen, die auf der Basis von essenziellen Gemeinsamkeiten sehr verschieden voneinander sind.

Gleichberechtigung hat nichts mit Gleichmacherei zu tun. Es geht nicht darum, Unterschiede einzustampfen oder zu leugnen, um Gleichheit zu erzwingen, sondern um einen komplexen, sehr zerbrechlichen Aushandlungsprozess, der zum Ziel hat, dass alle Interessen und Bedürfnisse gesehen, berücksichtigt und anerkannt werden. Gleichberechtigung bedeutet nicht, dass ich genauso oft kochen muss wie der Mensch, mit dem ich zusammenlebe, obwohl ich für Kochen weder das Talent noch die Geduld habe und mir mein eigenes Essen nicht schmeckt. Es bedeutet in diesem konkreten Fall, den Wert dessen anzuerkennen, was der oder die andere für mich tut, meine Anerkennung dafür zu kommunizieren und einen entsprechenden Gegenwert anzubieten. Und zwar nicht als Nullsummenspiel. Menschen sind keine Maschinen. Eine Liebesbeziehung, die über einen längeren Zeitraum davon geprägt ist, dass ein schwer erkrankter Mensch die Pflege seiner Partnerin oder seines Partners benötigt, kann trotzdem gleichberechtigt sein. Sie sollte es sogar. Auch und gerade wenn es nie zu einer Situation kommt, in der sich die Verhältnisse, die immer auch Machtverhältnisse sind, einmal umkehren sollten. Gleichberechtigung bedeutet, dass der erkrankten Person ebenso das Recht auf Autonomie zugestanden wird wie der pflegenden Person das Recht darauf, gepflegt und umsorgt zu werden. Nichts kann daran etwas ändern. Kein Geschlechterklischee von aufopferungsvollen Frauen und harten Männern. Keine Bekannten, die pikiert die Nase darüber rümpfen, dass man so gar nicht ihren Erwartungen entspricht. Selbst das Leben mit all seinen Unwägbarkeiten und seiner Unfairness ändert daran nichts.

Wenn hier von Beziehung die Rede ist, wird im Kern die heterosexuelle Liebesbeziehung von erwachsenen Menschen beschrieben. Diese Einschränkung ist aus mehreren Gründen erklärungsbedürftig. So würden beispielsweise nach der selbstauferlegten

Prämisse dieses Buches ausnahmslos alle Beziehungen davon profitieren, wenn man sie gleichberechtigt gestaltet: freundschaftliche Beziehungen, Sexbeziehungen, Arbeitsbeziehungen, Eltern-Kind-Beziehung. Für all diese Themen können wir uns gern in zukünftigen Büchern treffen. Verabredung steht! Auf diesen Seiten geht es mir jedoch explizit um diese eine Beziehung. Sie wissen schon: Topf und Deckel, Yin und Yang, Arsch und Eimer. Die Beziehung, die wir mit dem Ziel eingehen, das zu verwirklichen, was der Paartherapeut Michael Mary den »AMEFI-Komplex« nennt: Alles mit einem für immer. Die Beziehung also, die der US-amerikanische Schauspieler Thomas Lennon in seiner Rolle als Klaus in der Sitcom *How I Met Your Mother* mit dem deutschen selbst kreierten und sehr zutreffenden Begriff »Lebenslangerschicksalsschatz« bezeichnete. Das Konzept »romantische Liebe« mit der Zielsetzung, den einen, wahren Lebenslangerschicksalsschatz zu treffen, mag menschheitsgeschichtlich betrachtet noch nicht lange existieren. Das ändert jedoch nichts an seiner Wirkmächtigkeit und Verheißungskraft. Liebeskomödien, Hochzeitseinladungen, Romanromanzen, Schnittblumenindustrie – sie alle zahlen bildungstechnisch und popkulturell auf unser Verlangen nach der einen großen Liebe ein. Dabei existieren durchaus Alternativen: Polyamorie, aromantische Paarbeziehungen, asexuelle Elternschaft und viele andere Formen zwischenmenschlicher Beziehung sind reale, vollwertige Beziehungsmodelle. Sie werden aber bis auf den heutigen Tag leider viel zu oft als Verlegenheitsgegenentwurf, als Scheitern am monogamen Lebenslangerschicksalsschatztraum beschrieben. Aus diesem Grund möchte ich vermeiden, queere und/oder alternative Beziehungsmodelle als Feigenblatt der Diversität in mein Buch herbeizuzitieren. Mir geht es hier um einen genauen Blick auf die große Erzählung darüber, wie er auf sie trifft und sie auf ihn und ihre Liebe alle Probleme zu lösen hat. Auf das Märchen, dass Liebe wie von Zauberhand für gleichberechtigte Verhältnisse sorgt – während ich behaupte, dass eben diese gleichberechtigten Verhältnisse bestimmte Formen der Liebe überhaupt erst möglich machen. Ich will mit Ihnen herausfinden, warum gleichberechtigte Liebesbeziehungen so schwierig zu realisieren scheinen, obwohl Gleichwertigkeit ein zentraler Schlüssel für gelingende Beziehungen ist. Dafür müssen wir uns anschauen, wie Er und Sie erzählt werden, was Er zu tun und Sie zu sagen hat. Welches Rollenverhalten wird von ihnen erwartet, wie haben sie sich dem eigenen Empfinden nach und vor den Augen der Welt zu lieben? Was muss inszeniert werden, was darf nicht zur Sprache kommen? Diese Vorgaben wurden und werden nach wie vor als Ausschlusskriterien gegen andere gesetzt. Deshalb steht es mir an dieser Stelle nicht zu, beispielsweise polyamore oder homosexuelle Beziehungskonstellationen für meinen Erklärungsversuch nutzbar zu machen. Denn auch wenn diese selbstverständlich von standardisierten heterosexuellen Liebesmythen und -anforderungen betroffen sind und sich zu ihnen verhalten müssen, gilt immer noch das Diktum des Popsongs *Sk8er Boi* der kanadischen Sängerin Avril Lavigne: Er ist ein Junge, sie ist ein Mädchen, klarer kann die Sache gar nicht sein.

Wie Jungen und Mädchen zu sein haben, was sie miteinander tun und auf welche Art und Weise sie sich womöglich verlieben, ist scheinbar für alle Beteiligten »offensichtlich«. Es gibt kein Geheimnis. So und nicht anders hat Liebe stattzufinden, mit eben diesen und nicht etwa gleichgeschlechtlichen Beteiligten. Die Regieanweisungen, die wir alle für gelingende Liebesbeziehung erhalten, sind mehrheitlich die für eine heterosexuelle Romanze, die zwar vor Probleme gestellt wird, diese aber kraft ihres unverbrüchlichen Bandes zu lösen in der Lage ist. Und falls das nicht mehr gelingt, verlischt man oder geht weiter und versucht die Anweisungen mit leichten Modifikationen mit der oder dem Nächsten umzusetzen.

Weil diese Regieanweisungen immer schon heterosexistisch waren, immer schon »Er ist ein Junge, sie ist ein Mädchen« offensichtlich genug fanden, will ich sie auch so nennen, hier durchkauen und anschließend wieder ausspucken. Schließlich ist es das, was wir alle zu schlucken haben.

Und dann ist da natürlich noch die Liebe. Ohne Liebe geht es nicht. Auch wenn ich gleich im ersten Satz klargestellt habe, für wie unfähig ich die Liebe halte, geht es mir doch eigentlich nur darum, sie zu befähigen. Ich will unsere Vorstellung von Liebe entlasten, um sie belastbarer zu machen. Dafür brauche ich zumindest eine provisorische Definition von dem, was ich mir unter Liebe vorstelle, um einen Anfang zu machen. Biochemie, Schicksal, Zufall? Die Vereinigung zweier Seelen in Gott oder der eigenen Entscheidung? Freundlich-humorvolle Vertrautheit plus sexuelles Begehren und mögliches Kindererweiterungsmodul?

Alles davon? Ganz etwas anderes? Ich möchte es zunächst gern mit zwei näheren Bestimmungen der Liebe versuchen.

Zuallererst ist Liebe eine Notwendigkeit. Sie ist der deutlichste, der mächtigste Versuch eines Brückenschlags in einer Welt, in der, wie es Bertolt Brecht formulierte, »die unendliche Einsamkeit des Menschen Feindschaft zu einem unerreichbaren Ziel macht«[2]. Wir alle sind allein. Jeder Blick, jede Berührung, jeder Kuss ist ein Akt der Kommunikation aus einer existenziellen Vereinzelung in eine mögliche Gemeinsamkeit hinein: Ist da außer mir noch jemand? Sieht diese Person mich? Kann sie mich womöglich als das erkennen, was ich bin, und die Isolationshaft meines Ichs beenden, ohne ihm den Rückweg in die sporadische Rückversicherung durch begrenzte Einsamkeit abzuschneiden?

Aus dieser Notwendigkeit heraus entsteht gegenseitige Liebe als das Bedürfnis, sich ineinander zu beheimaten. Nicht umsonst kreisen unsere Vorstellungen von romantischer Liebe immer wieder um Sprachbilder wie »Ankunft«, »Hafen« und des »Einander-ein-und-alles-Seins«. Nicht umsonst gießen viele als Ausdruck höchster Vervollkommnung dieser Liebe ihren Beheimatungsversuch in die Ehe. Denn mit dem Akt der Eheschließung erhalten wir gleichsam die Staatsbürgerschaft in unserem Gegenüber und feiern mit der Hochzeit ein beiderseitiges Einbürgerungsfest. Dem elementaren Bedürfnis, in jemandem Heimat zu finden, wird die Absichtserklärung, sich vollständig und zeitlich unbegrenzt beheimaten zu lassen, entgegengesetzt. In guten wie in schlechten Zeiten. In Gesundheit und Krankheit. In Reichtum und in Armut. Mit einer einzigen großen Geste sollen die Unsicherheiten, das Leid und die Wirrnisse des Lebens wenn schon nicht ausradiert, dann doch auf ihren Platz verwiesen werden: Wir lassen uns unsere Liebe nicht von schlechten Zeiten vergällen. Wir sind auch unter chronischen Schmerzen ewig Liebende. Und wenn wir nichts mehr haben, haben wir immerhin noch uns. Nur funktioniert das so nicht. Tatsächlich machen wir uns gar keine Vorstellung davon, wie schlecht die Zeiten sein können, wie lebensverändernd Krankheiten sind. Oder darüber, was Armut mit Menschen anstellt. Und noch weniger wollen wir davon wissen, dass gar nicht so viel gegen uns aufgefahren werden muss, um uns aus der Bahn zu werfen. Liebe ist immer anfechtbar. Auch und gerade von angeblichen Kleinigkeiten, über die wir sie erhaben wünschen. Anstatt diese universelle Anfechtbarkeit zu ignorieren, sollten Liebespaare sie anerkennen und sich gegen sie verschwören. Pläne machen, Gegenmaßnahmen entwickeln, Komplimente schärfen, schmutzige Tricks aushecken, Gleichberechtigung einüben, nachverhandeln, feinjustieren. Denn es ist eben nicht nur so wie Robert Frost einmal in einem Gedicht über einen längst vertrockneten Bach schrieb, dass wir »die Dinge, die wir lieben, dafür lieben, was sie sind«[3]. Wir lieben Dinge und Menschen auch dafür, was wir sind. Dafür, was wir in ihnen sein können oder nicht mehr sein müssen. Weil Menschen sich aneinander, miteinander, gegeneinander gleichbleibend verändern und verändert gleichbleiben, muss eine auf Dauer angelegte Liebesbeziehung in Gleichberechtigung transformierbar und reformierbar sein. Nur so können sie in ihrer Beziehung aufeinander bezogen bleiben.

Lebenskompliz♡innen

Also Liebende, die nicht mehr nur darauf setzen, dass irgendwie schon alles gut wird, sondern ihr Menschenmöglichstes tun, damit ein *Wir* jeden Tag gelingen kann, ohne dass *Ich* oder *Du* dafür aufgegeben werden müssen. Romantische Liebe reicht dafür einfach nicht. Sie weiß nichts über Fehlgeburten, Hämorrhoiden, einflussreiche Verwandte oder Mundgeruchsküsse im Morgengrauen. Nichts über Libidoverlust, Panikattacken, schreiende Kinder und Umzugsstress. Romantische Liebe hat keine Ahnung davon, wie es ist, sich auf dem einzigen Pärchenabend im ganzen Jahr beim Abendessen eine Lebensmittelvergiftung einzufangen und sich anschließend im Hotelbadezimmer gemeinsam die Seele aus dem Leib zu kotzen. Ehrlich gesagt ist romantische Liebe ganz schön lieblos. Weil sie meint, alles zu überwinden, strengt sie sich nicht richtig an. Schon gar nicht bei der Frage, wer nach so einer Nacht die Fliesen wischt. Dabei wäre genau das ein Liebesdienst an der anderen Person – der vor allem dann leichtfällt, wenn nicht immer der- oder dieselbe für solche Tätigkeiten zuständig sein muss. Wir sollten also endlich Schluss machen mit der romantischen Liebe und ihren protzigen, einfältigen Geschlechterbildern. Wir sollten uns endlich aufraffen und ihr den Laufpass geben: So schön war es gar nicht mit ihr. Und gleichberechtigt schon gar nicht.

EINS

Offenlegung

»Die erste Liebe ist ein Versprechen,
das andere halten werden.«[1]

Senta Berger

Eigentlich bin ich ein Schwindler. Die romantische Liebe, die ich hier gerade erst als unzureichend, schwach und vergänglich beschrieben habe, begleitet mich seit über einem Vierteljahrhundert und ist stärker denn je. Sie hat vier Kinder hervorgebracht, fünf Umzüge überdauert, zahlreiche Krisen überwunden und so viele Glücksmomente produziert, dass es für ein ganzes Regal Kitschromane reichen würde. Warum dann also dieses Buch? Ich könnte mich doch auch einfach entspannt zurücklehnen, mein Leben und meine Beziehung genießen und ab und an zu meiner persönlichen Belustigung anderen Paaren dabei zusehen, wie sie auseinanderfallen. Ich könnte weiter in diesem Zustand schwelgen, den manche Menschen mit einem passiv-aggressiven Unterton als »Ihr seid ja so symbiotisch« bezeichnen, während sie uns zugleich insgeheim bis offen darum beneiden, was wir haben: Und sie lebten glücklich und zufrieden, bis sie als letztes Pärchen noch übrig waren. Nur funktioniert das so nicht. Liebende Menschen in ihrer Beziehung scheitern zu sehen ist niemals belustigend. Es ist vielmehr eine unfreundliche, schmerzhafte Erinnerung daran, dass es jederzeit um alles geht. Dass niemand für immer sicher ist, dass Missverstehen zwischen Menschen die Grundkonstante ist – und nicht etwa Verständnis. Alle Paarbeziehungen unterliegen den Gezeiten. Mal herrscht zwischen den Beteiligten Ebbe, mal leckt die Flut an ihnen. Und manchmal verbringen sie Monate, wenn nicht Jahre damit, mit viel zu kleinen Eimern das Brackwasser aus ihren Beziehungen rauszukübeln, während es allmählich immer höher steigt. Das gilt auch für meine Lebenskomplizin und mich. Es gibt keinen sicheren Hafen. Es gibt keine Liebe, die so groß ist, so rein und so hochherzig, dass sie über ihr Scheitern erhaben wäre. Letztlich zahlen Höhenflüge auch nur auf die Fallhöhe ein. Und deshalb ist es auch keine Koketterie, wenn ich Ihnen gestehe, dass ich nicht weiß, ob unsere Liebesbeziehung wirklich so lange andauert, bis uns der Tod dazwischenkommt. Vielleicht werde ich erleben, dass Menschen dieses Buch vor dem Hintergrund unserer Trennung lesen. Nicht zuletzt deshalb bin ich hier gut beraten, ganz allgemein für gleichberechtigte Liebe Partei zu ergreifen und nicht etwa meine Beziehung zum Erfolgsmodell hochzuschreiben, das andere Paare nur zu kopieren bräuchten, um über einen ähnlich langen Zeitraum glücklich und zufrieden miteinander zu sein. Auch diese Hoffnung können wir fahren lassen: Es gab, gibt und wird niemals ein Paar geben, das sich auf eine Weise liebt und miteinander umgeht, die für alle anderen stets das Gleiche bewirken würde. Vielleicht wollen Sie gar nicht so sein wie wir. Vielleicht ist eine Fernbeziehung ohne Kinder genau die Verbindung, in der Sie sich am wohlsten fühlen. Vielleicht stellen sogar meine Lebenskomplizin und ich irgendwann fest, dass wir nicht mehr so sein wollen wie wir einander jetzt sind. Dann kann ich nur hoffen, dass wir genauso gleichberechtigt auseinandergehen, wie wir zusammen gewesen sind.

Wenn ich Ihnen also auf den folgenden Seiten erzähle, wie wir uns kennengelernt haben, wie wir unsere Beziehung gestalten und was uns als Lebenskompliz♡innen ausmacht, dann tue ich das nicht, weil Sie so sein und lieben sollen wie wir. Ich habe auch ehrlich gesagt kein gesteigertes Interesse daran, mich vor Ihnen derartig nackig zu machen und zur Schau zu stellen. Das ist insofern bemerkenswert, als dies schon das zweite Sachbuch ist, in dem ich genau das bis zu einem gewissen Grad tue. Aber die Notwendigkeit hat nun einmal ausgesprochen gute Argumente. In meinem Buch *Prinzessinnenjungs*[2] stand ich vor der Wahl, die Gewalterfahrungen von Jungen und Männern lediglich in den Text herbeizuzitieren oder an mir zu veranschaulichen. Ich entschied mich nach mehreren unbefriedigenden Anläufen für Letzteres. Statt mich also nur auf Statistiken zu beziehen und auf einen fernen Horizont gewalttätiger Ereignisse irgendwelcher Leute zu deuten, habe ich darüber geschrieben, wie es sich anfühlt, gesagt zu bekommen, man solle die Hände herunternehmen, bevor einem der eigene Vater mit voller Wucht ins Gesicht schlägt. Und in diesem Buch habe ich unter anderem vor, mich und meine eigene Beziehung für meine Ideale von Gleichberechtigung und Liebe auf Augenhöhe haftbar zu machen. Denn auch Liebe ist nichts, was am Reißbrett gelingt. Und Gleichberechtigung ist mehr als ein Konzept für Debattierklubs und utopische Erzählungen. Wenn Lebenskompliz♡innenschaft nicht nur eine nette Idee sein soll, zu der man sich nicht so wirklich aufraffen mag, weil sie zu angestrengt, verkopft und irgendwie auch langweilig klingt, dann muss ich hier schon ein bisschen mehr auspacken. Also ja: Nicht nur Sie und Ihre Beziehung stehen auf dem Spiel. Ich und meine auch. Von Anfang an.

Baumelnde Beine

Als ich meine Lebenskomplizin zum ersten Mal sah, standen wir beide auf der Bühne der Aula unserer Schule und wurden der gleichen Klasse zugeteilt. Es war eine dieser zähen Einführungsveranstaltungen, bei denen die im Publikum sitzenden Eltern noch aufgeregter sind als ihre Kinder und viel zu viele Leute viel zu viel erzählen. Während also irgendwer irgendwas sagte und ich einfach nicht mehr still stehen konnte, blickte ich mich um und blieb an ihren türkisfarbenen Katzenaugen hängen. Weil zwischen uns einige andere Kinder standen, ahnte ich sie mehr, als ich sie sah. Trotzdem fing ich an, mich zu strecken und herumzuhampeln, um einen besseren Blick zu erhaschen. Bevor ich mich in größere Peinlichkeiten verstricken konnte, wurde uns unser zukünftiger Klassenlehrer vorgestellt und wir durften die Aula verlassen. Auf dem Weg ins Klassenzimmer begann ich ein Gespräch mit dem hoch aufgeschossenen Jungen, der neben mir lief und deutlich älter wirkte als die anderen. Es stellte sich heraus, dass er aus den gleichen Gründen hier war wie ich, und er war mir deshalb sofort sympathisch: Ein Ossikind, dessen Mutter ihn nach dem Fall der Mauer möglichst schnell aus dem zerfallenden Bildungssystem der DDR auf eine Westschule retten wollte, dabei aber vor dem Problem stand, dass zur sechsten Klasse kein Schulwechsel anstand. In Berlin wechselte man entweder zur siebten Klasse oder – sehr viel seltener – zur fünften Klasse auf die weiterführende Schule. Zur Fünften hieß auf ein Gymnasium mit Spezialausrichtung. In unserem Fall ein grundständiges Gymnasium mit Latein ab der fünften und Altgriechisch ab der neunten Klasse. Wir beide wurden vom Direktor der Schule vor die gleiche Wahl gestellt: entweder freiwillig die fünfte Klasse wiederholen oder sich so rasch wie möglich ein komplettes Jahr Latein draufschaffen. Wir entschieden uns beide fürs Wiederholen und wurden über diese und andere Gemeinsamkeiten so schnell Freunde, dass wir uns schon auf dem ersten Weg in das neue Klassenzimmer verquatschten. Wir waren also die Letzten, die den Raum betraten, in dem unsere Mitschülerinnen und Mitschüler bereits auf den Klassenlehrer warteten. Die Schulranzen, die wir vor der Feier in der Aula bereits in dem Raum abgelegt hatten, lagen an einer Wand. Manche Kinder saßen bereits, andere standen herum und unterhielten sich oder versuchten angestrengt, möglichst unauffällig zu schweigen. Und ganz hinten in der Ecke saß sie auf dem breiten Fensterbrett, schaute sich neugierig um und baumelte mit den Beinen. In diesem Moment sah ich sie zum ersten Mal vollständig für mich. Zumindest hatte ich den Eindruck. Ich war elf Jahre alt, sie gerade zehn geworden. Ich hatte, wie es der Philosoph Alain de Botton formuliert, lediglich eine Vorstellung davon, wie es sich anfühlt, geliebt zu werden, aber keinerlei Wissen darüber, wie man liebt. Ich ging trotz aller Widrigkeiten oft davon aus, dass meine Eltern mich liebten, und liebte sie reflexartig zurück. So wie man sich in eine warm gelegene Bettkuhle rollt oder aufschaut, wenn man den eigenen Namen freundlich ausgesprochen hört. Aber da stand ich nun, elf Jahre alt und sprachlos vor Staunen mitten in meinem eigenen Satz. Sie baumelte mit den Beinen, sah sich um und versuchte vermutlich wie alle anderen auch, möglichst wenig unangenehm aufzufallen. In diesem Moment liebte ich sie. Und zwar mit dem der Liebe eigenen unendlichen Mangel an Demut, der einen in Sekundenbruchteilen zu der Überzeugung gelangen lässt, einen Menschen vollständig für sich verstanden zu haben. Ich wusste nichts von diesem Mädchen. Ich ahnte nichts davon, wie man liebt. Wir beide waren viel zu jung, als dass erotische Anziehungskraft eine Rolle hätte spielen können. Dennoch war ich von dem instinktiven Verlangen überwältigt, mich in diesem Mädchen zu beheimaten. Ich war schlagartig der Überzeugung, dass mein Zuhause mit den Beinen baumelt und türkisfarbene Augen hat. In einem anderen Buch würde das an dieser Stelle womöglich mit Schicksal, Kismet, göttlicher Vorsehung oder einem anderen romantischen Mechanismus erklärt werden, der klarstellen soll, dass es mir und uns so bestimmt war und nun einmal so kommen musste. In diesem Buch rücken wir jedoch romantisierenden Liebesfantasien mit Ockhams Rasiermesser zu Leibe. Das heißt, von mehreren Erklärungsmöglichkeiten für denselben Sachverhalt die einfachste und plausibelste allen anderen vorzuziehen. Auch wenn ich mit meinen Kindern manchmal scherze, dass es nur deshalb zur Wiedervereinigung kam, weil David Hasselhoff und ich die Mauer zum Einsturz gebracht haben, damit ich ihre Mutter kennenlernen kann, wird es wohl anders abgelaufen sein. Wir werden uns nicht unter acht Milliarden Menschen in 100 000 Jahren Menschheitsgeschichte ausgerechnet hier, in diesem Klassenzimmer getroffen haben, weil wir der einander vorbestimmte Lebenslangerschicksalsschatz sind. Viel wahrscheinlicher ist es, dass in mir vor dem Hintergrund meiner in weiten Teilen dysfunktionalen Familie und einem zusammengebrochenen politischen System eine große Sehnsucht danach bestand, mich irgendwo zu beheimaten. Oder in irgendwem. Zunächst nicht unbedingt im Sinn einer »Willst du mit mir gehen, ja, nein, vielleicht?«-Jugendliebe, sondern durchaus aus einem noch sehr kindlichen Bedürfnis nach Angenommensein und Geborgenheit. Die Welt, die ich kannte, war untergegangen, mein Zuhause nicht sicher. Ich sollte jeden Schultag eine Stunde durch die Stadt zu einem Ort fahren, der mir ziemlich unverständlich bis feindselig erschien. Ich hatte Angst. Ich war allein. Mein Vater hatte mir ein schweres Stottern in die Seele geprügelt, das nicht gerade die beste Voraussetzung dafür war, sich bei anderen verständlich oder beliebt zu machen. Und plötzlich war da dieses Mädchen, das mir mit seinen baumelnden Beinen so vollkommen unbeeindruckt von all dem schien, so entspannt und in sich ruhend. Viele Jahre später erzählte sie mir lachend, dass sie eigentlich nur versucht hatte, nicht an ihren Nägeln zu kauen. Das Beinebaumeln sei wohl nur eine andere Art gewesen war, sich seiner selbst zu vergewissern. Aber all das wusste ich nicht und es interessierte mich auch nicht. Denn die

Magie der ersten Liebe besteht nicht nur aus der Ignoranz der Tatsache, dass sie einmal enden kann, wie der Schriftsteller und spätere britische Premierminister Benjamin Disraeli vor über 150 Jahren schrieb.[3] Liebe ist ganz grundsätzlich sehr vielen Tatsachen gegenüber ignorant, sonst würde sie überhaupt nicht funktionieren. Die richtigen Tatsachen zu ignorieren kann eine Liebe begründen. Die Ignoranz der falschen Tatsachen beendet sie. Ich war also bis zur Liebe zu diesem Mädchen bedürftig, interessiert und ignorant. Irgendetwas in mir entschied sich, auf sie zu setzen und einen Beheimatungsversuch zu wagen. Nicht etwa, weil sie oder ich DIE Richtigen füreinander waren, sondern weil es DAS Richtige war. Zu den vorgeblich unromantischen Realitäten des Lebens gehört, dass sie auch eine andere hätte sein können. Dass ich ein anderer hätte sein können. Dass wir nicht füreinander bestimmt waren, sondern uns seit über 25 Jahren jeden Tag mit ganzer oder auch letzter Kraft füreinander bestimmen. Mal freudestrahlend und mal zähneknirschend. Mal aus überschäumender Liebe und mal aus immer noch liebevoller Loyalität. Als Lebenskompliz♡innen.

Angezogene Tatsachen

Wir sind dann schließlich zusammengekommen. Nicht in diesem Schuljahr, sondern über ein Jahr später. Inmitten dieser verqueren kindlichen Jugendlogik, die in elterlichen Hobbykellern und Wohnzimmern beim Flaschendrehen durchdreht. Und die beim anschließenden Engtanz nicht mehr weiß, wem genau sie jetzt eigentlich nahe kommen wollte, wenn die angehimmelte Person zufällig mal nicht auf derselben Party ist. Irgendwann gab es Gerüchte darüber, dass ich sie mag. Vielleicht habe ich mich auch dadurch verraten, dass ich früheres Aufstehen und einen erheblichen Umweg in Kauf nahm, um mit ihr gemeinsam ein paar Stationen mit der U-Bahn zu fahren. In eben dieser U-Bahn fragte sie mich eines Tages, »ob das denn stimmt«. Ich war zum ersten Mal in meinem Leben vollkommen überwältigt von dem Gefühl, mir meine Maske coolen Desinteresses vom Gesicht reißen zu wollen. Einfach weil ich nicht mehr ertragen konnte, wie unbequem sie sitzt, wie sehr sie juckt und mir den Atem nimmt. Also habe ich für den ganzen Waggon laut und vernehmlich geantwortet: »Du meinst, dass ich in dich verschossen war und bin? Natürlich stimmt das!« Ich hätte in dieser Situation alles sagen können oder auch gar nichts. Aber ich entschied mich, gerade das zu sagen. Nicht aus Selbstbewusstsein, Mut oder der Gewissheit, dass ich auf Gegenliebe stoßen würde. Sondern weil ich es einfach nicht mehr aushielt, meine Zeit damit zu vertrödeln, mich nicht in ihr zu beheimaten. Ich hatte keine Lust mehr auf Spielchen, die vielleicht irgendwann einmal irgendwo hinführen könnten. Bei denen alles immer so vage bleibt, dass man sich stets darauf zurückziehen kann, es ja nicht so gemeint zu haben. Der »Dachtest du ehrlich, dass ich auf dich stehe, nein, nein, das hast du missverstanden«-Move war auch damals schon unglaublich populär. Aber ich wollte unmissverständlich klarstellen, dass ich es so meine. Nicht mit der Aussicht auf Erfolg vor Augen, sondern von dem Bedürfnis getrieben, mich zu erklären. Hier war die Gelegenheit, hier bot sie mir eine Bühne, und obwohl ich zuvor nicht gewusst hatte, dass ich eine derartige Gelegenheit gern hätte, habe ich sie ergriffen. Sie holte tief Luft, lächelte ein winzig kleines Lächeln und sagte dann: »Das ist gut.« Und es war gut. Es war gut, weil wir von da an ein Paar waren. Freund♡innen. Wir hielten uns an den Händen. Wir küssten uns zum ersten Mal in einem U-Bahnhof. Wir verbrachten Zeit miteinander. Wir erzählten uns voneinander. Ich fuhr morgens noch früher in die der Schule entgegengesetzte Richtung, um länger mit ihr U-Bahn fahren zu können.

Ich besuchte sie zu Hause und lernte ihre Familie kennen. Gleichzeitig hielt ich sie vor meiner Familie geheim. Ich wollte nicht, dass meine Eltern sie sehen, ich wollte nicht, dass sie ihren Namen kennen, am besten sollten sie überhaupt nichts von ihr wissen. Mit anderen Worten: Ich wollte nicht, dass meine kaputte Familie meine womöglich funktionierende Beziehung vergiftet. Ich wollte nicht, dass Menschen aus meiner alten Heimat lärmend in meine neue einfallen und sie zerstören, indem sie mich beschämen und verraten. Das klappte erstaunlich gut. Es ging sogar so weit, dass ich mit meiner Lebenskomplizin und ihrer Familie in den Urlaub fahren konnte und dabei die Schutzbehauptung aufrechterhielt, ich sei mit einem anderen Mädchen gleichen Namens liiert und würde die Ferien mit ihr verbringen. Als meine Mutter sich schließlich bis zu mir durchtelefoniert hatte, flog die ganze Sache auf. Und es war ausschließlich das, was mir Angst machte. Nicht etwa, beim Lügen ertappt zu werden oder die Aussicht auf eine mögliche Bestrafung. Sondern das Gefühl, von meinem »Wachpersonal« bei einem Ausbruchsversuch erwischt worden zu sein und deshalb zukünftig unter strengere Beobachtung gestellt zu werden. Jetzt wussten sie es also. Allerdings stellte sich die Situation zunächst als nicht annähernd so schlimm heraus wie von mir befürchtet. Zwar gab es immer wieder lästige Kommentare und Andeutungen, und auch das Panik verursachende Gefühl, das mir Wichtigste auf offenem Feld unter aller Augen schützen und verstecken zu müssen, blieb. Aber es war auch nett, dass sie von nun an Zeit bei mir verbringen konnte und nicht immer ich es war, der die kleine Weltreise zwischen unseren Stadtbezirken unternehmen musste. Wir hatten uns, wir hatten eine Clique von Freundinnen und Freunden, wir hatten Zeit. Die Schule plätscherte vor sich hin und gab uns die Möglichkeit, uns zu sehen, ohne uns dafür verabreden zu müssen. Was wir allerdings nicht hatten, war Sex. Und das wurde zunehmend ein Problem.

Mein Problem. Denn als ich dieses Mädchen mit den baumelnden Beinen auf dem Fensterbrett sah, war in mir noch nicht einmal eine Ahnung davon, wie sehr mein pubertierender Verstand sie begehren könnte. Zwei Jahre später, nach ein paar Monaten Beziehung, war das jedoch überdeutlich. Ich saß im Lateinunterricht, blickte verstohlen drei Tische weiter zu meiner wunderschönen Freundin, stellte sie mir nackt vor und tagträumte, was wir beide unbekleidet wohl miteinander anstellen würden. Und je länger dieser Zustand anhielt, umso klarer wurde: Sie würde überhaupt nichts mit mir anstellen. Nicht weil sie mich nicht mochte oder ich ihr nicht gefiel, sondern weil sexuelles Begehren in ihrer Welt noch überhaupt keine Rolle spielte. So wie es anfangs für mich auch keine Rolle gespielt hatte. Aber mittlerweile war ich ein horny Teenager und sie eben nicht. Eine Weile versuchte ich, mich mit diesen angezogenen Tatsachen abzufinden. Schaute weg, lenkte mich ab, redete mir ein, dass meine heiße Freundin gar nicht so heiß sei. Aber bei dieser Notlüge hatten meine Hormone und koedukativer Sportunterricht immer das letzte Wort.

Also traf ich, nachdem wir uns beide in unsere jeweiligen Sommerferien verabschiedet hatten, die wohl klügste beschissene Entscheidung in meinem Leben: Als wir uns zum Schulbeginn wiedersahen, erzählte ich ihr knapp, dass ich im Sommer ein anderes Mädchen kennengelernt hätte und deshalb nicht mehr mit ihr zusammen sein wolle. Nichts davon war wahr. Sie schluckte und ging weg. Ich blieb stehen und klammerte mich an die Überzeugung, dass der Versuch, sie zu Sex zu bewegen, unsere Beziehung viel irreparabler beschädigt hätte als das, was ich gerade getan hatte. Meine Lebenskomplizin und ich sind uns rückblickend darin einig, dass es mit großer Wahrscheinlichkeit wohl so gekommen wäre. Dass wir einen sehr furchtbaren Versuch eines sexuellen Miteinanders gehabt hätten oder sie den erfolgreich abgewehrt hätte – in beiden

Fällen wäre eine Trennung erfolgt, aus der wir mit Sicherheit nicht zu einem späteren Zeitpunkt noch eine langjährige Beziehung hätten schmieden können. Ich vermag nicht genau zu sagen, wie ich zu dieser Entscheidung gelangt bin. Nachdem wir unsere Beziehung wieder aufgenommen hatten, gehörte es lange Zeit zu meinen persönlichen Beziehungsmythen, mein damaliges Handeln als selbstlos oder rücksichtsvoll zu verklären. Inzwischen bin ich jedoch davon überzeugt, dass mein pubertierendes Ich zwischen dem Exil und der Zerstörung dieser Liebesbeziehung entschieden hat. Und zwar aus der durchaus selbstsüchtigen Überzeugung, ein Exil vielleicht eines Tages verlassen zu können. Und so kam es dann auch. Aber vorerst hatte ich mich exiliert und begann umgehend damit, mich zu betrinken. Fast immer allein.

Wie ich an den Alkohol kam, was genau ich in den folgenden Jahren tat, welche Entscheidungen ich traf, fällt mir schwer zu rekapitulieren. Ich ging zur Schule, ich war zu Hause. Ich hatte Freunde, ich hatte Ferienjobs, ich hatte eine Spielekonsole. Ich war auf vorlaute, überhebliche Art gut in der Schule. Ich war Mitschüler, ich war Sohn, ich war verzweifelt. Sie lebte ihr Leben, ich lebte irgendwas. Ich traf nette Mädchen, die etwas mit mir anzufangen versuchten, obwohl mit mir nichts anzufangen war. Ich war zynisch, ich war gehässig, ich war ein Arschloch. Schließlich setzte wie damals in der U-Bahn ein überwältigender Demaskierungsimpuls ein. Es war kein besserer oder schlechterer Zeitpunkt als jeder andere. Er war weder reif noch Erfolg versprechend noch besonders. Ich war einfach viel zu erschöpft, um weiter irgendwem etwas vorzumachen. Also ließ ich die Maske fallen. Bekundete Interesse, fing an, Texte für sie zu schreiben und wahrheitsgemäß auf Fragen zu antworten: Ja, ich mag dich. Ja, du gefällst mir. Ja, ich liebe dich. Als sie »Ich dich auch« sagte, küssten wir uns unter U-Bahn-Gleisen.

Jugendliebe mit Übersetzungsschwierigkeiten

Von da an hatten wir eine Jugendliebe. So eine mit »einem Song« und gemeinsamem Augenrollen, wenn Erwachsene die Ernsthaftigkeit und Tiefe unserer Beziehung infrage stellten. Mit kitschigen Liebesschwüren, Weihnachtsmarktspaziergängen und Kinobesuchen, an denen die andere Person mit Abstand das Interessanteste ist. Mit ganz viel »Wir gegen den Rest der Welt« und »Niemand kann uns was«. Und vor allem mit unendlich vielen Luftschlössern über unsere Zukunft. Wie unbeschwert und leichtsinnig diese Liebe war, ist uns erst später aufgegangen. Denn es ist ein Merkmal der Jugendliebe, dass sie all die mit und in ihr gemachten Versprechungen nicht einhalten muss. Wir wohnten bei unseren Eltern, mussten nicht für unseren Lebensunterhalt sorgen, nicht arbeiten gehen. Wir brauchten keine Termine machen, um uns zu sehen. Unsere Urlaube wurden für uns geplant und bezahlt. Wir wurden gefahren und hatten ein Monatsticket. Es gab keinen Streit darüber, wer abends »schon wieder« das Essen kocht, keine ausgedrückte Zahnpastatube und keinen Dreck, an dem wir uns hätten stören können. Wir mussten nur einigermaßen durch die Schule kommen und uns gut finden. Das war einfach. Wir konnten uns für die Zukunft in Strandhäuser auf Sizilien oder den Falklandinseln träumen, ohne uns über Jobs und Aufenthaltsgenehmigungen Gedanken zu machen. Wir konnten über Reisen fantasieren, während wir auf andere einfach mitgenommen wurden. Über gemeinsame Kinder sprechen, ohne festzuzurren, wer wann was macht. Unsere Beziehung brauchte keine Notfallpläne. Wir fühlten uns gleichberechtigt, ohne die Arbeit dafür machen zu müssen. Umso härter war der Aufprall in die Wirklichkeit mit Anfang 20. Denn plötzlich ging es darum, woher das Geld für die Rechnungen kommt. Warum ich von meinen Eltern nicht gelernt hatte, wie man einen

Haushalt und seine eigene behördliche Existenz führt? Weshalb sie von mir erwartete, dass immer ich Sex initiiere? Auf welche Urlaubsziele wir uns einigen und ob wir die uns überhaupt leisten können? Wo wir wohnen, wie wir zusammenleben, und wer wir mit- und ohneeinander sein wollen? Selbst die klassische monogame Zweierbeziehung, die wir beide wie selbstverständlich als unser Modell angenommen hatten, wurde infrage gestellt. Und zwar nicht etwa in einem gleichberechtigten Austausch von Bedürfnissen und offen sichtbaren Konsequenzen, sondern als kalkulierter Bruch eines Beziehungsvertrages, der nie über den Status des Rohentwurfs hinaus entwickelt wurde. Denn das wäre ja unromantisch gewesen. Wir werden an anderer Stelle noch darauf zu sprechen kommen, dass jeder Liebesbeziehung ein Vertrag oder zumindest eine Vertragserwartung zugrunde liegt und wie wir alle Gleichberechtigung torpedieren, indem wir schlechte, egoistische oder ignorante Informationspolitik über die Inhalte dieses Vertrags betreiben. Der Liedermacher Funny van Dannen hat in seinem Song *Schade – Scheiße* beispielhaft besungen, wie so eine Informationspolitik aussehen kann: Da sind Paul und Erna zuerst lang ein Liebespaar, das keine Kinder bekommt, weil Paul das nicht möchte. Aber schließlich verlässt Paul Erna, fängt eine Beziehung mit einer jüngeren Frau an, mit der er – Überraschung – umgehend ein Kind bekommt.

Es lässt sich natürlich nur spekulieren, was genau bei diesem fiktiven Pärchen gelaufen ist. Aber es wird wohl so gewesen sein wie bei den meisten Paaren und eben auch bei uns: Mit unausgesprochenen, nicht eingeforderten Erwartungen und/oder dem Abtun eben dieser Erwartungen in Unkenntnis bzw. Selbstgefälligkeit. Der Kommunikationspsychologe Friedemann Schulz von Thun bringt das auf die Formel »Ich bin das Ideal – du der Skandal«[4]. Alles, was ich brauche, was ich mir wünsche, wie ich handle und wofür ich mich entscheide, ist sinnvoll, nachvollziehbar und sollte bekannt und verbindlich sein. Alles, was du brauchst, wünscht, tust und entscheidest, das gegen meine eigenen Bedürfnisse geht, ist absurd, überzogen und falsch.

Aber auf diesem hohen Ross lässt sich ganz sicher nicht gemeinsam in den Sonnenuntergang reiten. Am Tiefpunkt unserer erwartungsvollen Sprachlosigkeit wären wir beinahe an der Übersetzung unserer Jugendliebe in eine verantwortungsbewusste, erwachsene Liebesbeziehung auf Augenhöhe gescheitert: Tränen, Verletzungen, Vorwurfswunden, beleidigtes Schweigen, getrennte Wohnungen. Irgendwann dann wieder Annäherung. Vorsichtige Sätze und Berührungen, Therapie und die Erkenntnis, dass die erste Liebe ein Versprechen sein mag, das andere halten werden, aber vielleicht wir ja diese anderen sein können. Vielleicht vermögen wir, um es mit der Dichterin June Jordan zu sagen, diejenigen zu sein, auf die wir gewartet haben. Das bedeutet eben nicht, mit seinen Vorlieben und Verletzungen weiterzuziehen und sich bei der nächsten Person nach einiger Zeit darüber zu wundern, warum schon wieder die gleichen Dinge schieflaufen. Es bedeutet, die im Kern stets hochmütige Liebe beiseitezuschieben, die meint, das Gegenüber für das eigene Gefühl vollständig entschlüsselt zu haben. Sich also in aller Demut und Vorsicht anzuschauen, wer der oder die andere ist. Nicht für mich, sondern für sich selbst. Wer ist dieser Mensch, was macht ihn aus? Was haben wir gemeinsam und worin unterscheiden wir uns? Wie verletzen und wie heilen wir uns? Wohin wollen wir miteinander? Liebe, zumal romantische Liebe, kann ein unüberwindbares Hindernis bei dem Unterfangen sein, die Voraussetzungen dafür zu schaffen, einander überhaupt lieben zu können. Sie ist so aufgeladen mit Anforderungen, so überfrachtet mit Fremdbedeutung, dass man Gefahr läuft von der Liebe gelebt zu werden, anstatt die Liebe zu leben, die mich ganz konkret mit jemand anderem verbindet. Was für die shakespearesche Welt gilt, gilt für die Liebe allemal: Sie ist eine Bühne, auf der Frauen und Männer spielen. Nach Regieanweisungen, die überhaupt nichts mit ihnen zu tun haben müssen und im Zweifelsfall dafür sorgen, dass man sich selbst und das Gegenüber in seinem Spiel behindert. Zum Beispiel auch dabei, wie man mit seiner ersten Liebe umzugehen hat.

Tatsächlich bin ich mittlerweile nicht mehr mit meiner ersten Liebe zusammen. Meine erste Liebe ist auch nicht die Mutter meiner Kinder. Meine erste Liebe wird immer auf einer Fensterbank sitzen, sich mit ihren türkisfarbenen Katzenaugen umsehen und dabei mit den Beinen baumeln. Ich lebe mit der Frau zusammen, die meine heutige Liebe ist. Diese Liebe beinhaltet, dass sie in der Vergangenheit meine erste Liebe war. Aber wenn wir unserer Liebe nicht gestatten würden, sich zu entwickeln, dann hätte sie keine Zukunft. Und auch keinen Plan.

Du und ich, das ist der Plan

Doch Pläne haben wir schließlich gemacht. Pläne für unsere funkelnde, klare, wundervolle Liebe. Nicht in einer Nacht oder einem einzigen großen Wurf, sondern stetig und mit wiederkehrenden Nachfragen: Steht der Plan noch, gilt diese Abmachung, was hältst du davon, ist es immer noch das, was du willst? Viele Pläne wurden verändert oder verworfen. Aber wenn, dann wurden sie ersetzt durch neue Pläne, neue Vereinbarungen, neue Beziehungsvertragsklauseln. Manche sind sogar immer noch in Kraft. Zum Beispiel der Plan, uns vor den Kindern gegenseitig nicht in die Pfanne zu hauen. Wenn wir mit Entscheidungen und Ansagen des jeweils anderen nicht einverstanden sind, halten wir sie aus und besprechen sie zu einem späteren Zeitpunkt. Wenn ich den Kindern also zugesagt habe, dass sie im Urlaub zwei Stunden länger aufbleiben dürfen, meiner Lebenskomplizin aber schon vor dem frühen Start zum Ausflugstermin am anderen Tag graust, fangen wir nicht an, vor den Kindern neu zu verhandeln. Neuverhandlungen könnten zwar zu einem durchaus sinnvolleren Ergebnis führen, aber sie sorgen zugleich für schlechte Laune und Verunsicherung. Auch hier ist es von zentraler Bedeutung, eigene Entscheidungen nicht zu idealisieren und andere nicht zu skandalisieren. Wenn meine Lebenskomplizin unseren jüngeren Kindern noch ein Eis erlaubt, kann ich davon ausgehen, dass ihre Beweggründe dafür so relevant sind wie meine, mich dagegen zu entscheiden. Mein Fokus war dann vielleicht die ausgewogene Ernährung der Kinder und ihrer hatte den Umstand im Blick, dass es ein langer, heißer Tag wird, an dem wir den Kindern noch ein wenig Schwimmunterricht geben wollen und sie deshalb motiviert halten sollten. Dass ich womöglich nicht weiß, weshalb sie sich so entschieden hat, spielt zunächst einmal überhaupt keine Rolle. Meine Lebenskomplizin ist eine erwachsene, verantwortungsbewusste Frau und eine liebevolle, kompetente, großartige Mutter. Es besteht überhaupt kein Grund zur Annahme, dass ihr die Kinder einfach komplett egal sind und sie ihnen deshalb gestattet, so viel Eis wie möglich in sich hineinzuschaufeln. Ebenso wie mein Verhalten keinen Anlass bietet davon auszugehen, ich würde mich aus Missachtung meiner Kinder oder aus Faulheit vor der Erziehungsarbeit drücken. Wir sind beide nicht ideal und es gibt keinen Skandal. Wenn es einen Skandal gäbe, dann wären ganz andere Schritte geboten, als uns vor den Kindern verbal in die Haare zu bekommen. Dann sollten und müssten wir gründlich überdenken, ob und, wenn ja, in welcher Weise wir unsere Paarbeziehung fortzusetzen gedenken. Und wenn es keinen Skandal gibt, sollte man auf jede Form der Skandalisierung verzichten.

Skandalisierungsverzicht bedeutet wiederum nicht Kritiklosigkeit – im Gegenteil: Ich bin auf den konstanten Austausch mit meiner Lebenskomplizin über unser gemeinsames Leben angewiesen. Ich brauche ihre Anerkennung und ihren Zuspruch ebenso wie ihre Kritik und ihren Unmut. Denn ich mache Fehler. Ich verrenne mich oder verfolge Ziele nicht hartnäckig genug. Ich bin zu selbstgefällig oder zu unwirsch mit mir selbst. Zu unaufmerksam oder übervorsichtig mit meinen Kindern. Und ihr geht es genauso. Das trifft auch auf unser gemeinsames Ziel einer gleichberechtigten Beziehung zu. Wir sind ein Langzeitpaar mit vier gemeinsamen Kindern, das sich sehr liebt, und wir scheitern jeden Tag ein bisschen: Dann stellen wir fest, dass ich mir im Zuge der fairen Aufteilung der Haushaltsarbeit »rein zufällig« gerade die Tätigkeiten ausgesucht habe, die bemerkt und goutiert werden. Für ein leckeres Abendessen gibt es Lob und Anerkennung, auf sauber geputzte Kloschüsseln wird im wahrsten Sinn des Wortes einfach draufgeschissen. Oder wir bemerken, dass ich unter der Corona-Pandemie als Freiberufler wie selbstverständlich dazu übergegangen bin, deutlich mehr Verantwortung für unsere Kinder zu übernehmen, ohne dass sie mit der gleichen Selbstverständlichkeit eine Strategie dafür entwickelt hat, wann sie meinem Engagement etwas Gleichwertiges entgegensetzen wird. Wie gesagt: Es ist alles nicht ideal. Aber Gleichberechtigung ist eine gute Versicherung gegen den Skandal. Sie schafft Respekt für Unterschiedlichkeit bei gleichzeitiger Gleichwertigkeit von Bedürfnissen. Dazu ein letztes Beispiel: Meine Lebenskomplizin und ich haben ein unterschiedliches Schlafbedürfnis. Sie braucht durchschnittlich zwei Stunden mehr Schlaf als ich, um einigermaßen durch den Tag zu kommen.

Gleichmacherei würde zum Skandal führen: Wie kann sie nur, wir brauchen doch beide Schlaf, ich will vielleicht auch mal ausschlafen, wann bin ich mal dran?

Gleichberechtigung hingegen deskandalisiert: Wenn wir uns auf Augenhöhe begegnen und unsere Bedürfnisse gleich berechtigen, ist es mir möglich, ihr großes Bedürfnis nach Schlaf an einem meiner ähnlich großen Bedürfnisse zu messen. Ruhe zum Beispiel. Ich halte laute Geräusche schlecht aus und brauche sehr viel mehr Ruhe als sie. Wenn in unserem Haus mal geschrien wird, ziehe ich mich eher zurück. Dabei verlasse ich mich auf sie. Genauso wie sie sich auf mich verlässt, dass ich nach einer sehr viel kürzeren Nacht als ihrer eigenen einigermaßen fit bin und die Kinder gut betreut bekomme. Diese Dinge sind Bestandteil unseres Beziehungsvertrags. Sie sind nicht selbstverständlich, sie werden wertgeschätzt und gegebenenfalls modifiziert, bevor der Drang entstehen kann, sie gegen den anderen zu verwenden. Es ist meine Aufgabe, ihr nicht plötzlich vorzuwerfen, dass sie »nie« die Frühschichten übernimmt und »immer« länger schlafen kann, wenn ich irgendwann bei mir ein gesteigertes Schlafbedürfnis feststelle. Es ist ihre Aufgabe, meine Zuständigkeitsübernahme nicht als Kleinigkeit abzutun, die mich nichts kostet und auf die sie uneingeschränkt Anspruch hat. Umgekehrt gilt Ähnliches für die Lärmsituation.

Missverständnisse, Streit, Ungeduld und Ahnungslosigkeit in Beziehungen sind keine Anzeichen für ein Mangel an Liebe. Sie sind ein Beleg dafür, dass wir fehlbare Menschen sind, die ihre verletzlichsten Seiten einem erbarmungslosen Primat romantischer Liebe anheimstellen, weil sie sich von dieser Geste der Unterwerfung Schutz erhoffen. Eine Imprägnierung gegen den ganzen Alltagsdreck, in dem ihre so ersehnte Beziehung zu ertrinken droht. Wenn aber vor lauter »Dein ist mein ganzes Herz/Bis das der Tod uns scheidet/Für immer und ewig« die Machtverhältnisse und Zuständigkeiten nicht geklärt werden, dann reicht es am Ende noch nicht einmal mehr für die Einsicht, dass man doch mal ganz gut miteinander war. Dass man sich in Zärtlichkeit hielt. Dass man sich liebte.

So. Nun wissen Sie, wer hier spricht, was ich mit der Liebe zu schaffen habe und warum ich die Sache mit der Gleichberechtigung persönlich nehme. Selbstverständlich ist die Frage nach gleichberechtigten Verhältnissen immer auch politisch, so wie alles Private politisch ist. Und ich werde mich mit Freuden in den folgenden Kapiteln auf die kapitalismushörige, heteronormative, patriarchale Liebe stürzen, um sie so richtig auseinanderzunehmen und ihr zu sagen, was ich von ihr halte und was sie alles auf dem Gewissen hat. Aber im Grunde ist meine Motivation emotionaler Natur. Am meisten treibt mich um, wen diese Liebe auf dem Gewissen hat. Und deshalb ist es hier auch persönlich geworden. Denn ich nehme es der romantischen Liebe übel, dass sie Menschen bis zur Unkenntlichkeit ihrer eigenen Gefühle füreinander entstellt. Ich meine, sie hat kein Recht dazu. Ich finde, wir sollten aufhören, sie dazu zu ermächtigen. Ich bin dafür, dass wir den Kampf mit ihr aufnehmen und uns dafür geeignete Verbündete suchen. Und die beste Verbündete im Kampf gegen die Zurichtungen romantischer Liebe ist die Gleichberechtigung.

Paarungsakte I

Maria & Nils

Auf den ersten Blick sind Maria und Nils ein überdurchschnittliches Paar: Sie sind überdurchschnittlich früh zusammengekommen und befinden sich in einer überdurchschnittlich langen Beziehung. Sie sind überdurchschnittlich früh Eltern geworden und haben überdurchschnittlich viele Kinder. Sie lieben sich überdurchschnittlich offensiv und sichtbar. Dadurch wirkt auch ihre Liebe zueinander auf Außenstehende oft überdurchschnittlich.

Tatsächlich sind sie selbst und ihre Beziehung in vielerlei Hinsicht durchschnittlich – um nicht zu sagen gewöhnlich: Sie sind weiß und leben in einer heterosexuellen Beziehung, die von anderen als monogam eingestuft wird. Ihre äußerliche Erscheinung liegt im Rahmen dessen, was gesellschaftlich jeweils als weiblich und männlich akzeptiert wird. Sie haben keine sichtbaren Behinderungen und gehören der Mittelschicht an. Sie haben so viel Einkommen, dass sie sich mindestens einmal jährlich eine Urlaubsreise mit ihren Kindern leisten können. Sie verfügen über die Option, mit ihrem Geld Care-Tätigkeiten rund um Kümmern und Haushalt an bezahlte Arbeitskräfte auszulagern. Damit existiert für sie die zumindest theoretische Gewissheit, das Schlachtfeld ihrer Gleichberechtigungskonflikte eng und überschaubar halten zu können. Wenn das allabendliche Chaos im Wohnzimmer und die fleckigen Badfliesen zu wiederkehrenden Konflikten führen würden, könnten sie sich ihrer durch Geld entledigen, ohne sie wirklich lösen zu müssen. Maria und Nils sind in ihrer Zärtlichkeit nicht annähernd so radikal wie das gleichnamige kluge Buch der Autorin Şeyda Kurt[5] fordert und beschreibt. Intellektuell teilen sie Adornos Ansicht, dass sich »privat nicht mehr richtig leben lässt« und es »kein richtiges Leben im falschen« gibt.[6] Emotional sind sie jedoch davon überzeugt, dass es ein richtigeres Leben im falschen gibt und es sich privat besser als falsch leben lässt. Sie trennen Müll. Ihre Lebensmittel haben Bioqualität. Sie arbeiten beide in sogenannten Weltverbesserungsjobs und spenden einen Teil ihrer Einnahmen an Hilfs- und Umweltschutzorganisationen.

Ihre Liebe hat zwar eine bewusst politisch-emanzipatorische Dimension, basiert aber im Kern auf einer durchaus üblichen Modifizierung von romantischer Liebe und bürgerlicher Kernfamilie. Sie betrachten ihre Beziehung nicht als Bruch mit vorherrschenden gesellschaftlichen Werten, sondern als persönliches Upgrade derselben. Maria und Nils leben in dem Luxus, zwischen Opponieren und Arrangieren wählen zu können. Während sie eine Ungerechtigkeit bekämpfen, machen sie es sich in anderen so richtig gemütlich. Sie entscheiden sich bewusst, wofür sie kämpfen, weil sie das Privileg genießen, nicht immer kämpfen zu müssen.

Die Beziehung von Maria und Nils kann nicht exemplarisch als Vorlage für allgemein gleichberechtigte Beziehungen herangezogen werden, weil ihre Vorstellungen von Liebe, Gleichberechtigung und Moral einem spezifischen Milieu entstammen und über spezifische Mittel verfügen. Das gilt für alle Beziehungen. Einer interkulturellen und/oder queeren Liebesbeziehung die Beziehung von Maria und Nils als Leuchtturmmodell verkaufen zu wollen hieße, ein bestimmtes Spiel nach den Regeln eines anderen Spiels spielen zu wollen – mit der Begründung, es sei ja doch alles irgendwie dasselbe. Das ist es aber nicht und außer der Eitelkeit des angeblichen oder tatsächlichen Vorzeigepaares profitiert auch nichts und niemand davon. Gleichzeitig bieten alle Beziehungen insbesondere in ihrem Scheitern und in ihrem Umgang mit Rückschlägen und Enttäuschungen die Möglichkeit, zu lernen. Auch wenn bei der Übersetzung in die eigene Lebenswirklichkeit einiges verloren gehen mag, lohnt sich ein genauer Blick auf die Funktionsweise eines anderen Paares. Und mehr noch auf das gemeinsame Nichtfunktionieren. In Liebesbeziehungen tun sich immer Abgründe auf. Weder sind es stets dieselben, noch stehen allen Menschen die gleichen Materialien und Baupläne zur Verfügung, um sie durch Brücken zu überwinden. Aber wir alle laufen Gefahr, fehlzutreten. Wir straucheln, wir verlieren den Halt und fallen. Manchmal gelingt es, sich aus diesen Abgründen zu befreien und sein zerbrochenes Selbst innerhalb der abgründigen Liebesbeziehung wieder zusammenzusetzen und gemeinsam weiterzumachen. Irgendwo zwischen anhaltend verletzt und vorläufig geheilt. Häufiger jedoch ist Fallen gleichbedeutend mit Auseinanderfallen und es führt kein Weg zurück. Dann fragen wir uns, wie wir diesen Menschen je lieben konnten oder was wir jetzt mit all der Liebe für diesen Menschen anfangen sollen. Es gibt keine Formel, keine Sicherheitsanweisung, mit der das zu verhindern wäre. Und die Liebe ist weder als Frühwarnsystem noch als Sturzversicherung geeignet. Was hingegen helfen kann, ist die Erkenntnis, dass wir alle das gleiche Recht darauf haben, nicht fallen zu wollen – und dem anderen also auch zuzugestehen, sich selbst der oder die Nächste sein zu dürfen. Wir alle tanzen unsere Liebeswalzer an Beziehungsabgründen, von denen wir uns am besten fernhalten, indem wir einem gemeinsamen Rhythmus folgen und eine Balance finden. Eine Kompliz♡innenschaft aufbauen, die bestimmten Regeln folgt. Vier davon, die vier Ws, will ich Ihnen hier in aller Kürze vorstellen.

Wohlwollen

In romantischen Liebesschwüren, ausufernden Ehegelübden und geflüsterten Beteuerungen sprechen wir nahezu ausschließlich zu unseren Gefühlen. Wir sagen zwar »in guten wie in schlechten

Zeiten«, zitieren diese schlechten Zeiten damit aber zumeist nur herbei, um der Tiefe und der Ernsthaftigkeit unserer Empfindung in diesem Augenblick Ausdruck zu verleihen. Wir meinen: »Schau, wie sehr ich dich jetzt liebe!«, und nicht etwa: »Klar liebe ich dich noch, während uns der nicht abbezahlte Studienkredit im Nacken sitzt, die gemeinsamen Kinder uns seit Jahren als Paar entfremden, wir gegen meinen Willen quasi sexlos leben und ich deinen Einrichtungsstil mittlerweile einfach unerträglich finde.« Wer will sich schon die gemeinsame Zukunft in so düsteren Bildern ausmalen? Zumal wie bereits erwähnt die genaue Beschaffenheit unserer Abgründe nicht feststeht. Wohl aber die Art, wie wir auf sie zu tanzen: durch Missverständnisse. Ungeduld. Missachtung. Verletzungen. Deshalb lohnt es sich, vorab von diesen Dingen zu sprechen, um ihre Existenz vor- und füreinander anzuerkennen und zu adressieren. Um sich gegenseitiges Wohlwollen zu versichern und zu versprechen. Denn wo Liebe nur ewig sein darf, ist ihr Scheitern ewiger. Und wenn Liebe bedingungslos sein möchte, gelingt ihr das am ehesten in einer an gleichberechtigte Bedingungen geknüpften Beziehung.

Eine auf Wohlwollen beruhende Beziehungspräambel könnte so aussehen:

Ich liebe dich. Ich liebe dich und ich werde dich missverstehen. Ich werde die Geduld mit dir verlieren, dich missachten und verletzen. Ich weiß, dass du mit mir das Gleiche tun wirst. Aber ich verbinde mich mit dir, weil ich glaube, dass wir uns nicht aus niederträchtigen Motiven verletzen werden. Ich hoffe, dass wir unser gegenseitiges Missachten bedauern werden. Ich sehe, wie geduldig wir miteinander sein können. Ich setze darauf, dass wir mehr Missverständnisse aus dem Weg räumen wollen, als sich anhäufen werden. Ich werde mit aller Kraft die bestmögliche Version von dir annehmen und ich wünsche mir, dass du das Gleiche für mich tust. Ich werde dich wissen lassen, wenn meine Kraft schwindet. Und ich nehme mir vor, erst aufzugeben, wenn kein Funken Kraft für diese Beziehung mehr in mir ist. Ich will mich mit dir zu dieser Liebe verschwören und riskieren, dass wir damit scheitern und auffliegen. Du bist es mir wert.

Womöglich reicht Ihr Wohlwollen nicht, bis dass der Tod Sie scheidet. Aber es begründet eine Kompliz♡innenschaft, mit der Ihre Liebe gelingen kann.

Wandelbarkeit

Wenn es also so ist, wie Fontane sagt: »Wir kennen uns nie ganz, und über Nacht sind wir andre geworden, schlechter oder besser«[7], dann steht man unweigerlich vor der Frage, wer das wohl sein soll, der sich nach besagter Nacht noch liebt und eine Beziehung miteinander führt. Wir alle verändern uns. Ansichten, Vorlieben, Körperformen, Interessen, Alter – menschliche Identität ist nicht statisch, sondern wird wieder und wieder aufs Neue zusammengesetzt. Oft unterscheidet sie sich dabei kaum oder gar nicht von den unmittelbaren Vorformen. Manchmal findet eine wahrnehmbare Wandlung statt. Und ab und an ist alles anders. Weil Wandelbarkeit eine Konstante ist, müssen sich Liebende konstant mit Wandel beschäftigen und die Position ihrer Beziehung bestimmen, um sie gegebenenfalls neu ausrichten zu können: Hat unsere Beziehung unter diesen geänderten Umständen noch Bestand? Sind wir als Eltern immer noch der Plan? Nach der Beförderung bzw. dem Jobverlust? Mit diesem neuen sexuellen Interesse? Im Angesicht dieser ungeheuren Verletzung? Eine der zahlreichen Schwächen romantischer Liebesbeziehungen besteht darin, Wandel zu bestrafen oder Wandel zu verlangen. Wir neigen dazu, uns permanent daran abzuarbeiten, dass sich ein geliebter Mensch verändert hat oder sich nicht nach unseren Vorstellungen verändert. Beiden Fällen liegt die feste Erwartung eines statischen Soseins zugrunde: Warum bist du nicht [mehr] so?! Statt also unsere Aufmerksamkeit auf den Persönlichkeitsausdruck oder die Persönlichkeitsentwicklung des geliebten Menschen zu richten, beschäftigen wir uns mit den Abbildern unseres Ausdrucks oder unserer Entwicklung in der anderen Person. Damit geht leider genau das Interesse verloren, das notwendig ist, um eine informierte, wandelbare Liebesbeziehung zu führen.

Wissbegier

Um sich auf mögliche Veränderung einlassen zu können, muss man von ihr wissen wollen. Das heißt, sich nicht mit der eigenen mentalen Projektion der anderen Person zufrieden zu geben, sondern mit dem realen Gegenüber zu kommunizieren. Es heißt auch, aus freien Stücken die Sicherheit eines Selbstgesprächs gegen die Unsicherheit eines Zwiegesprächs einzutauschen. Indem wir lediglich mit den Vorstellungen unserer Partner♡innen in uns kommunizieren, folgen wir der berühmten *Anleitung zum Unglücklichsein*[8] von Paul Watzlawick und stürzen uns mit unseren fiktionalisierten Abbildern realer Menschen ins beziehungstechnische Unglück. Vor uns selbst behaupten wir, schon zu wissen, was der oder die andere denken/sagen/tun wird, wenn wir ein Bedürfnis äußern, eine Information teilen oder eine Meinung kundtun. Tatsächlich aber wissen wir damit nur etwas über unsere Annahmen und Befürchtungen. Wie der Mann, der sich einen Hammer vom Nachbar leihen will, dafür aber nur sich und nicht den anderen befragt. Um am Ende seines skandalisierenden Gedankengesprächs den ahnungslosen Nachbarn anzuschreien, er könne seinen Hammer behalten.[9]

Im schlechtesten Fall führen wir also eine Beziehung mit dem imaginären Abziehbild eines Menschen, den wir dazu verdammen, bloße Eindrücke und Stichworte für unsere Fiktionalisierung seiner Person zu liefern. Im besten Fall erkennen wir an, dass unsere Wahrnehmung anderer Menschen immer auch darauf beruht, sie zu fiktionalisieren, und orientieren uns damit bewusst so nah wie möglich an der Wirklichkeit. Wir bringen unsere Fiktionalisierungen in die Beziehung ein und gestatten unseren Partner♡innen einen Realitätsabgleich mit ihnen. Wir bleiben neugierig auf den anderen und riskieren Überraschung, Enttäuschung und Konflikt. Für eine echte Begegnung, die uns in diesem einen Moment womöglich die Welt bedeuten könnte.

Wahrhaftigkeit

Dafür müssen wir allerdings wahrhaftig bleiben. Das heißt, dass wir uns nicht nur um Ehrlichkeit gegenüber unseren Partner♡innen bemühen, sondern auch uns selbst und unserer Beziehung gegenüber. Eine Liebesbeziehung sollte immer der richtige Ort sein, um Bedürfnisse zu formulieren. Ob sie erfüllt werden können, ist eine andere Frage. Aber Bedürfnisse in sich selbst zu identifizieren und anschließend ein offenes Beheimatungsgesuch in den geliebten Menschen auszusprechen muss möglich sein. Nicht jedes Bedürfnis kann innerhalb einer Paarkonstellation befriedigt werden. Auch in einer Lebenskompliz♡innenschaft nicht. Aber die Liebe wird nicht schwächer davon, dass man sie nicht mit einem allumfassenden Anspruch auf Bedürfnisbefriedigung belastet. Sie wird wahrhaftiger und widerstandsfähiger. Wenn die Existenz von Bedürfnissen anerkannt und dem Wunsch nach deren Befriedigung die Zwangsläufigkeit genommen wird, entweder erfüllt zu werden oder andernfalls gegen den geliebten Menschen gerichtet zu sein, dann hat Liebe eine Chance.

Maria und Nils haben diese Regeln nicht gemeistert. Sie haben sie aus ihrem Gelingen und vor allem ihrem Scheitern entwickelt und folgen ihnen, so gut es eben geht und solange die Kraft reicht. Sie sind keine Liebesgarantie, aber ein guter Kompass, um die geliebte Person und sich selbst im Auge zu behalten. Um gemeinsam die Balance zu halten und füreinander der Plan zu bleiben.

ZWEI

Liebe ist …

»Wenn es stimmt, dass es so viele Denkweisen wie Köpfe gibt, dann gibt es auch so viele Arten der Liebe wie Herzen.«[1]

Leo Tolstoi

Liebe ist also das Bedürfnis und das Bemühen darum, sich ineinander zu beheimaten. Ich habe lange um diese provisorische Definition gerungen. Sie mag einigermaßen poetisch klingen, wirkt zugleich aber ausgesprochen unpräzise. Außerdem ist der Begriff »Heimat« an sich ziemlich problembelastet. Die Literaturwissenschaftlerin Susanne Scharnowski hat das in ihrem Werk *Heimat: Geschichte eines Missverständnisses* detailliert analysiert.[2] Heimat erscheint da zunächst einmal als mehrdeutiges, sehr deutsches Konzept. Es wird gern von nationalen (Heimatfilm, Heimatministerium) und nationalistischen Strömungen (Heimatschutz, Heimatfront) ideologisch aufgeladen und zu Propagandazwecken missbraucht. Heimat scheint in diesen Kontexten in einem obskuren, irgendwie bewahrenswerten Früher zu liegen, das je nach politischer Gesinnung entsprechend instrumentalisiert wird. Auch in der DDR gab es eine ganze Reihe von Bemühungen, den Heimatbegriff so ideologisch aufzuladen, dass er die Bindung an Land, Volk und politische Führungsklasse verstärkt. Aber auf beiden Seiten gingen die jeweiligen Heimatvisionen auch immer mit einer realitätsverzerrenden Heuchelei einher. Denn die mehrheitsgesellschaftliche Heimat kann auch Hölle oder Albtraum derjenigen sein, die mit diesem Heimatsverständnis ausgegrenzt werden sollen, wie der gleichnamige

Sammelband von Fatma Aydemir und Hengameh Yaghoobifarah sehr deutlich macht.[3] Heimat ist aber um einiges vielschichtiger und lässt sich nicht auf die Auseinandersetzung um nationale Identität reduzieren. Laut Scharnowski übersetzte die deutsche Romantik das religiöse Gefühl der Beheimatung in Gott und dem Himmel in die Beheimatung im Weltgeist, in der Natur und der Kunst. Heimat hat in diesem Sinne kaum Schnittmenge mit Patriotismus. Sie ist vielmehr an die Sehnsucht gekoppelt, dass eigene Ich in einen größeren, glückselig machenden Zusammenhang zu transzendieren. Die Künstlerinnen und Künstler der Romantik übersetzten die Vorstellung, nach dem Tod zu Gott heimzukehren, in die Sehnsucht, mit einem beängstigend bedeutungslosen Leben in einem bedeutungsvollen Leben an sich anzukommen. Einem Leben also, das über die eigene Existenz hinausweist. Selbstverständlich ist diese Definition für nationalpatriotische und schlimmere Auslegungen anschlussfähig: Das bedeutungslose Ich wird in ein überbedeutungsvolles Vaterlands-Wir transzendiert. Entzieht man sich dieser Auslegung, bleibt eine faszinierende, nicht lokal begrenzte Sehnsucht nach Aufbruch und Ankunft in eine neue Eigentlichkeit. In einen Zustand, einen Ort, einen Menschen, der uns vollständig macht, uns anders zusammensetzt und gleichsam ganz neu erzählt. Ein auf diese Weise verstandener Heimatbegriff beantwortet nicht die Frage, wo man herkommt, sondern wo man hingehört. In welche Verhältnismäßigkeiten man sich hineinsehnt. Nach meinem Dafürhalten deckt sich dieses Begriffsverständnis mit unseren Vorstellungen von romantischer Liebe. Das ist auch der Grund, warum wir in Filmen, Büchern, Theaterstücken und Kunstwerken Liebe immer wieder auf diese Art erzählen. Mit Sätzen wie:

»Du vervollständigst mich.«
»Ohne dich kann und will ich nicht leben.«

»Du machst aus mir den besten Menschen, der ich sein kann.«
»Rette mich vor mir selbst.«
»Nur bei dir mache ich Sinn.«

Das entspricht der vollständigen Überwältigung des Ichs durch ein Ich, das ich nur durch dich und in dir bin. Romantische Liebe ist die säkulare Vorstellung einer Erleuchtung. Ich ist Schatten. Ich in dir ist Licht. Aber selbst wenn es uns gelingt, derartig lichte Momente in unseren Liebesbeziehungen herzustellen, können und sollten sie nicht von Dauer sein. Menschen funktionieren weder in beschatteter noch in lichter Eindeutigkeit. Wir sind für Zwielicht mit Beziehungsdrehdimmer gemacht. Wenn ich von Beheimatung spreche, dann meine ich nicht den einschlagenden Blitz, gleißendes Licht oder strahlende Helligkeit.

Ich meine eine verhandelbare Beleuchtungssituation, die von den Betroffenen mehr oder weniger geschickt hergestellt wird. Wenn man Glück hat und alles funktioniert, dann funkelt es. Auf der Haut des Herzensmenschen. In seinen Augen. Wenn man Pech hat und es läuft gar nicht, ist es so schummerig, dass man sich kaum mehr erkennt. Dann kämpft man sich gemeinsam wieder an den Dimmschalter heran und dreht wieder heller. Falls das nicht gelingt, macht der oder die Letzte das Licht aus. Das klingt jetzt nicht besonders aufregend, sexy oder transzendental, ist aber trotzdem wunderschön. Mehr ist auch gar nicht drin. Mehr ist in uns nicht drin. Natürlich kann man das auch mit einem anderen Begriff als mit Heimat bezeichnen. Der Sozialphilosoph Axel Honneth versteht unter Liebe eine elementare Form der intersubjektiven Anerkennung, die sich nicht auf beliebig viele Menschen fokussieren lässt. Der Systemtheoretiker Niklas Luhmann definiert Liebe, insbesondere die romantische Liebe, als eine Erscheinungsform der Moderne im Sinne seiner Theorie der symbolisch generalisierten Kommunikationsmedien. Für Luhmann wird durch die sich immer weiter ausdifferenzierende Gesellschaft Kommunikation immer unwahrscheinlicher, und Liebe ist ein Mittel, um sie wieder wahrscheinlicher zu machen. Vereinfacht formuliert: Wir tanzen auf zu vielen Hochzeiten, sodass wir kaum noch Gemeinsamkeiten finden können, und Liebe hilft uns dabei, diese wieder herzustellen. Für den Philosophen Emmanuel Levinas[4] ist Verantwortung die zentrale Währung einer Liebesbeziehung. Nach seiner Vorstellung sind Menschen so beschaffen, dass sie sich dem Kümmern um und der Verantwortung für andere nicht entziehen können. Wenn andere an uns die Anforderung stellen, für sie Verantwortung zu übernehmen, steht bei Einwilligung zugleich ein Teil unserer Freiheit und Selbstbestimmung auf dem Spiel. Indem wir bejahen, erschaffen wir Intimität. Wir können in diesem Prozess existenziell gar nicht anders, als uns mit der anderen Person zu identifizieren. Und für den Soziologen Max Scheler[5] wiederum ist Liebe eine selbst der Erkenntnis und der Moral vorgelagerte Kraft, nach der alle Menschen sich in individueller Weise ordnen. Es gibt noch mehr solcher Theoriegebäude, die Liebe auf die eine oder andere Weise erklären. Ihnen allen ist gemeinsam, dass sie über spezifische Facetten der Liebe bemerkenswert klare und erkenntnisfördernde Aussagen machen. Sie beantworten allerdings nicht die Frage, wie wir lieben und wie ein Beziehungshabitat für unsere Liebe gestaltet werden muss, damit sie möglichst lang gedeiht. Genau um die Fragen soll es in diesem Buch aber gehen. Deswegen ist es auch nötig, den Liebesbegriff deutlich zu konkretisieren. Philosophie hin, Soziologie her: Warum verlieben wir uns und wieso trennen wir uns wieder?

Konkrete Liebe

Sehr viel konkreter als die neuseeländische Cartoonistin Kim Casali kann man Liebe kaum definieren. Als junge Frau bereiste sie Australien, Europa und die Vereinigten Staaten, verliebte sich in den USA in einen italienischstämmigen Computerspezialisten und begann im gemeinsamen Skiurlaub kleine Notizen zu zeichnen, um ihre Gefühle für ihn auszudrücken. Sie zeichnete sich als kleines Mädchen mit Sommersprossen und ihn als Buben. Die *Los Angeles Times* begann ab 1970, die Cartoons als sogenannte Single-Frame-Strips mit dem immer gleichen Anfang »Love is …« zu veröffentlichen, der eine entsprechende Zeichnung und eine Sentenz folgte, was Liebe im Einzelnen ausmacht. Casalis Cartoons waren so erfolgreich, dass sie im Laufe der 70er-Jahre weltweit syndiziert wurden und Millionen Menschen sich bis auf den heutigen Tag, über zehn Jahre nach ihrem Tod, daran erfreuen. Es gibt eine Webseite, Merchandise, Apps und tatsächlich immer noch Zeitungen und Magazine auf der ganzen Welt, die Casalis Zeichnungen heute drucken. Das liegt nicht zuletzt daran, dass Casali eine ausgesprochen weitsichtige Geschäftsfrau war, die auf dem Höhepunkt ihres Erfolgs nicht nur ca. zehn Millionen Dollar jährlich verdiente, sondern auch 1975 das tägliche Zeichnen an den britischen Cartoonisten Bill Asprey abgab, der dieser Tätigkeit bis heute nachgeht. Vordringlich scheint der Grund für den anhaltenden Erfolg aber der zu sein, dass Casali mit ihrer Vorstellung von Liebe und ihrer konzeptionellen Umsetzung einen Nerv getroffen hat und Menschen bis heute berührt. Das ist in vielerlei Hinsicht bemerkenswert. Nicht nur mit Bezug darauf, wie sie Liebe letztendlich gezeichnet und betextet hat, sondern auch, wie sie es nicht tat. Das Auffälligste an Casalis Zeichnungen ist die Tatsache, dass es sich bei dem dargestellten Liebespaar um Kinder ohne primäre und sekundäre Geschlechtsorgane handelt. Außer zwei kleinen Punkten, die bei dem Mädchen die Brustwarzen andeuten sollen, funktioniert die geschlechtsspezifische Zuordnung der beiden in den Köpfen der Leserinnen und Leser über Haarlänge, Frisur sowie stereotype Tätigkeiten und Ausstattungsmerkmale. Casalis Verliebte sind zwar häufig nackt, aber nicht sexualisiert. Die dargestellten Kinder leben ein erwachsenes Leben, fahren Auto, begleichen Rechnungen und erledigen Einkäufe. Irgendwann bekommen sie sogar Minikinder. Trotzdem spielt Sexualität in den Cartoons kaum eine Rolle. Allenfalls in sehr vagen Andeutungen wie sie sehr junge Kinder ohne Sexualaufklärung im Kopf hätten. Sexualität geht bei Casali beinahe vollständig in »Liebe machen« auf. Es ist, als würde sie durch die kindliche Darstellung des Paares Liebe als Gefühl vor dem Sündenfall der Menschheit ansiedeln. Es existiert keine Scham. Kleidung wird allenfalls als Accessoire getragen oder um eine spezifische Wetter- oder Gefühlslage zu verdeutlichen. Und diese im wahrsten Sinn des Wortes paradiesische Liebe konfrontiert Casali behutsam mit den Paarsituationen und -konflikten der Menschen ihrer Gegenwart. Liebe ist laut Casali auch, »wenn er sie ihre Wut herausschreien lässt«. Casalis Liebeswelten sind nicht problemfrei. Sie deutet sogar Konstellationsmöglichkeiten über die dargestellte Beziehung hinaus an, wenn sie festhält, dass Liebe auch darin besteht, »andere Herren der Schöpfung keines Blickes zu würdigen«. Aber als Idee scheint Liebe bei Casali ganz im Sinne von Max Scheler eine vorgelagerte, unantastbare Kraft zu sein, die ihren Veranschaulichungen des Beziehungsalltags zugrunde liegt. Eine stark romantisierte Liebe, die mit Alltagssorgen immer fertig wird und bei der die allenfalls angedeutete Sexualität zwar immer irgendwie dazugehört, aber nie auschlaggebend ist. Liebe ist »eine Flamme, die niemals ausgeht«, während die beiden sich sehr unschuldig und spitzmündig im Bett küssen. Liebe ist »so nah wie möglich« in einer glücklichen Umarmung des Liebespaares auf dem Sofa. Ganz selten einmal bricht Casali dieses Bild. Dann ist Liebe »heiß«, und für diese Gelegenheit werden dem kleinen nackten Mädchen hochhackige Schuhe an die Füße gemalt. Oder sie ist »eine großartige Methode, um Kalorien zu verbrennen« und findet in einer Umarmung statt, die sich deutlich von der Sofakuschelumarmung unterscheidet. Ich unterscheide hier deshalb so präzise, weil es mir wichtig ist, herauszuarbeiten, was genau die Menschen an Casalis Liebesversion begeistert. Bislang lässt sich festhalten: Liebe ist Schicksal. Liebe ist Bestimmung. Sie siegt immer und lässt sich ganz gewiss nicht von sexuellen Fantasien und Begierden aus der Bahn werfen. Sex mag zwar die schönste Nebensache der Welt sein, aber er ist die Nebensache der Hauptsache Liebe. Ihr ist er zugehörig, in ihr findet er neben vielen anderen Formen des kommunikativen Miteinanders statt. Liebe, wie Casali sie zeichnet, überdauert die tatsächliche Liebe, die wir miteinander leben. Casali beschreibt das Ewige im Moment, das Außergewöhnliche in der durch und durch gewöhnlichen Alltagsbegebenheit. Und trifft damit die Sehnsucht sehr vieler Menschen. Denn Liebe ist zwar, »wenn er dir nicht mehr aus dem Kopf geht«, aber natürlich tut er das. In all den Anforderungen und Gewöhnlichkeiten geht er dir selbstverständlich aus dem Kopf, weil es schließlich auch noch andere Dinge gibt, die in deinem Kopf stattfinden. Und gar nicht mal selten fühlt es sich überhaupt nicht gut an, wenn er dir nicht mehr aus dem Kopf geht, weil du im gemeinsamen Zusammenleben so an seine Marotten und Macken gekettet bist, dass sie dich zur Verzweiflung treiben. Liebe ist also auch, wenn er dir aus dem Kopf geht und du deine Gedanken und Gefühle für dich hast, damit du bei nächster Gelegenheit die freie Wahl hast, sie wieder auf ihn zu richten. Casalis Liebe zeichnet sich dadurch aus, »den Tag nicht mehr allein beginnen zu müssen«. Aber natürlich müssen wir das.

Wir müssen weg, wir müssen raus in die Welt. In Hotels übernachten, bei Bekannten schlafen. Uns nachts die Kanten irgendwelcher Sofas ins Kreuz drücken lassen, weil wir eine Freundin oder einen Freund bis weit nach Mitternacht trösten müssen. Die Welt ist nicht darauf eingerichtet, den Tag nicht mehr allein beginnen zu müssen. Wir hingegen sind so gestrickt, dass wir manche Tage auch wieder einmal gerne allein beginnen würden. Ohne sofortige Zweisamkeit und Paarperformance. Liebe besteht also auch darin, wohlwollend zur Kenntnis zu nehmen, dass die Partnerin oder der Partner einen Tag allein beginnen will. Und so gibt es zu Casalis Liebesprogrammatik in jedem einzelnen Punkt ein Gegenprogramm, das auch Liebe sein kann. Liebe ist »Unterschiede ausgleichen«, aber auch, sich in der jeweiligen Unterschiedlichkeit belassen zu können. Liebe ist, »Halt aneinander zu finden, wenn das Schicksal zuschlägt«. Oder zu akzeptieren, dass ein geliebter Mensch in seiner Haltlosigkeit womöglich nicht in mir Halt findet, sondern in etwas oder jemand anderem. Liebe ist, »wenn euch eure Zukunft so klar ist wie Kristall«. Liebe ist aber auch, wenn ihr überhaupt nicht wisst, was die Zukunft bringt und es trotzdem miteinander versucht, weil ihr davon ausgeht, dass ihr euch aufeinander verlassen könnt. Liebe ist, »wenn jeder Tag Valentinstag ist«. Ja, ganz toll: jeder Tag ein ganz spezieller Tag mit hochromantischen Gefühlen, süßen Geschenken und innigen Liebesschwüren. Darf Liebe bitte auch sein, wenn beide nach einem sehr langen Tag nach Hause kommen, das Essen von gestern aufwärmen, die Kinder irgendwie ins Bett verfrachten, um für den Rest des Abends auf dem Sofa zu versumpfen, wo sie sich sehr gut darin aushalten könne, gemeinsam Fastfood zu verdrücken und nach 22 Uhr vor der Serie wegzupennen, um dann kurz vor Mitternacht in der eigenen Speichellache aufzuwachen und nach sehr, sehr kurzer Katzenwäsche einfach nur ins Bett zu fallen. Das wäre nämlich sehr viel einfacher umzusetzen als »jeden Tag Valentinstag«. Es geht also immer noch konkreter. Wenn wir über Liebe sprechen, dann sollten wir schon bereit sein, uns die Hände schmutzig zu machen, um herauszufinden, ob Liebe auch vollkommen überarbeitet mit vollgespucktem Shirt und Miesen auf dem Konto funktioniert. Casalis Liebe ergibt sich nicht aus solchen Momenten, sondern trägt das Liebespaar durch sie hindurch. Liebe ist »ein Abenteuer« und »gemeinsam etwas Besonderes machen«. Diese Dinge bilden die Basis, um Dinge durchzustehen, die eigentlich unter der Würde von Liebe sind. Zum Beispiel »andere Herren der Schöpfung«, die sie »keines Blickes würdigt«. Oder die »Sorgen«, die sie gemeinsam »zu Hause lassen«. Oder die Tatsache, dass wir in Liebesbeziehungen zur Gewichtszunahme neigen. Während wir als Single dazu neigen, uns mit Sport und Verzicht in die Zone der Normschönheit zu disziplinieren. Bei Kim Casali klingt das anders: »Liebe ist weniger essen, damit er dich mehr liebt.« Das ist natürlich dem Umstand geschuldet, dass *Liebe ist …* nicht nur zeitlose Liebesdefinitionen formuliert, sondern durchaus auch welche, die an spezifische zeitliche Kontexte gebunden sind. Body Positivity, Fat Acceptance und Selfcare sind Konzepte deutlich jüngeren Datums als Casalis Cartoons. Es gibt aber noch einen anderen Grund: Bei Casali hört der Prozess des Sich-ineinander-Verliebens während der Liebesbeziehung niemals auf. Deswegen verhält sich ihr Liebespaar auch immer wieder so, als würden sie flirten, eine Beziehung initiieren und sich von der besten Seite zeigen wollen.

Er putzt gelegentlich ohne Aufforderung das Wohnzimmer, beschenkt sie und bringt ihr Frühstück ans Bett. Sie ermutigt ihn, macht sich für ihn schick und versucht, Gewicht zu verlieren, damit er sie »mehr liebt«. Eigentlich eine Singlestrategie. Oder zumindest eine, bei der man nicht vermuten würde, dass die Betreffende sich ausreichend, umfassend und ewig geliebt fühlt. Aber wie dem auch sei: Die Tatsache und die Art, die in den *Liebe ist …*-Cartoons zumindest unterschwellig immer wieder mitschwingt, dass es hier immer auch um den Prozess des Verliebens geht, ist sehr aufschlussreich. Genau das wollen wir nämlich: etwas vollkommen Widersprüchliches. Die Liebesquadratur des Verliebtheitskreises. Eine Beziehung, die auf Wohlfühltemperatur brennt und uns zugleich immer wieder befeuert. Ohne großen Aufwand, ohne schmerzhafte Brüche oder Einsichten in den anderen oder die andere, die uns abschrecken und zurückstoßen könnten. Dabei besteht Liebe gerade nicht darin, sich nie zurückgestoßen und abgeschreckt zu fühlen. Sondern auch und gerade darin, aus diesen unguten Gefühlen wieder zu positiven Emotionen zurückzukehren. Weil dieses sich innerhalb der Liebesbeziehung wiederholende und zugleich dauerhafte Verlieben einen so großen Anteil daran hat, wie und warum wir Liebe als romantische Liebe missverstehen, sollten wir einen genaueren Blick darauf werfen. Eines sei dabei vorweggeschickt: Mit Gleichberechtigung hat das nicht viel zu tun.

Verliebtheit

Schmetterlinge im Bauch. Alles verschlingende Leidenschaft. Sich nach der geliebten Person verzehren. Nicht mehr essen und nicht mehr schlafen zu können. An nichts und niemand anderes mehr denken wollen. Wenn man sich anschaut, mit welchen Formulierungen wir Verliebtheit beschreiben, dann wundert es nicht, dass Forscherinnen und Forscher diesen Zustand häufig mit einem Krankheitsbild beschreiben. Die verliebte Person ist wie von Sinnen und außer sich. Als die Psychologin Dorothy Tennov[6] Ende der 70er-Jahre damit begann, dieses Gefühlsspektrum zu erforschen, suchte sie nach einem Wort, das ihr Forschungsinteresse auf den

Punkt bringen könnte und im Kreise von Kolleginnen und Kollegen bestehen würde, ohne gleich als pseudowissenschaftliches Stehpartythema verlacht zu werden. Dafür schuf sie den Begriff der »Limerenz«. Limerenz ist nicht gleichbedeutend mit Liebe. Zwar existiert eine beträchtliche Schnittmenge, aber prinzipiell sind Limerenz und Liebe sehr gut zu unterscheiden – wenn die Romantik nicht unsere Herzen benetzen und unsere Sinne vernebeln würde. Limerenz zeichnet sich durch eine unfreiwillige, obsessionsnahe Verliebtheit aus, die in der Lage ist, alle anderen relevanten kognitiven und emotionalen Bereiche auszublenden. Laut Tennov kann Limerenz bis zu drei Jahre andauern, danach sind durch Limerenz verbundene Paare auf andere Mittel und Wege angewiesen, um ihr liebevolles Miteinander zu definieren. Limerenz kann zur Veranschaulichung auf die »Romeo und Julia«-Formel gebracht werden. Die beiden sind nicht wirklich gute Beispiele für Liebe. Sie sind einander ultimative Limerenzobjekte, die sich mit ganzer Kraft ineinander stürzen und in den Tod gehen, bevor sie überhaupt in die Verlegenheit kommen, den Sturm ihrer leidenschaftlichen Limerenz zu einer angenehmen Liebesbrise zu verstetigen. Limerenz birgt ein gewaltiges Zerstörungspotenzial. Im Gegensatz zu Liebe kennt Limerenz nur Objekte, weil es mit ihr nicht möglich ist, wirkliches Interesse an der anderen Person als Subjekt zu entwickeln. Stattdessen bleibt man ganz der Unmittelbarkeit und der Überwältigung des Eindrucks verhaftet. Goethes Werther kennt Lotte beispielsweise nicht. Die Tatsache, dass man gut zusammen tanzt und nach einem Gewitter an dasselbe Gedicht denkt, heißt noch lange nicht, dass man irgendetwas voneinander weiß oder gar zum Liebespaar taugt. Aber das spielt für Werther wie für alle Menschen im Zustand der Limerenz keine Rolle. Er liebt Lotte abgöttisch. Das heißt, dass er sich nach ihren Vorgaben ein Götzenbild ganz aus sich heraus schafft, dass alles mit seinen Sehnsüchten zu tun hat und nichts mit ihren zu tun haben muss. Wir werden zu einem späteren Zeitpunkt noch darüber sprechen, dass Liebe über eine scheinbar ähnliche Strategie verfügt. Allerdings schaffen wir uns in Liebesbeziehungen Abbilder unserer selbst, die wir dem Gegenüber in der Hoffnung präsentieren, er oder sie möge nachsichtiger mit ihnen umgehen als mit unserem tatsächlichen Ich. Limerenz hingegen will nichts anderes als wollen und gewollt werden. Sie gibt sich selbst mit den belanglosesten Kleinigkeiten zufrieden, solange es ihr gelingt, diese als Belege für die Möglichkeit einer realen Beziehung zu interpretieren. Ein Lächeln, ein Kuss, ein freundliches Wort. Auch an dieser Stelle wird deutlich, wie sehr Limerenz der Wahnhaftigkeit verwandt ist. Denn es gibt keinen Standardkatalog dafür, wie diese Belege auszusehen haben. Stattdessen definiert die Person in Limerenz oftmals selbst, was für sie als Beweis einer tatsächlichen Liebesanbahnung taugt. Spätestens hier zeigt sich, wie wir durch unsere Faszination für die Limerenz auch die Option auf Übergriffigkeit und Gewalt in unsere zwischenmenschlichen Beziehungen einladen. Das gilt insbesondere mit Blick auf Männer. Heterosexuelle Männer, die auch im 21. Jahrhundert nach wie vor dazu ermuntert und aufgefordert sind, auf Frauen zuzugehen, Kontakt zu initiieren, eine Beziehung anzubahnen, fühlen sich in der patriarchal-sexistischen Gesellschaftsordnung (ich kann es Ihnen leider nicht ersparen) sowieso als Experten für beziehungsweise Herren über die Belange, Interessen und Gefühle von Frauen. Für Männer in Limerenz trifft das umso mehr zu. Selbst ein klar ablehnendes Verhalten ihrer Limerenzobjekte können sie für sich ins Gegenteil verkehren und so verstehen, als wäre es ganz anders gemeint. Sie treten also dem Limerenzobjekt mit der Begründung zu nah, durch eine spezifische Verhaltensweise dazu eingeladen oder gar aufgefordert worden zu sein. Gleichzeitig behalten sie sich vor, diese Verhaltensweisen nach eigenem Gutdünken zu definieren: Sie ist im gleichen Raum wie ich. Sie macht zum gleichen Zeitpunkt wie ich Mittagspause. Sie wechselt nicht die Straßenseite, wenn ich auf sie zugehe, weil sie mich mag. Sie wechselt absichtlich die Straßenseite, wenn ich auf sie zugehe, weil sie verbergen will, wie sehr sie mich mag. In letzter Konsequenz neigt heteromännliche Limerenz leider auffallend oft dazu, das Limerenzobjekt dafür zu bestrafen oder zu eliminieren, wenn irgendwann doch durchdringt, dass sie kein oder zumindest nicht das gleiche Interesse an einer Liebesbeziehung hat wie er. Deshalb sollte der bekannte Klassiker der Toten Hosen auch nicht *Alles aus Liebe* heißen, sondern *Alles aus patriarchal-sexistischer Limerenz*. Immerhin spricht der Sänger der Band in dem Lied darüber, dass er sich von seiner Angebeteten verhext fühlt. Er gibt ihr die Schuld an seinen Missstimmungen und seiner Unsicherheit und will am Ende sie und sich selbst töten.

Verstehen Sie mich bitte nicht falsch: Ich will der Limerenz hier kein durchgehend schlechtes Zeugnis ausstellen oder sie gar verteufeln. Immerhin lassen sich die Anfänge der Liebesbeziehung mit meiner Lebenskomplizin sehr zutreffend in Limerenzkategorien beschreiben. Ich möchte nur darauf hinweisen, dass wir kollektiv eine Art der Verliebtheit glorifizieren, die ausgesprochen instabil, selbstsüchtig und zu vielem, um nicht zu sagen zu allem bereit ist. Anstatt gemeinsam darüber ins Gespräch zu kommen, wie wir uns gleichberechtigt lieben und in Liebe halten können, trauern wir einem Zustand nach, in dem wir all unser Sehnen auf eine Person werfen und uns dabei doch eigentlich nur hemmungslos mit uns selbst beschäftigen. Wir brechen aus langjährigen liebevollen Beziehungen aus, weil uns der Funke fehlt und wir uns mal wieder selbst spüren wollen. Obwohl es in Wahrheit darum geht, für einen gewissen Zeitraum nur uns selbst zu spüren und nicht die ganze Verantwortung, die sich daraus ergibt, dem Partner oder der

Partnerin verbunden zu sein. Und auch wenn sich das wie ein Plädoyer liest, selbst eine erkaltende, lieblose Beziehung nicht zu verlassen, ist es das genaue Gegenteil: Es ist eine Einladung dazu, uns gemeinsam über Liebe so viele Gedanken zu machen, dass wir sie nicht aufgeben müssen, wenn sie noch existiert und wir sie nicht aufgeben wollen. Limerenz ist ein unglaublich machtvolles Bündel an Emotionen, die sich sehr überwältigend, groß und wunderbar anfühlen können. Aber sie sind nur ein Aspekt dessen, was wir Liebe nennen. Zum einen handelt es sich dabei um einen nicht zwingend notwendigen Aspekt. Liebe kann auch aus Freundschaft oder einer nicht limerenten Verliebtheit erwachsen. Und zum anderen ist dieser Aspekt manipulierbar.

Zum Beispiel durch das sogenannte Brückenexperiment. Ich habe im Vorwort zu diesem Buch von einem Brückenschlag geschrieben, den Menschen aufgrund ihrer existenziellen Vereinzelung durch und in der Liebe vollziehen. Was mir als sprachliches Bild diente, haben die Psychologen Don Dutton und Arthur Aron 1974 für eine sehr konkrete Untersuchung[7] genutzt, bei der zwei Brücken eine zentrale Rolle spielten: Eine eher kurze, sehr stabil und gewöhnlich wirkende Brücke und die kanadische Capilano Suspension Bridge – eine 140 Meter lange und 70 Meter hohe frei schwingende Seilbrücke, deren Überquerung ein so atemberaubendes Ereignis ist, dass sie jedes Jahr über eine Million Touristinnen und Touristen anzieht. Dutton und Aron nutzten die Brücken, um gemeinsam mit einer Mitarbeiterin herauszufinden, ob der mögliche Erregungszustand, den Männer bei der Brückenüberquerung empfinden, auf ein anderes Gefühl fehlattribuiert wird. Und tatsächlich. Die Männer, die die schwindelerregende Hängebrücke überquert hatten, stellten in weitaus größerer Zahl telefonische Rückfragen an die attraktive Mitarbeiterin, die mit ihnen eine Scheinbefragung durchführte. Sogar der Zeitpunkt spielte dabei eine Rolle: Wurden die Männer erst befragt, nachdem sie Zeit genug hatten, um zu Atem zu kommen und sich einigermaßen zu erholen, waren die Rückrufe nicht so zahlreich wie bei denen, die von der Brückenüberquerung noch völlig unter Adrenalin standen. Dieser Test wurde seither in zahlreichen Variationen wiederholt. So weiß man mittlerweile, dass Personen, die gerade eine Achterbahn verlassen, Menschen auf Fotografien deutlich attraktiver einschätzen, als dies Personen tun, die gerade erst dabei sind, die Achterbahn zu betreten. Das Konzept »love at first sight« muss also um das Konzept »love at first fright« erweitert werden, also um die Möglichkeit einer sogenannten Angstbindung. Ob und wie wir uns verlieben, hängt demnach von unserem aktuellen hormonellen Zustand ab, von unserer Herzschlagrate und anderen Erregungsgradmessern. Aber auch von unserem allgemeinen Zustand. So geht man mittlerweile in der Limerenzforschung davon aus, dass diese Form der schweren Verliebtheit durch vorangegangene Einsamkeit begünstigt wird. Wenn wir uns selbst in anderen sozialen Zusammenhängen nicht als kompetent und selbstwirksam erleben und unsere Bedürfnisse nicht befriedigen können, neigen wir eher dazu, uns in eine wirklichkeitsfremde, rauschhafte Verliebtheit hineinzusteigern. Diese Art Brückentransfer funktioniert aber nicht nur durch unmittelbare, sehr starke Emotionen, sondern auch durch den allmählichen Aufbau von Intimität und Vertrautheit. Der bereits erwähnte Arthur Aron schuf zur Erforschung dieser Hypothese in den 80er-Jahren ein weiteres Experiment, um herauszufinden, wie sich interpersonelle Verbundenheit herstellen kann. Der Aufbau dieses Experiments ist seither populärwissenschaftlich und popkulturell unzählige Male wiederholt worden: Zwei sich unbekannte oder nur flüchtig bekannte Menschen stellen sich gegenseitig 36 Fragen, die darauf abzielen, in einem möglichst kurzen Zeitraum die größtmögliche Nähe zu schaffen. Selbstverständlich kann man diese Fragen auch oberflächlich und unbeteiligt beantworten, aber grundsätzlich sind sie so aufgebaut, dass Nähe, die Vergegenwärtigung des gemeinsamen Moments sowie Interesse und Identifikation mit dem Gegenüber sehr erleichtert werden. Im Prinzip hat Aron damit das zu einem Fragenkatalog eingedampft, was wir heutzutage »Deep Talk« nennen würden: Die ganze Nacht über alles Mögliche reden, sich sein Herz ausschütten, Geheimnisse teilen, Gemeinsamkeiten finden. Was würdest du an deiner Kindheit ändern, wenn du es könntest? Der Tod welcher Person würde dich am meisten mitnehmen? Was müsste dein Gegenüber von dir wissen, wenn es ein enger Freund oder eine enge Freundin wäre? Abgeschlossen wird dieses Gespräch davon, dass man sich gegenseitig vier Minuten lang ununterbrochen in die Augen schaut. Vier Minuten scheinen kein besonders langer Zeitraum zu sein. Aber wenn man sie damit verbringt, mit jemandem ohne Unterbrechung Blickkontakt zu halten, dann sind sie eine kleine Ewigkeit. Wir machen uns im Alltagsleben zu selten bewusst, wie sehr wir durch Blicke Nähe herstellen. Wie intim dieses Abtasten, Prüfen, Aufnehmen und Einsaugen durch einen Blick sein kann. Die Performancekünstlerin Marina Abramović hat sich 2010 diesen Umstand in eindrucksvoller Weise zunutze gemacht, und wer etwas über die Macht des Blicks erfahren möchte, ist hiermit herzlich dazu eingeladen, sich die gleichnamige Dokumentation zu ihrer Performance *The Artist Is Present* anzuschauen. 90 Tage lang, sechs Tage die Woche, ganze sieben Stunden am Stück saß Abramović ohne Pause in einem Raum des Museum of Modern Art in New York an einem Tisch und blickte Menschen schweigend in die Augen. Einem nach dem anderen. 1545 Menschen, von denen nicht wenige so berührt waren, dass sie in Tränen ausbrachen. Manche nach zwei Minuten und manche nach einer halben Stunde. Nur durch ihren Blick erschuf die Künstlerin inmitten einer Öffentlichkeit eine Zone der gemeinsamen Verletzlichkeit, in der Schmerz, Erinnerung, Freude, Interesse und Sehnsucht Raum finden konnten. So entsteht Bindung. So schafft man Nähe. Basiszutaten also für Verliebtheit und Liebe. Dass wir in extremen Situationen und Zuständen großer Erregung dazu neigen, uns an andere Menschen binden zu wollen, ist nur konsequent. Je haltloser der Moment, desto stärker suchen wir nach Halt. Je mehr ich vor einem Abgrund zurückschrecke, umso wichtiger sind mir die Sicherungsleinen.

Die Tatsache, dass wir inzwischen eine ungefähre Vorstellung haben, wie diese komplexen Gefühle entstehen können und woraus sie zusammengesetzt sind, soll in diesem Buch nicht dazu dienen, sie abzuwerten. Es geht mir lediglich darum, diese Gefühle zu entmystifizieren und die romantische Rahmung von Liebe so weit zurückzubauen, dass sich erkennen und festmachen lässt, wie und warum sie gleichberechtigt werden sollte. Dazu gehört auch, festzuhalten, wo und wie sie trivial ist. Verliebtheit ist in ihrer angeblichen Schicksalhaftigkeit trivial. Wo wir ein kosmisches Gesetz vermuten und uns Vorherbestimmung für diesen einen Menschen erhoffen, werden wir von Impulsen geleitet, die mit unserem freien Willen genauso wenig zu tun haben wie Schicksal. In wen wir uns verlieben, liegt also tatsächlich nicht in unseren Händen – nur eben auf eine andere, sehr viel banalere Weise, als wir gern wahrhaben wollen. Und Liebe ist darin trivial, dass sie in Wahrheit kein Geheimnis umgibt, sondern lediglich unsere romantisierende Geheimniskrämerei, mit der wir sie geheimnisvoll gestalten wollen. Viele ahnen oder wissen, was zu tun ist, aber sie wollen die Arbeit nicht leisten: Wohlwollen, Wahrhaftigkeit, Wissbegier und Wandelbarkeit. Sich jeden Tag wieder füreinander entscheiden. Und wenn das nicht mehr gelingt, die entsprechenden Konsequenzen daraus zu ziehen. Einmal mehr ist Liebe wie ein Buch. Man will es geschrieben haben, aber man möchte es nicht schreiben. Sich nicht durchquälen, vertippen, streichen, überarbeiten und immer wieder daran verzweifeln, ob das alles wirklich Sinn ergibt. Man will auch kein Lektorat, das einem sagt, an welcher Stelle man genau wie sehr versagt hat und warum es unbedingt notwendig ist, es da und dort besser zu machen. Dabei ist ein solches partnerschaftliches Lektorat in Liebesbeziehung genau das Richtige, um sich gemeinsam in Liebe zu halten: An dieser Stelle fehlt es dir deutlich an Wohlwollen. Da bist du nicht wahrhaftig genug. Hier tust du so, als hätte sich nichts verändert, obwohl nichts mehr so ist, wie es einmal war. Und wo bleibt eigentlich die Wissbegier für dein Thema? Romantische Liebe ist immer noch zu häufig das kostbare Artefakt zweier Menschen anstatt der prozesshafter Versuch eines gemeinsamen Lebensentwurfs, Verliebtheit die Gier und die Jagd danach, sich in den Besitz dieses Artefakts zu bringen. Aber zwischenmenschliche Beziehungen erschöpfen sich weder in einer Indiana-Jones-Schatzsuche noch in der Ausstellung des Liebesartefakts »Beziehung«. Noch nicht einmal darin, beides miteinander zu kombinieren, um nicht an- und ineinander vor Langeweile und Lieblosigkeit zu vergehen. Indem wir romantische Liebe als Hybrid zwischen ekstatischer Limerenz und ewiger Verbundenheit vom Sockel stoßen, wirkt sie natürlich zunächst kleiner. Wir eröffnen ihr damit jedoch auch die Möglichkeit, sich zu voller Größe zu erheben, und das zu sein, was sie für jeden und jede von uns individuell ist, anstatt das sein zu müssen, wozu wir alle aufgefordert sind, sie zu halten. Liebe ist, was wir aus ihr machen. Wenn wir morgens nicht gern frühstücken, weil wir erst vier Stunden nach dem Aufstehen den ersten Bissen hinunterbekommen, dann ist ein vom Liebsten ans Bett gebrachtes Frühstück keine Konkretisierung der Liebe. Es ist einfach nur eine leere Ritualisierung dessen, was wir für Liebe halten. Und wenn mir innige Umarmungen grundsätzlich zuwider sind, kann Liebe sich gerade dadurch ausdrücken, dass in dem Wissen um diese Abneigung Nähe durch Verzicht auf solche Umarmung hergestellt wird. Liebe kann so aussehen, wie Kim Casali sie gezeichnet hat. Aber da, wo Liebe zwangsläufig so zu sein hat, gerät sie zu einer unpersönlichen Zumutung. Wo immer wir romantische Liebe zur Richterin über unsere Liebesbeziehungen ernennen, werden wir aller Wahrscheinlichkeit nach verurteilt. Wenn nur die limerenzbefeuerten Dauerverliebten Gnade finden, dann verlieren wir alle. Und zwar gerade das, was uns doch eigentlich mit am wichtigsten ist: die Liebe.

Noch einmal Heimat

Also stehen wir wieder ganz am Anfang. Was ich Ihnen eingangs als Provisorium verkauft habe, ist in Wahrheit das Ergebnis des mühseligen Ringens darum, wie sich Liebe auf den Punkt bringen lässt: Gegenseitige Liebe ist das gemeinsame Bemühen darum, sich ineinander zu beheimaten. Die Idee eines Menschen als Heimat für einen anderen Menschen, als Ort aus Fleisch, Blut, Bedürfnissen, Gefühlen und Gedanken, schließt für mich die bereits genannten Metavorstellungen über Liebe mit ein. Sich ineinander zu beheimaten ist eine Form der intersubjektiven Anerkennung, in der man füreinander Verantwortung übernimmt und symbolisch generalisiert miteinander kommuniziert, um Verständnis überhaupt erst zu ermöglichen. Aber Liebe als ein Ineinander-Heimstatt-Nehmen bleibt nicht abstrakt, sondern kann sehr konkret werden. Und zwar noch viel konkreter, als es Kim Casali so erfolgreich für Millionen Leserinnen und Leser gezeichnet hat. Die Tatsache, dass ich mir aufgrund meiner eigenen Langzeitbeziehung, die ja tatsächlich irgendwie schon im Kindesalter begann, große

Sympathien für Casalis Liebesentwürfe leisten kann, ändert nichts an ihrer Begrenztheit.

Der erwachsene Mann in mir kann durchaus anerkennen, dass es mir bei diesem bezaubernden einmaligen Mädchen auf der Fensterbank nicht so sehr um ihre bezaubernde Einmaligkeit ging als um meine Bedürfnisse, meine Erfahrung, meinen situationsbedingten Zustand. Das nimmt ihr nicht ein Jota von ihrer bezaubernden Einmaligkeit. Im Gegenteil: Es erlaubt mir, diesen Limerenzeindruck mit Substanz zu füllen. Mit Geschichte, Begegnungen, Schmerz und Glück. Mit Augenblicken, die sehr viel länger als vier Minuten dauern und nicht etwa schwer auszuhalten sind, sondern alles andere erst erträglich machen. Heimat bezeichnet in diesem Sinne also nicht meine Herkunft, sondern den Menschen, zu dem ich mich über Verliebtheit unmittelbar und unbedingt zugehörig fühle und in der Liebe immer wieder zugehörig mache. Diese Heimat ist Terra Nova, ein Neuland inmitten gewaltiger Anforderungslandmassen und Definitionsgebirgsmassive. Das Produkt einer gemeinschaftlichen Liebesverschwörung in gegenseitiger Kompliz♡innenschaft, die gar nicht erst so tut, als hätte sie mit den angrenzenden Wirklichkeiten nichts zu tun. Stattdessen wird eine gemeinsame Struktur geschaffen, eine Art Liebesstaat mit ihm eigenen Regeln. Wie genau die aussehen können oder sollten, werden wir noch miteinander besprechen müssen. Auch wenn es wieder einmal sehr unromantisch und überhaupt nicht sexy klingt: Liebe braucht eine Beziehungsumgebung, in der es ihr gut geht und sie gelingen kann. Da reicht es nicht aus, wenn die Beteiligten jeweils für sich allein Selfcare betreiben. Selbst wenn sie sich zusätzlich noch um den Herzensmenschen kümmern, ist es nicht genug. Es braucht auch Lovecare. Wenn das Ziel eine gleichberechtigte Liebesbeziehung sein soll, die über einen langen Zeitraum gelingen kann, dann besteht die Aufgabe nicht in der Synchronisierung mit dem, was Liebe für uns alle zu sein hat. Sie besteht in der Entdeckung von Terra Nova, diesem unbekannten Land, das gleichzeitig funktioniert wie alle Liebesheimaten und dann wiederum doch wie nur diese eine ganz bestimmte. Es ist das Bemerkenswerteste an Liebe überhaupt, dass die Gefühle der Beheimateten zu ihrem Ineinander-Ort inhaltlich variieren und in Bezug auf Intensität fluktuieren können. Ich kann in jemandem beheimatet sein, mit dem ich zunächst großartigen Sex hatte, der aber irgendwann immer mehr abgeebbt und schließlich vollkommen versiegt ist. Ich kann jemanden lieben, der mir phasenweise viel von sich erzählt, dann wieder nicht und schließlich umso mehr. Ich kann jemanden stärker lieben, weil er sich intensiver um mich bemüht – oder auch weil er sich für eine Weile in sich zurückzieht, um etwas Neues über sich zu erfahren. Liebe als Beheimatungsprozess scheint also so zu funktionieren, wie man sich das von romantischer Liebe wünscht: als einmalige Heimatnahme – im Guten wie im Schlechten, im Reichen wie im Armen und so weiter. In Wirklichkeit aber beheimaten wir uns in all diesen Aspekten immer wieder neu. Das ist die Essenz von Liebe. Liebe geschieht nicht in einem luftleeren Raum ohne Widerstand. Es genügt nicht, sie einmal anzustoßen, um dann glücklich dabei zuzusehen, wie sie sich ohne Reibungsverluste bis ans Ende der Zeit immer weiter fortbewegt. Und es reicht leider auch nicht, die gegenläufigen Kräfte einfach nur mit geschlossenen Augen zu überdauern. In der Hoffnung, dass die Geschwindigkeit schon irgendwie ausreicht und es danach womöglich mit der Liebe noch weitergeht. Stattdessen findet gelingende Liebe auch in den Widerständen statt. In ihrem Scheitern, ihren kleinen und größeren Peinlichkeiten, Verzweiflungstaten und Kapitulationen. Nicht im Sinne der romantischen Liebe, die stets pauschal behauptet, an solchen Dingen nur zu wachsen, größer und noch stärker zu werden. Sondern im Sinne von ehrlicher Liebe, die darum weiß, dass all diese Dinge zu ihr gehören, weil sie zu uns Menschen gehören. So zu tun, als gäbe es sie nicht, ist ebenso wenig eine Option, wie die Augen zuzumachen und darauf zu hoffen, es durchzustehen. Denn es ist Lebenszeit, die wir da an uns vorbeiziehen lassen. Liebeszeit. Zeit, die uns prägt, uns verändert, uns immer weiter erschafft und forterzählt. Am Ende verpassen wir noch eine dieser Gelegenheiten, uns unter welchen Umständen auch immer vier Minuten lang in die Augen zu gucken. Oder länger. Deshalb Kompliz♡innenschaft: Wir werfen alles, was wir an Großherzigkeit und Schwäche haben, auf ein Stück Terra Nova und verschwören uns gegen unvermeidliche Reibungsverluste und Widerstände. Heimat ist kein Paradies. Kein gott- oder schicksalsgegebener Sehnsuchtsort, in dem wir uns mit einem anderen Menschen in der Herrlichkeit unserer Liebe einrichten. Heimat ist der Ort, an dem wir uns selbst und einander annehmen. Und den wir verlassen, wenn uns dieses Annehmen nicht mehr gelingen will oder kann. Dieser Prozess ist so fragil und zugleich robust, so gleich in seinem Überfrachtungszustand und so einzigartig in dem, was wir aus ihm und uns machen, dass es ein Prinzip braucht, mit dem der Prozess gelingt. Dieses Prinzip kann nur das der Gleichberechtigung sein. Ein Prinzip, bei dem nicht davon ausgegangen wird, dass sich Anspruch, Mühe und Bedürfnis in der Herrlichkeit romantischer Liebe schon irgendwie ausgleichen werden, sondern das dafür Sorge trägt, dass es auch geschieht.

Paarungsakte II

Roberto & Kim

Liebe ist ... wäre nicht vollständig, wenn ich an dieser Stelle nicht die Geschichte von Roberto und Kim nachtragen würde. Nicht nur, weil ihre Liebe zu ihm der Anlass für die vielen kleinen Zeichnungen und Sentenzen war, sondern weil sie eine bemerkenswerte Beziehung miteinander geführt haben, aus der sich einiges lernen lässt. Im Gegensatz zu ihren Cartoons ist die Liebe der Casalis nicht von Katastrophen und Leid verschont geblieben. Der wichtigste Grund dafür, dass sich Kim Casali 1975 vom Zeichnen und Schreiben ihres schon damals weltberühmten Cartoons zurückzog, war die Hodenkrebserkrankung ihres Mannes. Es war eine sehr aggressive Krebsform, die nicht nur ihren Traum zerstörte, den Rest ihres Lebens miteinander zu verbringen, sondern auch verhinderte, dass sie ihren Wunsch nach vier Kindern in die Tat umsetzten. Zu dem Zeitpunkt, als Roberto Casali nur noch wenige Monate Lebenszeit prognostiziert wurden, hatte das Paar zwei Söhne. Ende 1975 entschied sich das Paar für eine lebensverlängernde Operation und begann, Pläne für das Weihnachtsfest zu schmieden. Kim sagte Roberto, sie wünsche sich nicht etwa noch einen Diamantring, sondern noch ein Kind von ihm. Sieben Monate nach Robertos Tod im März 1976 gebar Kim ihren dritten Sohn. In der britischen High Society begann man darüber zu tratschen, wer wohl der Vater dieses Kindes sein könnte. In den Zeitungen schrieb man vom »Wunderbaby« und spekulierte, wie genau dieses Wunder denn nun zustande gekommen sei. Die Geburtsanzeige setzte den Spekulationen ein Ende. Kim malte hierfür ihr *Liebe ist ...*-Alter Ego, das einen Kinderwagen schiebt. Als Text fügte sie hinzu: »Wir präsentieren stolz Milo Roberto. Eltern: Kim und der verstorbene Roberto.« Der Vater war also ihr Mann. Kim hatte ihn in seinen letzten Lebenswochen davon überzeugen können, sein Sperma für die künstliche Befruchtung Kims zur Verfügung zu stellen. »Es ist mein Leben, meine Entscheidung, mein Baby«, sagte Kim damals der Presse gegenüber. »Ich bin weder eine Heldin noch ein Engel oder ein Freak. Ich bin einfach nur eine normale Mutter mit einem normalen Baby.«[8] In der britischen Öffentlichkeit sah man das zunächst sehr anders. Während Rechtsanwälte in Klatschzeitungen darüber stritten, ob das Kind einen Rechtsanspruch auf das Erbe habe und darüber gar eine Parlamentsentscheidung forderten, verurteilte die offizielle Zeitung des Vatikans Kim Casalis Verhalten als »unmoralisch«. Schließlich schlug man sich nach dem ersten Schock mehrheitlich auf die Seite der Mutter und ihres Babys und ließ zu, dass Gras über die Sache wächst. »*Liebe ist* ...«, zitierte sie damals eine Zeitung, »das Baby, das ich für meinen geliebten Roberto in mir trage. Nun werde ich mich immer an ihn erinnern können.«[9]

Kim Casalis Entscheidung scheint sehr weit weg von den paradiesischen Gefilden ihrer Cartoons zu sein. Gemeinsam mit ihrem Ehemann traf sie eine Entscheidung, die zum damaligen Zeitpunkt etwas Außergewöhnliches, ja geradezu Unerhörtes war. Zum Vergleich: Nach dem heute in Deutschland geltenden Embryonenschutzgesetz würde die Person, die wissentlich eine Eizelle mit dem Samen eines toten Mannes befruchtet, mit einer Geldstrafe oder einer Freiheitsstrafe von bis zu drei Jahren bestraft werden. Viele Gründe kommen für eine solche Entscheidung in Betracht: Eigennutz, Einsamkeit, Vermissen, Angst, Trauer. Aber eben auch Liebe. Sehr viel Liebe. Und deshalb sollten wir uns bei keiner Liebesbeziehung anmaßen, ihre Funktionsweisen und Hintergründe von außen verstehen zu können. Die Terra Nova eines anderen Paars ist für uns Terra Incognita. Das gilt auch für den Aspekt der Gleichberechtigung. Auch wenn ich Ihnen hier Regeln für eine gleichberechtigte Beziehung darlegen kann, bedeutet das nicht, dass ich in der Lage wäre, sie in Anwendung einwandfrei identifizieren zu können. War die Entscheidung von Kim und Roberto gleichberechtigt? War ihre Liebe es? Hat sich Roberto genötigt gefühlt, ihr ihren Wunsch zu erfüllen, oder geehrt? Ich weiß es nicht. Genauso wenig, wie ich es bei anderen Paaren weiß, ob und, wenn ja, wie sie einen Plan zur Gleichberechtigung ihrer Liebe verfolgen. Es ist nicht an mir, darüber zu befinden und zu richten. Stattdessen ist es meine Aufgabe, eine möglichst klare und unmissverständliche Anwaltschaft für gleichberechtigte Liebesbeziehungen zu formulieren. Damit wir auch in einer solchen Extremsituation wie der, die ich Ihnen gerade geschildert habe, in der Lage sind, die Bedürfnisse unseres Herzensmenschen als gleichwertig zu betrachten.

DREI

Wurzelbehandlung

»Herkunft bleibt doch ein Konstrukt!
Eine Art Kostüm, das man ewig tragen soll,
nachdem es einem übergestülpt worden ist.«[1]

Saša Stanišić

Die gute Nachricht ist, dass vieles von dem, was unsere Beziehungen belastet, nicht unsere Schuld ist. Die schlechte ist allerdings, dass uns das zunächst auch nicht weiterhilft. Schuld ist keine belastbare Kategorie, um Beziehungsdynamiken zu verstehen und zu verbessern. Selbstverständlich scheitern Beziehungen auch immer wieder daran, dass jemand die vertraglichen Vertrauensgrundlagen zerstört und Partner♥innen jegliches Wohlwollen entzieht. Aber wenn wir von der Prämisse ausgehen, dass sich zwei Menschen einmal geliebt haben und aus freien Stücken eine wohlwollende Paarbeziehung eingegangen sind, lautet die viel interessantere Frage, was genau eigentlich schiefgelaufen ist. Welche Liebe hat das Paar gelebt und woraus haben sich seine Beziehungsvorstellungen gespeist? Wann wurde damit begonnen, das Verhalten und die Entscheidungen der oder des anderen zu skandalisieren? Wenn eine Polkappenschmelze des Wohlwollens einsetzt, ist es durchaus nicht unerheblich, welcher Pol davon hauptsächlich betroffen ist und welche akuten Maßnahmen erforderlich sind. Letztlich stellt ein solches Ereignis jedoch das Scheitern des Ökosystems einer Paarbeziehung dar und lässt sich nur im Zusammenhang verstehen. Diese Erkenntnis soll niemanden aus der Verantwortung entlassen. Ich werde die vorangegangenen Sätze mit Argusaugen bewachen und sicherstellen, dass sich niemand hinter ihnen versteckt, die oder der die allermeisten Beziehungsressourcen für sich allein beansprucht und verbraucht hat. Niemand ist an dieser Stelle dazu eingeladen, Schuldumkehr zu betreiben oder mit Hinweis darauf, »dass wir da ja alle mit drinstecken«, den Eigenanteil am Scheitern zu verdecken. Aber wenn ich darüber schreiben will, wie gleichberechtigte Beziehungen gelingen, dann muss ich schon deutlich mehr anbieten als einen mehr oder weniger dezenten Hinweis darauf, dass Sie sich in Ihrer Beziehung nicht schuldig machen sollten. Denn erstens ist das unvermeidlich. Und zweitens arbeite ich hier mit einer anderen Arbeitshypothese. Ich gehe nicht davon aus, dass Sie zu diesem Buch greifen, wenn Sie die Person sind, die ihren angeblichen Lieblingsmenschen in einer gemeinsamen Beziehung bewusst und mit Freude manipuliert, demütigt und verletzt. Und wenn Sie Opfer derartiger Übergriffigkeiten sind, kann Ihnen mein Schreiben leider nicht genug Hilfe bieten und sollte es daher auch gar nicht erst behaupten. Vielmehr habe ich mir im Vorfeld dieses Buches Leserinnen und Leser vorgestellt, die eine gleichberechtigte Lebenskompliz♡innenschaft anstreben, aber nicht genau wissen, wie. Menschen also, die das Gefühl haben, dass ihnen ihre Beziehung entgleitet und ihre Liebe zunehmend heimatlos wird, obwohl sie beides nicht wollen. Daher schreibe ich über die Vorgaben, nach denen wir Beziehungen aufzubauen haben, und über die Ideale, in die wir uns mit anderen Menschen hineinzulieben aufgefordert sind. Ich breite hier mit Ihnen die Baupläne aus, nach denen wir uns als Paare zusammensetzen, und mache Gegenvorschläge. Ich beschäftige mich mit dem Herkunftskostüm, das Saša Stanišić so treffend und berührend beschreibt. Mit all den Dingen, Anforderungen und Versprechungen, die uns anhaften, ohne dass wir uns darüber im Klaren sind. Mit Stanišić will ich fragen, wo unsere Liebesvorstellung herkommt. Was hat sie geformt, was macht sie aus? Wie wurde sie uns übergestülpt und was tun wir mit ihr?

Dabei werde ich mich leider immer wieder unbewusst eines Effekts bedienen, der als Autor eines erzählenden Sachbuchs eines meiner mächtigsten Schreibmittel ist. Da ich mich aber auch in der Beziehung zu Ihnen um mehr Gleichberechtigung bemühen will, werde ich ihn an dieser Stelle als Disclaimer preisgeben, damit Sie mir beim Entwickeln meiner Argumente genauer auf die Finger schauen können. Nicht zuletzt hatte ich auch das im Sinn, als ich mich an die Offenlegung meiner eigenen Beziehung gesetzt habe.

Der Barnum-Effekt

Sie haben ein großes Bedürfnis nach Menschen, die Sie bewundern und mögen. Sie tendieren dazu, kritisch mit sich zu sein. In Ihnen schlummert eine Menge ungenutztes Potenzial, das Sie bislang nicht zur Geltung bringen konnten. Sie haben zwar persönliche Schwächen, können diese aber zumeist ausgleichen. Sie kämpfen damit, sich sexuell zu verwirklichen. Sie wirken äußerlich diszipliniert und kontrolliert, tendieren aber innerlich zu Unsicherheit und Besorgnis. Gelegentlich haben Sie ernste Zweifel daran, ob Sie die richtige Entscheidung getroffen oder das Richtige getan haben. Sie bevorzugen ein gewisses Maß an Abwechslung und werden unzufrieden, wenn Sie durch Restriktionen und Verbote daran gehindert werden. Sie legen Wert darauf, sich ein eigenes Urteil zu bilden und die Meinung anderer nicht ohne zufriedenstellende Beweise zu übernehmen. Sie mussten feststellen, dass es unklug ist, sich anderen zu sehr zu öffnen.

1949 wurden diese zehn Aussagen von dem US-amerikanischen Psychologen Bertram Forer aus astrologischen Horoskopen extrahiert, um zu demonstrieren, dass Menschen dazu neigen, möglichst vage und allgemein gehaltene Aussagen über sich so einzuordnen, dass sie diese als zutreffend empfinden. Später benannte sein Kollege Paul Meehl diesen Effekt nach dem Schausteller und Zirkusdirektor Phineas Barnum, dessen Anspruch es war, dass sein Zirkus ein bisschen was von allem für alle bietet. Wir alle suchen fortwährend nach Mustern und Bedeutungen, in denen wir uns wiederfinden können. Wenn Ihnen also jemand tief in die Augen blickt und Sie im Gespräch wissen lässt, dass Sie ja wohl schon so einiges durchmachen mussten und manche Ihrer Ziele ziemlich unrealistisch sind, dann kennt diese Person Sie nicht. Das ist lediglich der Versuch, Sie mit ein paar Tricks aus der Floskelkiste zu beeindrucken. Ebenso gut könnte man Ihnen sagen, dass Sie sich als Kind hin und wieder missverstanden gefühlt haben, sich auf einer langen Reise zu sich selbst befinden und besser auf Ihre Gesundheit achten sollten. Die Wahrscheinlichkeit, dass diese Aussagen zutreffen, ist bei mir und jeder anderen beliebigen Person sehr hoch. Auf die Gesundheit lässt sich immer noch besser achten. Das Leben ist das, was geschieht, während wir Pläne machen/ein langer ruhiger Fluss/eine Pralinenschachtel/die langsame Entdeckung des eigenen Ichs/(hier bitte weitere Belanglosigkeiten aus dem schier unerschöpflichen Floskelreservoir einfügen). Und Missverständnisse sind, wie bereits erwähnt, nicht die Ausnahme, sondern die Regel. Die Behauptung, Konflikte innerhalb einer Beziehung wären ein Beleg dafür, dass Sie Ihre Beziehung nicht auf Augenhöhe gestalten und mehr für ein gleichberechtigtes Miteinander tun sollten, entspricht ebenfalls diesem Effekt: Menschen gehen Beziehungen miteinander ein, die nicht konfliktfrei ablaufen. Na, so eine Überraschung aber auch!

Wenn ich also im weiteren Verlauf dieses Kapitels über die Voraussetzungen dafür spreche, dass uns die Gleichberechtigung von Bedürfnissen in Beziehung viel zu selten gelingt, seien Sie bitte auf der Hut: Womöglich versuche ich unbeabsichtigt, Sie an der ein oder anderen Stelle in den Barnum-Effekt reinzuquatschen. Das heißt nicht, dass wir uns für dieses Thema nicht auf Gemeinplätzen verabreden können. Wir sollten sie nur auch so behandeln.

Kindheit

Schon unser Erstkontakt mit Liebe etabliert Ungleichberechtigung. Die Liebe eines Kindes zu seinen Eltern unterscheidet sich grundlegend von der Liebe der Eltern zu ihrem Kind. Kindliche Liebe richtet sich an Erwachsene mit dem Bedürfnis, angenommen zu werden und zu überleben. Weil es gerade in den ersten Jahren buchstäblich um die Existenz des Kindes geht, ist kindliche Liebe sich nicht selbst genug. Sie ist vielmehr die von der Biologie geschaffene kommunikative Grundvoraussetzung, mit der vermittelt werden soll, dass sich der ganze Aufwand für die Eltern lohnt: Fürsorge, Pflege, Schlafentzug, Arbeit, Sexmangel, Stress. Elterliche Liebe richtet sich hingegen als eine Form der Selbstvergewisserung und der Aufwandsentschädigung an das Kind. Eltern werden dafür belohnt, die eigenen Bedürfnisse hinter den Fremdbedürfnissen des Kindes zurückzustellen, indem sich durch Liebe dieses Fremde zu eigen gemacht werden kann: Das ist unser Kind. Es gehört zu mir, es ist eine Erweiterung meiner eigenen Existenz. Kinder lieben also ihre Eltern nicht auf die gleiche Weise und aus den gleichen Motiven wie die Eltern ihr Kind. Darüber hinaus ist die Liebe nicht gleichwertig. Kindliche Liebe ist eine naive, buchstäblich nach oben gerichtete Fürbitte um das eigene Leben, elterliche Liebe ein immer noch oftmals nach unten gerichtetes freudiges Suchen und Erkennen des Eigenen im Fremden. Letztere unterscheidet sich zudem häufig noch geschlechtsspezifisch. Mutterliebe hat qua gesellschaftlicher Anforderung fürsorglich und opferbereit zu sein, während Vaterliebe als nicht emotional und zugewandt genug gilt, um diese Attribute zu verdienen. Die mehr oder weniger liebevolle Eltern-Kind-Beziehung stellt die erste Kartografie der Liebe dar, die Kinder mit zunehmendem Alter als Orientierungshilfe benutzen, um ihren »Schatz« zu finden. Das bedeutet nicht, dass sie ihre Kindheitserfahrungen als Vorlage eins zu eins in die Erwachsenenwelt zu kopieren. Vielmehr modellieren wir Liebe nach den Liebeserfahrungen, die wir in unserer Kindheit gemacht haben. Wir suchen unsere Partner♡innen nicht etwa danach aus, ob sie ein getreues Abbild unserer Eltern sind. Stattdessen halten wir auch hierin Ausschau nach Mustern und Bedeutungen. Nach bekannten Freuden, aber eben auch nach vertrauten Schmerzen. Das ist der Grund, warum wir uns scheinbar immer wieder auf Menschen einlassen, die nicht die allgemein gehaltenen Anforderungen unserer Freundinnen und Freunde erfüllen. Aber wir lieben uns eben auch in uns vertraute Verhältnisse hinein. Selbstverständlich ist es möglich, die schmerzlichen Erfahrungen seiner Kindheit zu überwinden und als Erwachsener nicht reproduzieren zu müssen, um ein Gefühl von Vertrautheit herzustellen. Viel wahrscheinlicher ist es jedoch, dass wir in unseren Liebesbeziehungen nicht etwa nach Schmerzfreiheit suchen, sondern nach der für uns richtigen Art von Schmerz. Nach der Art Schmerz, unter der wir verschiedene Abstufungen von Fürsorge erfahren haben. Den Schmerz, in dem wir geliebt haben und geliebt wurden oder geliebt werden wollten. Das ist insofern nur folgerichtig, als es für Menschen kein schmerzfreies Leben gibt. Kein immerwährendes Glück. Selbst der schönste Sonnenuntergang dauert nicht so lange an, dass wir gemeinsam bis an unser Lebensende in ihn hineinreiten könnten. Und selbst wenn, würden wir vorher vor Erschöpfung aus dem Sattel kippen. Also suchen wir auch hierin nach Mustern, über die wir eine Verbindung zu uns selbst herstellen können. Eine Selbstvergewisserung durch Resonanzerfahrung in Schmerz. Angesichts dieser Voraussetzungen ist es nicht verwunderlich, dass uns erwachsene Liebesbeziehungen auf Augenhöhe schwerfallen: Unsere Kartografie der Liebe nimmt ihren Ausgangspunkt in einer ungleichen und oftmals ungleichberechtigten Eltern-Kind-Beziehung. Unser Verstand und unsere Herzen werden von romantischen Idealen über Absolutheit, Perfektion, Ewigkeit und Unbesiegbarkeit vernebelt, während wir zugleich von den notwendigerweise imperfekten Beziehungen der Erwachsenen umgeben sind. Wie soll uns Liebe da gelingen? Wie sollen wir lieben, wenn wir nichts über Liebe auf Augenhöhe wissen und keine Vorstellung davon haben? Wie soll Beziehungsarbeit funktionieren, wenn wir alle erzählt bekommen haben, dass es mit dem oder der Richtigen passen wird – ohne Anstrengung, ohne Aufwand, einfach so.

Diese Sehnsucht nach »der einer Person, mit der einfach alles stimmt« realisiert bei Erfüllung nicht »echte« Liebe, sondern ist ein Ausweis von Liebesbedürftigkeit, die wie ein Kind darauf hofft, vollständig und mit allen Fehlern angenommen zu werden. Aber irgendwann sind wir erwachsen und unsere Eltern nicht mehr für uns verantwortlich. Wer soll uns so annehmen, wie wir sind, wenn alle nur damit beschäftigt sind, angenommen werden zu wollen? Gegenseitige Liebe heißt, sich ineinander zu beheimaten. Wir graben, wühlen und verhaften uns in einer anderen Person, während sie in uns gräbt, wühlt und sich verhaftet. Einseitigkeit hierbei ist keine Liebe. Auch wenn es sich gut anfühlen kann, schmeichelhaft, selbstwirksam und viel anderes mehr. Aber es ersetzt niemals den Prozess der gegenseitigen inneren Verankerung, nie das, worum es wirklich geht. Der von mir bereits zitierte Alain de Botton nennt es das größte Geschenk, das man einem geliebten Menschen machen kann: genug über sich zu wissen und zu verstehen, sodass man der anderen Person über sich erzählen kann. Wirklich über sich erzählt. Nicht nur über Hobbys, Essensvorlieben oder Lieblingsfilme, sondern darüber, wer man ist, was man braucht und wie es vermutlich ist, mit einem eine Beziehung zu führen. Es ist das Gegenstück zum kindlichen »Ich laufe jetzt weg, damit alle, die gemein zu mir waren, mal sehen können, was sie davon haben«. Die romantische Annahme, dass uns der geliebte Mensch versteht, ohne Worte, ohne Kommunikation, einfach weil er uns lesen kann und ganz und gar verstanden hat, ist eine Weiterführung des kindlichen Liebesbedürfnisses. Der erwachsene Weg wäre, sich gegenseitig die Macken, Verletzungen und Fluchtimpulse offenzulegen. Und zwar in Wohlwollen, nicht als Ultimatum. Als liebevoller Beipackzettel, nicht als Erpressungsversuch: Das bin ich, so reagiere ich unter Stress, das macht mir Angst, davon distanziere ich mich. Das Kind in uns erwartet externe Lösungen. Machtvolle Menschen sollen Dinge für uns geregelt bekommen, mit denen wir uns selber nicht beschäftigen wollen oder können. Und zwar am besten so, wie es uns bereits vertraut ist. Entweder indem sie sie uns behutsam aus den Händen nehmen und erledigen oder indem sie etwas »zum allerletzten Mal sagen« und »bis drei zählen«. Oder Schlimmeres. Wir sind also alle immer noch irgendwie Kinder. Gut, das haben wir längst vermutet: Der »Kindskopf« und die »kleine Prinzessin« sind weitverbreitete Typen unter erwachsenen Männern und Frauen. Aber wir machen uns nicht klar genug, was dieser Umstand für unser Lieben und unseren Beziehungsaufbau bedeutet. Wenn wir als Erwachsene lieben wie ein Kind bzw. geliebt werden wollen wie ein Kind, ist unsere Liebe zum Scheitern verdammt. Denn unser Gegenüber liebt entweder in der gleichen infantilen Bedürfnisstruktur oder hat als Erwachsener kein langfristiges Interesse daran, die Verantwortung für ein erwachsenes Kind zu übernehmen. Leider gelingt es nur den wenigsten von uns, erwachsen zu lieben. Stattdessen lieben wir in kindischen Verhältnissen. Wir erziehen, statt zu informieren. Wir belehren, anstatt zu veranschaulichen.

Stellen Sie sich zum Beispiel meine Situation vor: Ich arbeite unter Pandemiebedingungen im Homeoffice. Es ist viel zu tun, die Arbeit ist mühsam und nervt. Ich gehe also raus, um mich bei einem coronakonformen Gespräch mit den Nachbarn zu erholen. Es wäre vollkommen unangemessen, wenn meine Lebenskomplizin für mich entscheidet, wann diese Pause lang genug gedauert hat, rauskommt und mich mit den Worten »Schatz, du wolltest doch arbeiten!« wieder reinruft. Ich bin Anfang 40, ich weiß, dass ich arbeiten muss. Wenn ich mich entscheide, das zu ignorieren, muss ich mit den möglichen Konsequenzen leben: länger in die Nacht arbeiten, womöglich gestresster sein, mein Projekt nicht abschließen können, scheitern. Und natürlich ist meine Lebenskomplizin als Beziehungspartnerin davon auch mittelbar betroffen. Aber meine Autonomie derart zu übergehen, infantilisiert unsere Beziehung. Sie ist nicht meine Mutter, ich bin nicht ihr Sohn. Dementsprechend ist es meine Aufgabe, mit meiner Autonomie verantwortungsbewusst umzugehen und mein eigenes Verfehlen im Bedarfsfall nicht ihr anzulasten: »Hättest du mir mal gesagt, dass ich noch arbeiten muss, dann hätte ich das Projekt noch geschafft.«

Infantil wäre es auch, wenn ich sie vor dem Weg zur Arbeit mit hochgezogener Augenbraue frage, ob sie »das wirklich tragen will«. Denn dass sie genau das möchte, ist ja offenkundig. In passiv-aggressiver Weise ihre Autonomie anzugehen, hat nichts mit Augenhöhe zu tun. Vielmehr erhebe ich mich so über sie und spreche zu ihr hinab. Das bedeutet nicht, dass Augenhöhe nicht möglich ist und wir besser nicht die Dinge thematisieren, die uns am anderen stören. Wir sollten es nur als Erwachsene tun:

»Ich sehe deine Überarbeitung und mache mir Sorgen um dich. Kann ich dir helfen? Können wir etwas tun, damit wir mehr Pausen für dich organisiert bekommen?«

»Mir ist aufgefallen, dass alle deine Kolleginnen und Kollegen sich deutlich formeller kleiden als du. Ich bin etwas verunsichert, ob sie deinen Kleidungsstil für angemessen halten, und befürchte, dass dir daraus Nachteile erwachsen könnten. Wie siehst du das?«

»Ich will doch nur das Beste für dich« ist kein Prinzip, nach dem sich Liebesbeziehungen zwischen Erwachsenen aufbauen lassen. Ich entscheide, was das Beste für mich ist. Du entscheidest, was das Beste für dich ist. Gemeinsam unterstützen wir uns darin, dieses Beste zu erreichen. Wir geben uns Feedback darüber, ob es wirklich das Beste ist. Denn viel zu oft ist das, was wir für das Beste halten, eine richtig miese Idee.

Unseren kindlichen Vorstellungen von Liebe zu entwachsen ist kein leichtes Unterfangen. Nicht zumindest gelegentlich in infantile Muster zurückzufallen ein Ding der Unmöglichkeit. Es ist auch dann unmöglich, wenn wir eine tolle Kindheit hatten. Wer eine besonders schöne Kindheit hatte, ist nicht automatisch besonders gut darin, ihre Mythen und Muster abzustreifen und erwachsen zu lieben. Womöglich sind wir dann bindungsfähiger, konfliktkompetenter, resilienter und selbstbewusster als mit schlechteren Startbedingungen. Aber in Bezug auf gleichberechtigte Liebe läge immer noch alle Arbeit vor uns. Weil sie vor jedem und jeder von uns liegt.

Female Choice und Patriarchat

Einer der interessantesten Ansätze, um die Funktionsweisen und Auswirkungen sexistischer Gesellschaften zu verstehen, ist das Prinzip der sogenannten *Female Choice*. 2021 erschien zu dem Thema ein überaus aufschlussreiches Buch der Biologin Meike Stoverock[2]. Darin stellt sie die Kulturgeschichte der Menschheit als einen seit Jahrtausenden andauernden Prozess von Männern dar, Frauen entgegen ihrer eigentlichen biologischen Überlegenheit zu entmündigen und zu entrechten. Biologische Überlegenheit meint hier die Möglichkeit, sich den Sexualpartner aussuchen zu können. Wie bei vielen anderen Arten im Tierreich gilt für Menschen nämlich aus biologischer Sicht grundsätzlich »Damenwahl«, weil für Frauen die Reproduktion mit sehr viel mehr Aufwand und Risiko verbunden ist. Wenn es sich also nicht gerade um seltene Ausnahmefälle wie die Odinshühnchen handelt, bei denen die Weibchen um die Männchen buhlen, dann balzen, raufen und prahlen Männchen um die Gunst von Weibchen. Das gilt auch für Menschen. Die Schauspielerin und Comedienne Caroline Kebekus hat das in ihrem Programm *Pussy Terror* so zusammengefasst: Wenn ein Mann Sex mit einer Frau wolle, dann müsse er sie »erst mal volllabern«: »Blablabla, schöne Haare, schöne Augen, blabla.« Wenn eine Frau Sex mit einem Mann wolle, bräuchte sie im Prinzip bloß zu rufen: »Ich hätte heute Zeit!« Auch wenn es in der Realität glücklicherweise nicht immer so simpel und binär abläuft, steht der evolutionäre Rahmen unseres Paarungsverhaltens: Männer bekunden auf die soziokulturell gerade aktuelle Art und Weise Interesse. Frauen entscheiden, mit wem sie sich paaren und eine Beziehung eingehen wollen. Allerdings waren und sind zu viele Männer mit dieser Ausgangslage mehr als unzufrieden. Nach ihrer Einschätzung handelt es sich bei der Möglichkeit, Sex mit einer Frau zu haben, um eine knappe Ressource, die ihnen von Frauen vorenthalten wird. Diese Einschätzung hat laut Stoverock durchaus eine biologische Entsprechung: In einem funktionierenden Female-Choice-System kommen für 80 Prozent der weiblichen Population nur 20 Prozent der männlichen Population überhaupt zu Paarungszwecken infrage. Das heißt, dass die Mehrheit der männlichen Population von vornherein aus dem Reproduktionsprozess ausgeschlossenen ist. Gleichzeitig arbeitet in dieser männlichen Mehrheit ein hochwirksamer biologischer Imperativ, der sie dazu motiviert, in den erlesenen Kreis der 20 Prozent aufrücken zu wollen. Mit Blick auf die Spezies Mensch verschärft sich diese Situation noch einmal dadurch, dass wir Sex nicht nur zu Reproduktionszwecken haben, sondern wie andere Primatenarten auch aus sozialen Gründen. Sex zwischen Menschen kann Freizeitgestaltung sein, Bindungsarbeit, Stressabbau, Kurzurlaub, Kommunikation, Selbstbestätigung, Endorphin-Kick. Menschlicher Sex ist eine ziemlich prall gefüllte Wundertüte, die man(n) sich nicht entgehen lassen will. Also wurden komplexe Systeme geschaffen, um Frauen auf vielfältige Weise zu vermitteln, wann es ihre Pflicht sei, diese Wundertüte wem auszuhändigen und wann nicht. Weibliche Sexualität wurde eingehegt und derartig mit moralischen, religiösen und gesellschaftlichen Ansprüchen überfrachtet, dass die Female Choice effektiv ausgehebelt wurde. Der Reproduktionszyklus von Frauen wurde mit Ekelgefühlen besetzt, ihre Körper mit Scham behaftet. Ungezügelte weibliche Sexualität wurde verdammt und über das ideologische Konstrukt der Hexerei als Bruch mit den Naturgesetzen und dem Bund mit dem Göttlichen gewertet. Frauen wurden von wirtschaftlicher, politischer und gesellschaftlicher Macht systematisch ausgeschlossen, damit sie bloß nicht auf die Idee kommen, sich erneut der biologisch immer noch intakten Female Choice zu ermächtigen. Ihr Verhalten wurde als sündhaft oder heilig kategorisiert, damit sie unter dem Joch dieser Zuschreibungen nicht auf die Idee kommen, ihren eigenen Weg zu gehen. Es ist der Treppenwitz der Menschheitsgeschichte: Das, was wir Zivilisation nennen, basiert immer auch auf der Verfügbarmachung von Frauen. Der permanente Zugriff auf ihre Sexualität, ihre Arbeitskraft, ihre Zuneigung und ihr Interesse soll ihnen Verpflichtung sein. Und um das zu erreichen, bedient sich das Patriarchat eines Tricks, der so simpel und zugleich widersprüchlich ist, dass man es schon allein dafür abschaffen sollte: Stellen Sie sich vor, Sie wollen etwas haben. Also wirklich haben, unbedingt besitzen, um jeden Preis. Ein Stück

Land, einen großen Haufen Geld, ein ergreifend schönes Bild, die leckerste Lasagne der Welt. Sie denken nur noch daran, träumen davon, sind vollkommen besessen. Was tun Sie, um es zu bekommen? Das Patriarchat hat auf diese Frage eine klare Antwort: bis zur Erpressbarkeit abwerten. Anstatt sich im Sinne einer Female Choice mit ungewissen Erfolgsaussichten richtig reinzuhängen und dem Verdikt von Frauen entgegenzuarbeiten, wird durch die Entwertung von Frauen eine Male Choice erzwungen. Und wo sie nicht erzwungen werden kann, wird sie zumindest behauptet. Die reelle Gefahr des eigenen Ungenügens innerhalb der Female Choice wird zum prinzipiellen Ungenügen von Frauen pervertiert.

Daran ändert auch der Umstand nichts, dass dieses behauptete Ungenügen von gelegentlichen Lobpreisungen unterbrochen wird. Frauen, die mit ihrem Bild und ihren Meinungen in den sozialen Medien unterwegs sind, wissen das nur allzu genau. Tagtäglich nähert man(n) sich ihnen: »Hey Süße, dein Bild gefällt mir, was suchst du hier, du siehst heiß aus, guck mal hier, ein Dickpic!« Und wenn frau sich erdreistet, nicht zu antworten oder gar Desinteresse äußert, dann heißt es plötzlich: »So geil siehst du auch nicht aus, bild dir bloß nichts ein, du Schlampe, für meinen Schwanz bist du eh zu hässlich!« Die Geschwindigkeit, in der Männer zwischen diesen scheinbaren Antipoden ihrer Bedürftigkeit hin und her schalten, ist atemberaubend. Es sind aber zwei Seiten derselben Medaille. Im Patriarchat muss unbedingt der Eindruck vermieden werden, Frauen könnten sich selbst genügen und wären frei, zu wählen, was oder wer ihnen in den Kram passt. Die Erzählung der existenziellen Notwendigkeit der Bewertung von Frauen durch Männer muss aufrechterhalten und weiter forterzählt werden: Du bist schön, weil ich dich schön finde. Du bist begehrenswert, weil ich dich begehre. Ich habe dich entdeckt. Nur durch meine Aufmerksamkeit bist du etwas Besonderes.

Die gleiche Erzählung beinhaltet aber auch: Du bist hässlich. Du bist wertlos. Du kannst nichts und du bist nichts. Wenn du dich nicht auf mich einlässt, bist du verklemmt, eingebildet und dumm. Wenn du dich auf andere einlässt, eine widerliche Schlampe. Gesellschaftspolitisch betrachtet ist es die größte Angst von Männern, dass Frauen entdecken, wie wenig sie durch Männer sind und wie sehr Männer durch sie sind. Wenn die Female Choice auf biologischer Ebene den männlichen Minderwertigkeitskomplex befeuert, dann stellt das Patriarchat den soziokulturellen Versuch dar, eben diesen durch einen Überlegenheitskomplex zu maskieren. Aber die Fassade bröckelt. Mit Einführung der Pille und den zunehmenden Erfolgen der emanzipatorischen Kämpfe von Frauen und anderen marginalisierten Gruppen hat die künstliche Male Choice deutlich an Selbstsicherheit und Einfluss verloren. Beileibe nicht genug, aber »die letzten Tage des Patriarchats« sind angebrochen, wie es die stets weitsichtige und scharfsinnige Autorin Margarete Stokowski[3] formuliert. Zumindest in der Form, wie wir es kennen. Wenn wir nicht alle Errungenschaften der letzten Jahrzehnte niederbrennen, wird sich die Zukunft darum drehen, ob wir eine Gesellschaft gleichberechtigt gestalten können, in der wir die Female Choice nicht länger mit patriarchalen Lügen zuschütten. Und genau deshalb sind auch Männer vom Patriarchat betroffen. Denn es ist auch ihre Welt, in der sie einen Platz suchen und mit Anforderungen und Zurichtungen konfrontiert werden, wie ich sie in meinem Buch *Prinzessinnenjungs* beschrieben habe. Selbst wenn Männer immer auch von der patriarchalen Gesellschaftsordnung profitieren, heißt das nicht, dass sie nicht darunter leiden und von ihr zugrunde gerichtet werden. Vielleicht würde es sich ja gut anfühlen, in seiner Bedürftigkeit gesehen und angenommen zu werden. Vielleicht wäre es ganz geil, ehrlich und verletzlich darüber sprechen zu können, was und wie man(n) begehrt, anstatt das ganze Ausmaß seiner Lust immer nur hinter »Du willst es doch auch!« zu verstecken. Und vielleicht käme es einer Befreiung gleich, wenn Liebe für Männer nicht länger ein besitzanzeigendes Fürwort sein müsste. Eine Markierung von Eigentum durch diejenigen, die ihre mutmaßliche oder tatsächliche Besitzlosigkeit am anderen Geschlecht nicht ertragen. Patriarchaler Sexismus ist kein Ergebnis unserer Kulturgeschichte, sondern ihr Fundament. Wir entwickeln Kunst, Gesellschaft, Recht und Religion entlang der Leitlinie, die Female Choice als Verbrechen gegen das Mannsein an sich zu definieren. Wir dichten Frauen eine Erbsünde an, nach der sie alle schuldig sind, Anspruch und Begehren von Männern nicht gerecht zu werden. In dieser patriarchalen Logik werden Frauen grundsätzlich und schon immer aufgrund ihres Geschlechts so sehr zu Täterinnen erklärt, dass Männer sich jederzeit das Recht herausnehmen, sie zu Opfern zu machen. Zugleich sind Männer dazu verdammt, sich von der bloßen Existenz von Frauen provoziert fühlen zu müssen und mit ihren Geschlechtsgenossen um den Zugang zu Frauen zu streiten und zu kämpfen.

Das ist die Ausgangslage. Noch bevor Liebende überhaupt damit beginnen können, ihre Liebe zu gestalten, verunmöglichen sexistische Regeln dies. Denn das sexistische Patriarchat ist schon da: In unseren Herzen, in unseren Köpfen, in unseren Augen und unseren Lenden. Und als wäre es nicht schon überfordernd genug, damit klarkommen zu müssen, hat das Patriarchat einen besten Freund, der sich in mehr und mehr Aspekten unseres Lebens und unserer Beziehungen breitmacht: der Kapitalismus. Sein Kumpel Patriarchat mag zwar der Übervater unserer Gesellschaftssysteme sein, aber das gleicht der vergleichsweise junge und agile Kapitalismus durch seine Ambitionen und seine Durchschlagskraft aus. Und das muss man ihm lassen: Er ist extrem erfolgreich. Selbst in Momenten tiefster Traurigkeit oder höchsten Glücks, in Einsamkeit und

Gemeinsamkeit, Geburt und Sterben schafft er es mehr und mehr, seine zentrale Frage einzuschmuggeln: Wie verwertbar ist das?

Kapitalismus

Es gibt wohl niemanden, der gegenwärtig über die Kapitalisierung unserer Gefühle und Beziehungen so klug, informiert und herausfordernd schreibt wie die Soziologin Eva Illouz. Schon vor über 20 Jahren begann sie damit, zu untersuchen, wie welche romantischen Utopien in uns gesät werden, um unsere verdinglichten Gefühle ernten und kapitalisieren zu können. Illouz spricht in ihren Werken immer wieder vom »emotionalen Kapitalismus«[4] – und meint damit nicht nur die zunehmende Verwertbarkeit unserer Gefühle, sondern auch die immer gefühlsbetontere Ansprache des Kapitalismus an uns. Das heißt, dass nicht nur unsere Empfindungen marktkonformen Handlungen zugeordnet werden, sondern marktkonforme Handlungen auch unseren Empfindungen. Die erste Hälfte dieses Satzes ist leicht zu erklären. Die feministische Autorin Laurie Penny hat ihn in Bezug auf Frauen einmal so auf den Punkt gebracht: »Wenn alle Frauen dieser Erde morgen früh aufwachten und sich in ihren Körpern wirklich wohl und kraftvoll fühlten, würde die Weltwirtschaft über Nacht zusammenbrechen.«[5]

Der künstlich geschürten Empfindung, in der vom Kapitalismus grell ausgeleuchteten angeblichen Makelhaftigkeit Makellosigkeit anzustreben, werden also Produkte und Konsumanweisungen zugeordnet: Kauf diesen Lippenstift, der lässt dich heiß aussehen! Mach eine Diät, du siehst furchtbar aus. Fast Fashion, Baby, du wirkst langweilig in den immer gleichen Sachen. Mach noch eine Diät, sicher ist sicher. Verdecke deinen Körpergeruch, bleiche deine Zähne, dein Arschloch und was sonst noch so anfällt. Enthaare deinen Körper, nein stopp, bisschen Busch ist wieder in, Natürlichkeit und so, jetzt wieder enthaaren. Kauf diese Handtasche, mach diese Reise, lies dieses Buch und vergiss die nächste Diät nicht: Von dir ist immer noch viel zu viel da. Aber es funktioniert auch andersherum. Wenn ihr als Paar nach Paris reist, ist das besonders romantisch. Wenn er ihr Blumen schenkt oder mit großer Geste um ihre Hand anhält, dann ist der Moment besonders emotional. Wenn Sie sich Dessous kauft, soll das Sexiness signalisieren. Am Wochenende zum Brunch zu gehen zeigt besonders deutlich Pärchenhaftigkeit an: Man ist zu verliebt und womöglich sexuell zu beschäftigt, um frühstücken zu gehen. Mittagessen wiederum ist zu spät und wirkt zu spießig. Alles wird durch Produkte und Konsumakte angezeigt. Und zwar nicht nur insofern, dass immer Dinge zur Verfügung stehen, die repräsentieren können, wer ich bin und wie es mir geht. Wir sollen auch den Eindruck haben, dass wir unsere Identität und unsere Gefühlslage nur durch bestimmte Handlungen und Dinge zum Ausdruck bringen können. Durch diese Art der Bedeutungsaufladung transformieren wir gewöhnliche Sachen zu Artefakten und verdinglichen Personen. Es ist das offene Geheimnis des Kapitalismus, das kaum jemand zur Kenntnis nimmt: Jede Art von Mehrwert, auch ein Mehrwert an Bedeutung, entsteht nicht aus dem Nichts. Er muss immer erwirtschaftet werden. In diesem Fall von uns allen. Wir beuten unsere eigene Komplexität aus, wir nivellieren unsere Vielschichtigkeit, übertragen sie auf Gegenstände und verbreiten darüber Geschichten. Was also tut eine Frau, die Liebeskummer hat? Richtig: Sie sitzt weinend auf dem Sofa, auf dem Couchtisch eine Box Papiertaschentücher, in den Händen eine ganze Packung möglichst teurer Eiscreme, die sie mit einem Esslöffel in sich hineinschaufelt. Oder eine riesige Tafel Schokolade. Verlassenwerden wird durch einen dramatischen Wandel im Konsumverhalten angezeigt: Frau konsumiert, wie sie es sonst nicht tut. Aber sie konsumiert. Sie könnte sich auch ein sauteures Kleid kaufen, Geld für eine neue Frisur ausgeben und sich anschließend auf den Singlemarkt werfen. Hauptsache, sie signalisiert ihre Emotionen dabei durch Konsum und bleibt innerhalb der Verwertungskette. Männer hingegen treiben plötzlich Sport, suchen sich andere Hobbys, richten ihre Wohnung neu ein. Michael Nast, der Autor des sehr erfolgreichen Buches *Generation Beziehungsunfähig*[6] schreibt, auf dem Singlemarkt gebe es »fast nur beschädigte Ware«. Er spricht damit etwas aus, was in vielen Menschen Resonanz erzeugt. Ein Gefühl, das wir zu Recht oder Unrecht alle in uns tragen: Vielleicht treffe ich ja gar nicht immer nur die Falschen. Vielleicht liegt es ja an mir. Nast mahnt an, dass »Beziehungsunfähigkeit« auf der persönlichen Ebene gelöst werden sollte und sich Betroffene nicht dahinter verstecken dürfen, angeblich »Opfer der Umstände zu sein«. Dass er damit Erfolg hat, ist kein Wunder. Probleme auf der persönlichen Ebene zu lösen, Optimierungsversuche zu starten, Verhalten zu modifizieren – das scheinen alles machbare Dinge zu sein. Das zeigt eine Option auf Selbstwirksamkeit auf. Aber was wäre, wenn dem Ganzen auch ein systemisches Problem zugrunde liegt? Wenn es der »Singlemarkt« ist, der durch seinen Verdinglichungscharakter und die daraus resultierende Entfremdung die »Ware« Mensch »beschädigt«? Mit dem Übergang vom industriellen zum Konsumkapitalismus werden wir alle zum Systemerhalt zur Marktteilnahme verpflichtet. Auch und gerade in unseren Beziehungen. Unsere Bedürfnisse, unsere Lust, unsere Neugier und Ängste dürfen nicht mehr allein uns gehören. Je mehr der Kapitalismus die Daumenschrauben anzieht, Menschen in seine Verwertungsketten einpreist und nach der Verwertbarkeit ihrer intimsten Gedanken und Empfindungen fragt, umso stärker das Gefühl der Entfremdung. Umso beschädigter der Mensch, der zur Ware gemacht wird. Diesem Menschen nun anzuraten, sich nicht wie beschädigte Ware aufzuführen, ist da nur der nächste Akt im kapitalistischen Schauspiel. Von »Fake it« zu »till you make it« kommen wir nur über Konsum. Die Markthaftigkeit der Beziehungsanbahnung wird überhaupt nicht hinterfragt.

Der Kapitalismus gleicht mit seinem Heilsversprechen nicht nur hierin einer Religion. Religion will uns glauben machen, es gäbe eine unsterbliche Seele, die außerhalb unseres Gehirns existieren kann. Das Gehirn kann durch Krankheiten und medizinische Eingriffe so beschädigt werden, dass weite Teile von dem, was uns ausmacht, modifiziert oder vernichtet werden: Erinnerungen, Sprache, Gefühle, Ichbewusstsein, Beziehungen. Und doch soll am Ende, nachdem unser Gehirn vollständig zerstört ist, alles wieder da sein.

Analog dazu verspricht der Kapitalismus, dass wir am Ende eines selbstverstümmelnden Entfremdungsprozesses endlich bei uns selbst ankommen. Nur noch dieses eine Paar Schuhe, diese Hantelbank, die Optimierung deines Tinderprofils durch professionelle Fotos. Noch eine Party, ein Essen, ein Kurztrip, eine ausziehbare Couch, ein besonders schicker Kinderwagen. Nur noch diese eine letzte Verdinglichung und dann … sind wir endlich wir selbst – ein echter Mensch. Aber wer waren wir denn zuvor? Kapitalismus ist der Zaubermeister, der mit uns eine umgekehrte Pinocchioverwandlung durchführt. Erst verwandelt er unsere Nase zu Holz, dann unsere Arme und Beine und schließlich nach und nach den ganzen Rest. Und jeden Akt der Verwandlung kommentiert er mit den beruhigenden Worten: Warte nur, bis ich mit dir fertig bin, dann bist du ein richtiger Junge. Der Hinweis von Nast und anderen, man möge sich doch bei der Beziehungsanbahnung nicht so hölzern geben, ist also wirkmächtig, weil er einen Teil der Wirklichkeit zutreffend beschreibt und diese Beschreibung mit Handlungsanweisungen versieht, die funktionieren können. Er ist aber auch zutiefst hilflos, weil er meiner und nachfolgenden Generationen eine »Beziehungsunfähigkeit« attestiert, ohne dafür wirklich systemische Ursachenforschung zu betreiben. Welche Generation vor den angeblich Beziehungsunfähigen wurde denn in ihren Gefühlen und Bedürfnissen derart ausgebeutet und nutzbar gemacht? Generation Casting. Generation Praktikum. Generation Optimierter Lebenslauf. Generation »Sich dem Arbeitsmarkt zur Verfügung stellen und auf dem Singlemarkt mit neuen Optimierungsergebnissen punkten müssen«. Ja, wir wissen, dass wir so halb aus Holz und halb aus Fleisch beschissen aussehen. Wir betrauern unsere Menschlichkeit, während wir durch Konsum mehr und mehr verdinglichen. Wir verlieren die Fähigkeit, uns in anderen zu beheimaten, weil wir dabei hölzern werden. Aber das kommt dabei heraus, wenn man aufgefordert wird, etwas nicht für sich oder andere zu machen, sondern für den Lebenslauf. Und die Forderungen werden immer übergriffiger. Die Politikerin und Publizistin Diana Kinnert diagnostiziert das in ihrem bemerkenswerten Buch *Die neue Einsamkeit*[7] sehr präzise. Sie beschreibt die Generation der heute jungen Erwachsenen als »Generation Lost«, die an Vereinsamung leidet und zugleich die »vernetzteste und erreichbarste Generation aller Zeiten« ist. Sie fragt, wie wir uns überhaupt miteinander in Beziehung setzen können, wenn sich unser durch Konsum scheinbar maximal individualisiertes Ich immer mehr fragmentiert. Wie entwickeln wir ein Selbstbild, wenn wir durch ein Spiegelkabinett taumeln, in dem jeder Blick auf uns nur eine neue Ich-Verzerrung zeigt?

Der Prozess der Dingwerdung nimmt uns so sehr in Anspruch, dass wir kaum über die Kapazitäten verfügen, ihn zu hinterfragen. Die Dinge beschweigen sich. Es ist beinahe unmöglich geworden, über eine Liebesbeziehung zu sprechen, ohne sich dabei zwangsläufig kapitalistischer Chiffren zu bedienen. Wir sehnen uns nach Wärme, Intimität, neuen Eindrücken und Zeit zur freien Verfügung. Doch darüber reden wir nicht. Stattdessen planen wir den nächsten Mittelmeerurlaub, in dem all diese Bedürfnisse aufgehen müssen, ohne wirklich adressiert zu werden. Wir schleifen, beiteln und drechseln einander. Seine Stimme gegen diesen Prozess zu erheben stellt einen ungeheuren Kraftakt dar, weil der Kapitalismus uns das Mandat über uns selbst entzogen hat. Aber wie anstrengend und womöglich aussichtslos es auch erscheinen mag: Das Fürsprechen für sich selbst, für die Liebe und den Menschen, in dem man sich zu beheimaten sucht, lohnt sich in jedem Fall. Auch wenn diese erneute Fleischwerdung der voranschreitenden Verdinglichung schmerzt.

Was bin ich wert, wenn ich nicht verwertbar bin? Wer sind wir als Liebespaar, wenn wir nicht konsumieren? Was tun wir, wenn wir nicht für eine Dienstleistung bezahlen? Wohin gehen wir, wenn wir keine Orte ansteuern, an denen wir uns ein Aufenthaltsrecht durch Geld erkaufen? Wie bewegen wir uns, wenn wir nicht transportiert werden? Und wer wollen wir sein, wenn wir unsere Liebe keiner Verwertungskettenlogik überantworten, in der wir uns ausmalen, was wir anschaffen, besitzen und verbrauchen könnten?

Der Kapitalismus weiß nichts von Liebe. Uns hingegen kennt er sehr genau. Zusammen mit unserer patriarchalen Grundstruktur und den Prägungen unserer Kindheit bildet er die unheilige Dreifaltigkeit gegen eine erwachsene, gleichberechtigte Liebe, die sich in einer Beziehung auf Augenhöhe zu manifestieren vermag. Das gilt auch für die beste aller Welten: Auch wenn wir eine gute Kindheit hatten und uns geliebt und angenommen fühlten, sind wir in unserem Lieben tendenziell zu infantil und in unseren Beziehungen zu schmerzorientiert. Selbst wenn uns das Patriarchat mit Privilegien überhäuft, richtet es uns zu. Und so groß die Dividende auch sein mag, die uns der Kapitalismus ausschüttet, verlieren wir uns dabei doch immer selbst. Mit diesen Wurzeln erwächst unsere Liebe. Wenn sie eine gleichberechtigte Zukunft haben soll, werden wir diese Wurzeln behandeln müssen.

Paarungsakte III

Krieg und Frieden

Sie wurden soeben gemustert und für untauglich befunden. Wir alle starten mit den denkbar schlechtesten Voraussetzungen für eine gleichberechtigte Liebesziehung. Wir haben nie richtig gelernt, wie das geht, und erheben die eigene infantile Bedürftigkeit zur Beziehungsräson. Unsere Art, zu lieben, und unsere Beziehungsgestaltung sind Repräsentationen einer patriarchalen Auslegung menschlicher Existenz. Und wenn wir über die Ausgestaltung dieser Existenz verhandeln, streiten oder Einigung erzielen, dann tun wir dies in Form einer Preisabsprache mit festem Blick auf die Verwertbarkeit aller Aspekte.

Es gibt zwei Möglichkeiten, mit diesen Vorgaben zu verfahren: Entweder Sie erklären ihnen den Krieg oder Sie schließen damit Frieden. Wenn Sie sich im Krieg befinden, dann gibt es nichts daran zu rütteln, dass es kein richtiges Leben im falschen gibt. Kein Lieben, kein Beheimatungsversuch, kein Miteinander, das nicht bis ins Mark vergiftet wäre. Erst wenn wir diese Mauern vollständig einreißen, das Gefängnis schleifen und das Fundament in Schutt und Asche legen, könnten wir uns auf den Trümmern begegnen und neu lieben lernen. Das hieße, die Unreformierbarkeit unserer Liebe anzuerkennen und unsere Beziehungsgebäude ein für alle Mal für unbewohnbar zu erklären. Wenn wir Frieden machen, dann ist es, wie es ist. Dann gibt es kein falsches Leben, keine systemischen Probleme. Nur individuelles Scheitern. Wir wären dazu verdammt, bei jedem Beheimatungsversuch die gleichen Fehler zu wiederholen und darauf zu hoffen, dass uns der Zufall oder die Persönlichkeitsstruktur des aktualisierten Heimatmenschen irgendwie davor bewahrt. Beim

nächsten Mann wird alles anders. Mit ihr wird es vielleicht gelingen. Ich schlage einen Mittelweg vor. »Ein bisschen was von beidem«, wie meine Lebenskomplizin es formulieren würde. Wir suchen jeden Konflikt, für den wir die Kraft aufbringen können. Wir sagen, was schiefläuft, wir benennen das falsche Leben und versagen ihm so weit wie möglich Gefolgschaft und Unterstützung. Wir weigern uns so umfassend wie möglich, uns mit den Avataren unserer vergifteten Liebessimulation gemein zu machen, und streben gleichberechtigtere, wirklichkeitsgetreuere Alternativen an. Gleichzeitig erlauben wir uns, dass sich unsere Beziehung auch unter diesen Bedingungen gut anfühlt. Wir finden Mittel und Wege, einander nicht zu skandalisieren. Wir entziehen uns sexistischen Strukturen. Wir konsumieren nicht so oft, wie wir könnten, und versuchen, anders über uns und unsere Bedürfnisse zu sprechen als in Verwertbarkeitschiffren.
Der Weltverbesserer in mir ist natürlich unzufrieden damit. Macht kaputt, was euch kaputt macht, Schluss mit Patriarchat und Kapitalismus, her mit dem guten Leben! Allein, der Mensch ist schwach. Im Krieg mit diesen Zuständen verbrenne ich. In einem Frieden wider besseres Wissen werde ich erfrieren. Ich will mich beheimaten, will lieben dürfen, auch wenn die Wurzeln dieser Liebe meinen eigenen hehren Ansprüchen nicht genügen. Ich will nicht lieben müssen und mich in eine Beziehung einbetonieren, die nichts von mir weiß und mir achtlos oder vorsätzlich fortwährend Schmerzen zufügt.

Eine Wurzelbehandlung ist, wie bereits erwähnt, unumgänglich. Aber Lieben und Geliebtwerden sind es eben auch.

VIER

Zusammenrollen

»Gender ist ein Hütchenspiel. Was ist ein Mann? Was immer eine Frau nicht ist. Was ist eine Frau? Was immer ein Mann nicht ist. Wenn du es abklopfst, ist es hohl. Wenn du unter die Hütchen schaust, ist dort nichts.«[1]

Naomi Alderman

Die Frage nach der Bedeutung des biologischen (Sex) und des sozialen Geschlechts (Gender) beschäftigt mich beruflich wie privat seit vielen Jahren. Es fasziniert mich, wie stark Geschlecht mit Bedeutung aufgeladen wird und wie wenig wir zugleich darüber wissen. Obwohl Geschlecht nur eine von vielen Kategorien ist, in denen menschliche Identität stattfindet, scheint es in der Wahrnehmung der Menschen eine Sonderstellung einzunehmen. Das drückt sich unter anderem dadurch aus, dass Menschen dazu neigen, sich qua Geschlechtsbetroffenheit eine Expertise in dem Thema zu attestieren: Ich habe ein Geschlecht, also weiß ich alles Wissenswerte darüber. Tatsächlich aber führt genau diese Überzeugung dazu, dass wir erstaunlich wenig darüber wissen, was Geschlecht konstituiert und wie sich unsere Identität geschlechtlich zusammensetzt. Wir wissen darüber sogar noch weniger, als wir wissen könnten, weil wir uns weigern, die entsprechenden Fakten zur Kenntnis zu nehmen. Und damit meine ich nicht nur die sozialwissenschaftlichen Fakten. Gegnerinnen und Gegner der von ihnen so bezeichneten »Genderideologie« weisen mit Vorliebe und großer Selbstgefälligkeit darauf hin, dass es für die soziokulturelle und psychische

Konstruktion von Geschlechtsidentität keine harten Belege gebe, sondern lediglich Mutmaßungen und lange theoretische Aufsätze. Die »Genderisten« säßen demnach alle in ihren akademisierten Elfenbeintürmen und sprächen von Dingen, die keinen Realitätsbezug hätten und vollständig an den Menschen vorbeigingen. Das ist in mehr als einer Hinsicht bemerkenswert falsch. So ließen sich nach diesen »Kriterien« die gesamten Sozialwissenschaften als unwissenschaftlich diskreditieren. Aber nur weil es für Kunst, Literatur, Gesellschaft und Gender keine Formeln und Herleitungen wie in naturwissenschaftlichen Fachgebieten gibt, heißt das noch lange nicht, dass sich keine Fakten untermauern und Wahrscheinlichkeiten belegen ließen. Außerdem geht diese Annahme implizit davon aus, dass ein Geschlechtsmodell jenseits der Binarität nur für Leute interessant ist, die »Zeit für so einen Quatsch haben«. So als wären Queerness, Transgender, Asexualität, polyamouröse Beziehungskonzepte und vieles mehr nur Themen »degenerierter Stadtmenschen«, die irgendwelchen Unsinn vor sich hin studieren, weil sie auf »richtige Arbeit« keine Lust haben. Nichts davon ist wahr. Aber weil hier weder die Zeit noch das Buch dafür ist, die Arbeitsmethoden und Erkenntnisse der Gender- und Queer-Studies zu verteidigen, werde ich eine Abkürzung nehmen, um schneller zu dem zu kommen, worüber ich in diesem Kapitel schreiben will. Also lassen Sie uns kurz über Körper sprechen.

Tun wir für einen Moment so, als hätte Geschlecht keine soziale Dimension und würde nur durch die jeweiligen Körper bestimmt. Das entspricht ja ungefähr der Überzeugung derjenigen, die auf queere Menschen hinabblicken und ihnen für die Unantastbarkeit des eigenen Urteils die Existenz absprechen. Unser Geschlecht wird vornehmlich anhand einer Ersteinschätzung der primären Geschlechtsorgane vorgenommen. Das funktioniert nach dem Prinzip, das der kleine Junge aus dem Film *Kindergarten Cop* zur Erheiterung der anderen Kinder wiederholt formuliert: »Jungs haben einen Penis und Mädchen eine Vagina.« Biologisches Geschlecht ließe sich demzufolge anhand unserer genitalen Grundausstattung zweifelsfrei feststellen. Nur stimmt das so nicht. Wenn man sich die Sache genauer anschaut, stellt man fest, dass es ein spezifisches Gen ist, das sogenannte SRY-Gen, welches für die Entwicklung eines phänotypischen Mannes (also mit Penis und Hoden) die zentrale Rolle spielt. Dieses Gen macht uns sozusagen genetisch männlich. Nun ist dieses Gen aber bei einigen Menschen inaktiv oder auf dem X-Chromosom angesiedelt. In diesen Fällen hätten Sie physisch Männer vor sich, die chromosomal Frauen sind, und umgekehrt. Darüber hinaus differenziert sich biologisches Geschlecht noch hormonell und in der Zellrezeption dieser Hormone aus. Auf dieser Ebene kann sich biologisches Geschlecht zusätzlich in den nichtbinären Bereich jenseits von männlich und weiblich verschieben. Sie können also, wie es die Biologieprofessorin Rebecca Helm formuliert »genetisch männlich oder weiblich sein, chromosomal männlich oder weiblich, hormonell männlich, weiblich oder nichtbinär mit Zellen, die auf den männlichen, weiblichen oder nichtbinären Hormoncocktail reagieren oder nicht«[2] – und das alles in einer beliebigen Zusammenstellung. Was also ist Ihr biologisches Geschlecht? Wenn auch nur eine dieser Determinanten gegenläufig ist, was heißt das dann für Ihre Geschlechtsidentität? Es bedeutet schlicht und ergreifend, dass selbst ohne die soziale Ausformung von Geschlecht das Ganze schon auf der rein biologischen Ebene eine sehr komplexe Angelegenheit ist. Es bedeutet, dass niemand mit einem Blick auf primäre oder sekundäre Geschlechtsmerkmale eine qualifizierte Aussage darüber machen kann, ob Sie biologisch gesehen ein Mann oder eine Frau sind. Gleichzeitig passiert genau das ständig: Wir kategorisieren geschlechtsspezifisch und werden unsererseits kategorisiert. Wir benehmen uns grundsätzlich so, als wüssten wir gerade im Hinblick auf ihre biologische Geschlechtsidentität alles über unsere Mitmenschen, was es zu wissen gibt, und könnten zugleich nicht weiter davon entfernt sein, sie auch nur ansatzweise zu verstehen. Das liegt daran, dass wir nicht bereit sind, in dieser Frage eine sokratische Position einzunehmen. Wenn wir uns alle miteinander auf das Wissen verständigen würden, es nicht zu wissen, dann könnten wir damit beginnen, mit allem gebotenen Respekt die richtigen Fragen zu stellen und gut zuzuhören. Doch stattdessen reagieren wir mit Herablassung und Häme, ja, einige von uns sogar mit Hass und Verachtung auf diejenigen, die über ihre Geschlechtsidentität in Wort und Tat konträr zu unserer eigenen Wahrnehmung Auskunft geben. Wir ereifern uns, wir plustern uns auf und fragen uns, wie Menschen es wagen können, ihre Identität anders gelesen haben zu wollen, als wir willens und in der Lage sind. Menschen versagen nicht darin, sich mit dem Geschlecht zu identifizieren, das wir ihnen zuweisen. Wir versagen darin, ihrer Expertise zu ihrer eigenen Geschlechtsidentität Rechnung zu tragen. Also geht die Frage an uns zurück: Wie können wir es wagen?

Die Antwort darauf ist schnell gefunden. Sie ist auch der Grund für diesen kleinen Biologieexkurs, mit dem ich relativ hemdsärmlig für die These argumentiere, dass wir Geschlecht, selbst biologisches Geschlecht, zu häufig unterkomplex behandeln. Wenn Geschlecht und die damit verbundene Identität nämlich vielfältiger und komplizierter sind, als wir sie gemeinhin behandeln, lässt sich das Streben nach Gleichberechtigung nicht länger als »unnatürlich« abtun. Wenn Männer nicht so sein müssen und Frauen nicht so zu sein haben, dann tun sich ganz neue Räume auf, in denen Gleichberechtigung verhandelt und ermöglicht werden kann. Die Antwort lautet ganz einfach, dass Menschen nicht nur Weltanschauungen, sondern auch Geschlechtsanschauungen haben. Sie entwickeln aus der buchstäblichen Anschauung von Geschlecht und dem, was sie als geschlechtsspezifisches Handeln einordnen beziehungsweise für sie eingeordnet wird, eine in sich geschlossene, eine wenig flexible Gesamtheit von Annahmen über Geschlecht. Und mehr noch: Das angebliche oder tatsächliche Wissen um Geschlecht und Geschlechtsidentität wird tabuisiert, geheiligt und profanisiert. Vom Binärmodel abzuweichen gilt als Ketzerei. Das heteronormative Modell wird dogmatisiert und missionsartig queeren Menschen aufgezwungen, die Buße tun sollen, damit sie geheilt werden können. Geschlecht ist Religion.

Geschlechtsreligion

Das wird schon in der Geschlechtszuschreibung an Neugeborene deutlich. Analog zur Religion dürften wir uns eigentlich eine Geschlechtsfeststellung bei Individuen, die darüber nicht selbst Auskunft geben können, nicht erlauben. Im Prinzip gibt es keine Kinder mit der spezifischen Geschlechtsidentität, die wir ihnen über die Begriffe Junge und Mädchen zuschreiben. Vielmehr übertragen wir unsere eigene Vorstellung von dem, was Geschlecht ausmacht und woran es sich identifizieren lässt, auf unsere Kinder. Bei Religion funktioniert das sehr ähnlich. Es gibt auch keine christlichen, muslimischen oder jüdischen Kinder. Es gibt Kinder christlicher, muslimischer oder jüdischer Eltern beziehungsweise Elternteile, die ihren Nachwuchs gemäß ihren religiösen Traditionen erziehen. Als Atheist wäre es mir nun ein Leichtes, um nicht zu sagen ein Vergnügen, gegen diese Praxis zu polemisieren. Gegen Kindertaufe, Beschneidung und jede andere Form von ritualisierter Anbindung der Kinder an die Religion Erwachsener. Ich plädiere regelmäßig bei jeder sich bietenden Gelegenheit dafür, den Begriff der

Religionsmündigkeit ernst zu nehmen und einen Religionsbeitritt grundsätzlich nur in Selbstbestimmung vornehmen zu lassen. So viel Stolz und Vertrauen in die eigene Strahlkraft und göttliche Verfügung sollten Religionen schon haben, dass sie sich nicht Kindern aufzwingen lassen, die überhaupt nicht in der Lage sind, ihre Bedeutung auch nur ansatzweise zu erfassen. Aber erstens ist es ein essenzieller Bestandteil vieler Religionen, Menschen außerhalb ihres Einflussbereichs als verderbt oder heilsunwürdig anzusehen. In der katholischen Kirche beispielsweise nennt sich dieses Prinzip: Extra ecclesiam nulla salus – Außerhalb der Kirche gibt es kein Heil. Es ist also innerhalb dieser Gedankenwelt nicht weiter verwunderlich, wenn Eltern ihre Kinder so rasch wie möglich in die eigene Religion einführen. Und zweitens kann man den Vorwurf der Kindesindoktrination jeder Form von Erziehung machen. Meine Lebenskomplizin und ich erziehen unsere Kinder eher links, kapitalismuskritisch, ökologiebewusst und religionsfrei. Wir tun das, weil wir es für richtig halten. Weil wir uns in diesen Überzeugungen am meisten aufgehoben und am besten repräsentiert fühlen. Unsere Kinder hatten aber nie die Wahl, sich Eltern auszusuchen, die mit einer eher konservativen oder auch religionsbezogenen Überzeugung erziehen. Die Tatsache, dass wir diese Art, zu leben, für die richtige halten, heißt nicht, dass es keine bessere gibt. Das gilt für die Religion wie für die Geschlechtsanschauung. Man sollte sich dementsprechend hüten, von der Höhe der eigenen Ansichten und Ideale Eltern zu verurteilen, die gemeinsam mit medizinischem Fachpersonal ihrem Kind bei der Geburt ein Geschlecht zuweisen und sich nicht etwa gedulden, bis ihr Kind das selbst tut. Wir leben in einer Gesellschaft, die geradezu verlangt, so platt, eindimensional und unzweideutig wie möglich über Geschlecht informiert zu werden. Dem nachzukommen mag nicht das beste Mittel der Wahl sein, aber es ist ein sehr nachvollziehbares. Halten wir also fest: Die Multidimensionalität von Geschlecht wirft viele Fragen auf, welche die meisten von uns allerdings kaum berühren oder auch nur interessieren. Wir ordnen biologisches Geschlecht nach der phänotypischen Erscheinung einer Person zu, die in deutlichem Widerspruch zu dem stehen kann, was genotypisch zu erwarten wäre.

Deshalb ist eine frühzeitige geschlechtsspezifische Bestimmung in der globalen Kirche des Geschlechts von so zentraler Bedeutung, dass sie sogar pränatal vorgenommen wird. Die Festsetzung des biologischen Geschlechts mündet in einen ganzen Katalog an Anforderungen und Zuschreibungen des sozialen Geschlechts. Wie wir aussehen, wie wir uns geben, sprechen, auftreten, begehren, kämpfen, fühlen. Wofür wir uns begeistern und was uns anekelt. Wir kategorisieren so umfassend in geschlechtsspezifische Zuschreibungen, in Rosa und Hellblau, in zart und hart, gefühlvoll und kalt, dass wir Menschen, die diesen eng gesetzten Rahmen sprengen, nicht etwa als horizonterweiternd wahrnehmen, sondern als lästig. Ich möchte in diesem Zusammenhang noch einmal gesondert auf den Missionscharakter von Geschlecht hinweisen. Neben vielen anderen Parallelen zur Religion scheint mir dies der hervorstechendste Aspekt zu sein, um unser Verhalten zu erklären. Prinzipiell bestünde ja die Möglichkeit, sich in seiner Geschlechtsidentität selbst zu genügen und/oder eine Gruppe von Menschen zu finden, die dieser Identität mit Akzeptanz und Güte begegnen. Aber das reicht nicht, um den religiösen Charakter von Geschlechtsanschauungen zu verstehen. Geschlechtsanschauung will sich im Gegenüber bestätigt sehen. Wir wollen nicht berichtigt, belehrt und überrascht werden. Vielmehr sind wir überaus interessiert daran, dass andere für uns den Beweis für unsere Geschlechtsannahmen verkörpern, den wir selbst nicht erbringen können.

Es wirkt beinahe so, als hätten wir mehrheitlich einen unausgesprochenen Gesellschaftsvertrag unterzeichnet, damit auf Geschlecht bezogen alles im erwartbaren Bereich bleibt und uns nicht auf der Bahn wirft. Um die Vielzahl von Verträgen, die Individuen, Gruppen und Gesellschaften miteinander eingehen, wird es im nächsten Kapitel ausführlich gehen. Hier nur so viel: Das alles geschieht nicht vordringlich oder gar zwingend aus Boshaftigkeit. Es dient vor allem dazu, in einem System mit unglaublich vielen Variablen eine besonders große Unbekannte für alle verbindlich festzulegen. Und zwar unabhängig davon, ob diese Festlegung inhaltlich richtig ist oder wirklich alle damit einverstanden sind. Wenn sich nun jemand über diesen Vorgang beschwert oder ihn für aller Augen sichtbar in Zweifel zieht, indem er Geschlecht abweichend verkörpert und darstellt, zieht er damit uns in Zweifel. Unsere Geschlechtsanschauung, unseren Gesellschaftsvertrag, unsere eigene Geschlechtsidentität. Wenn Letztere gar nicht so selbstverständlich ist, wie wir sie gern hätten, könnte ja alles auch ganz anders sein. Das setzt uns in erheblichem Maße Stress aus. Wir wollen Geschlecht nicht erfahren, wir wollen die Erfahrung final gemacht haben und über sie verfügen. Wir simplifizieren und nennen es Klarheit. Wir halten Aufklärung über Geschlechtsidentität für störend und aufrührerisch. Wir finden Umdenken umständlich. Die Flexibilität von Geschlechtsidentität könnte für alle Beteiligten eine großartige Ermutigung sein, sich wirklich aufeinander einzulassen und kennenzulernen. Stattdessen gerät sie auf Kosten von Minderheiten zur angeblichen Zumutung für die Mehrheit. Und damit sind wir endlich bei unserem fiktiven Liebespaar, bei Mann und Frau, ihr und ihm. Stellen wir uns die beiden für einen Moment als absolutes Ausnahmepaar vor. Als das eine Liebespaar unter Millionen, das ganz natürlich und automatisch zu einer vollkommen gleichberechtigten Beziehung tendiert und sich dabei nicht von den üblichen Verdächtigen wie Angst, Bequemlichkeit und übermäßige Fixierung auf die Befriedigung der jeweils eigenen Bedürfnisse abhalten lässt. Zwei Liebende, für die Gleichberechtigung der Normalzustand als Paar ist, zu dem sie selbst unter dem Eindruck von extremen Situationen der Ungleichberechtigung immer wieder zurückkehren würden. Selbst für dieses Paar wäre eine gleichberechtigte Beziehung eine gewaltige Herausforderung. Und zwar nicht nur wegen der Wurzeln, die ich schon freigelegt habe. Nicht nur wegen der Herkunft unserer Ungleichberechtigungsproblematik. Sondern eben auch wegen der sehr akuten, gegenwartsbezogenen Geschlechtsanschauung, die beide miteinander und mit der immer wachsamen Jury für das korrekte Durchexerzieren geschlechtsspezifisch erwartbaren Verhaltens zu vereinbaren haben. Selbstverständlich zahlen die Wurzelthemen auf die Geschlechtsanschauung ein. Insbesondere die patriarchal-sexistische Gesellschaftsordnung trägt ihren gewichtigen Anteil dazu bei, wie wir uns als Mann und Frau sehen und begegnen – eben viel zu oft nicht auf Augenhöhe. Aber es hat darüber hinaus noch eine ganz eigene Dynamik, wenn wir uns als Vertreterin und Vertreter des jeweiligen Geschlechts begegnen und erproben, wie viele Freiheiten wir als Paar angesichts der unglaublich detailversessenen und übergriffigen Geschlechtsvorschriften wirklich haben. Ich will damit nicht sagen, dass es gar keine Momente von Gleichberechtigung in Beziehungen geben kann, die durch und durch von stereotypen Rollenerwartungen und Klischeeverkörperungen geprägt ist. Aber die Grundannahme von romantischer Liebe hat mit Gleichberechtigung und Paarbeziehung auf Augenhöhe nicht viel zu tun. Vielmehr lebt sie davon, wie wir Männlichkeit und Weiblichkeit auf Menschen festlegen und mit der Erwartung verknüpfen, dass sie von dieser Festlegung nicht abweichen. Das bedeutet nichts anderes, als dass sich Paare miteinander Räume für gemeinsamen Ungehorsam gegen Geschlechtszuschreibungen schaffen müssen, wenn es ihnen mit der Gleichberechtigung wirklich ernst sein sollte. Auch hier gilt wieder das

Prinzip der Kompliz♡innenschaft. Denn es ist anstrengend, zäh und mit einigen Widerständen verbunden, gegen die Geschlechtsreligion vorzugehen. Um damit fertig zu werden, ist die gemeinsame Verschwörung gegen Widrigkeiten am besten geeignet. Ich will Ihnen nichts vormachen: Selbst unter Ihren progressivsten Bekannten werden sich Menschen finden, die jedes Straucheln innerhalb Ihrer Beziehung, jeden kleinsten Hinweis auf ein mögliches Scheitern zum Anlass nehmen werden, um Ihre Bemühungen um Gleichberechtigung zu kritisieren. Wie gesagt: Die globale Kirche des Geschlechts hintergeht man nicht ungestraft. Was glauben Sie, was los ist, wenn bei Paaren, die sich offensiv um Gleichberechtigung bemühen, auch nur der Hauch einer Konfliktsituation spürbar wird? Dann hat dieses Paar zu viel gewollt. Sich zu weit davon entfernt, wie Männer und Frauen eigentlich sind und miteinander Beziehungen führen sollten. Dabei sind konfliktfreie Beziehungen vollkommen unmöglich. Lassen Sie mich das noch einmal in aller Deutlichkeit und zur Beruhigung beziehungsweise Empörung aller Anwesenden wiederholen: Es gibt keine konfliktfreien Beziehungen. Menschen sind nicht einmal in der Lage, mit sich selbst nicht in Konflikt zu geraten. Mit anderen tun wir es umso mehr. Klar ist auch, dass Konflikt nicht immer gleich aussieht und gleich gestaltet wird. Aber das ändert nichts an der Tatsache, dass wir Konflikte brauchen. Menschen sind nicht eindeutig. Wenn sie es wären, dann wäre dieses ganze Buch komplett überflüssig. In einer eindeutig ungleichberechtigten Menschenwelt gäbe es überhaupt keine Option auf Gleichberechtigung. Demzufolge wäre es ausgesprochen nutzlos, Plädoyers für ein Ding der Unmöglichkeit zu halten. In einer eindeutig gleichberechtigten Menschenwelt hingegen wäre Gleichberechtigung die einzige Option. Somit wäre auch jede Fürsprache für dieses Prinzip ausgesprochen überflüssig. Mein Vorschlag ist, dass wir uns in der uns eigenen Uneindeutigkeit so deutlich wie nötig und so oft wie möglich für das Prinzip Gleichberechtigung entscheiden. Weil es uns, um bei der Liebe zu bleiben, dabei hilft, Störfaktoren aus dem Weg zu räumen, die verhindern, dass wir uns sehen. Dass wir uns wirklich sehen und lieben, was ist. Oder eben nicht lieben, was ist, weil es uns nicht (mehr) liebenswert erscheint. Es wäre nicht fair, in diesem Buch für gleichberechtigte Beziehungen zu werben, ohne Sie darauf hinzuweisen, was eine solche Beziehung für negative Folgen haben kann. Diese Beziehung kann scheitern, weil Gleichberechtigung ein ausgesprochen ambitioniertes Projekt ist, hinter dem sich zwei Liebende womöglich nicht gleichermaßen versammeln. Wir werden an der klassischen geschlechtsstereotypen Aufstellung von Männern und Frauen gleich noch sehen, warum es oftmals Frauen sind, die mehr Gleichberechtigung anmahnen: Kurz gesagt, profitieren sie mehr davon. Eine Beziehung kann aber auch daran scheitern oder zumindest erschwert werden, dass das Umfeld abschätzig oder feindselig auf die sichtbaren Gleichberechtigungsbemühungen reagiert. Es ist extrem anstrengend, sich davon nicht aus der Ruhe bringen zu lassen und weiter auf dem gemeinsamen Weg zu bleiben. Ein Paar, das sich mit seinen Konflikten innerhalb der Gebote und Dogmen der Geschlechtsreligionen befindet, ist einfach nur ein Paar mit Problemen. Ein Paar, das auch nur ein kleines Stück aus diesem Einflussbereich heraustritt, wirkt auf andere dermaßen grenzüberschreitend, dass alle Konflikte darauf zurückgeführt werden. Jedes Beziehungsproblem wird auf die Störung der angeblich natürlichen Ordnung zurückgeführt. Die schwäbische Oma meiner Lebenskomplizin hat das vor Jahren mal auf folgende Formulierung gebracht: »Wie willscht du bloß dei Ma halde?!« Wie will sie also dafür sorgen, dass ich bei ihr bleibe, wo sie mich doch zwingt, so unnatürlich viel Verantwortung für meine Kinder zu übernehmen, zu kochen und den Haushalt zu schmeißen? Dass wir uns beide zur

Antwort auf die Frage verschworen haben, wie wir einander in Liebe halten wollen und können, hat sie erst sehr viel später gemerkt. Das ist auch vollkommen in Ordnung so. Ich erwähne dieses Beispiel nicht, um Oma zu dissen. Oma ist über 90, hat seit vielen Jahren einen festen Platz in meinem Herzen und ist derart in der Geschlechtsreligion verhaftet, dass jede Veränderung einem Wunder gleichkommt. Aber Wunder sind schließlich geschehen. Wunder, die wir, und das ist mein Punkt, allerdings erst dadurch bewirkt haben, das absolute Überpaar zu repräsentieren: Dauer der Beziehung, Anzahl der Kinder, finanzielle Sicherheit, Ausstrahlung von Zufriedenheit. Eine Nummer kleiner geht nicht, obwohl gleichberechtigte Beziehungen auch kurz, kinderlos, in finanziell prekärer Lage und mit sehr privater statt öffentlich sichtbarer Zufriedenheit erfüllt und glücklich sein können. Sein dürfen. Aber für Oma und viele andere wird das niemals genug sein. Eine um Gleichberechtigung bemühte Beziehung wird nicht etwa an dem Erfolg ihrer Bemühungen gemessen, sondern daran, ob sie die Erwartungen an eine ungleichberechtigte, romantisierte Beziehung übererfüllt. Kein gemeinsames Kind zu bekommen kann beispielsweise ein großartiger Erfolg einer um Gleichberechtigung bemühten Beziehung sein. Wenn Lebenskompliz♡innen sich in Wohlwollen und Wahrhaftigkeit mit Wissbegier auf etwaige Wandelbarkeit dafür entscheiden, erweisen sie sich und ihrer Liebe damit einen großen Dienst. Aber die Wahrscheinlichkeit ist sehr hoch, dass ihnen dieser Erfolg als Misserfolg ausgelegt wird, weil mehrjährige heterosexuelle Liebesbeziehungen in unseren Köpfen immer noch zwingend durch ein gemeinsames Kind »gekrönt« werden. Falls Sie der weibliche Teil eines solchen Paares wären, würde man Sie fortwährend belauern. Man würde um Sie herumschleichen, Sie beäugen und Ihnen besorgt zureden, dass Sie eines Tages schon noch merken würden, was Sie davon hätten. Und es könnte Ihnen passieren, dass Sie eines Tages aufwachen und sich fragen, ob all die anderen nicht recht haben. Einfach, weil es so viele sind, weil die Kommentare nicht abebben und Gleichberechtigung stets und ständig gegen den Status quo erstritten und behauptet werden muss. Nicht weil Sie Ihre Meinung geändert haben oder feststellen, dass Ihr Partner Sie manipuliert hat, sondern weil Sie dem Sog nachgeben, der an Ihnen zieht. Wir werden also nicht nur daran gemessen, ob wir die Erwartungen an eine ungleichberechtigte, romantisierte Beziehung übererfüllen. Es wird auch immer wieder Momente geben, in denen wir uns selbst daran messen. In denen wir verzweifeln, unseren eigenen Gefühlen und Ansprüchen nicht mehr trauen und aufgeben: unsere Ideale, unsere Liebe, einander. Gut wäre es, eine Strategie dafür zu haben, wieder den Weg zurück zu finden. Zum Beispiel indem wir uns klar machen, dass Gleichberechtigung kein Feenstaub ist, mit dem unsere Beziehung abhebt und in die immerwährende Glückseligkeit fliegt. Es ist vielmehr der Versuch, sich miteinander in Freiheit zu setzen. Der Preis dafür ist allerdings sehr hoch.

Ich will Sie nicht entmutigen, nur vorwarnen: Ein Austritt aus der Geschlechtsreligion bleibt niemals unbeobachtet oder folgenlos. Mein Vorschlag ist: Machen Sie es trotzdem. Rollen Sie sich mit selbst definierten Geschlechtsidentitäten als Paar so zusammen, wie es für Sie am besten passt. Sollten Sie dafür nur ein wenig an Geboten und Dogmen rütteln müssen, ist das genauso ok, wie mit allem zu brechen und sich etwas vollkommen Eigenes zu erschaffen. Man wird Sie dafür angehen. Man wird Bedenken tragen, den Kopf schütteln und über Sie herziehen. Es lohnt sich trotzdem. Und das Absurde daran ist, dass gerade diejenigen, die am stärksten mit der Geschlechtsreligion verbunden sind und deren Vorstellung von romantischer Liebe am deutlichsten durch diese Anbindung definiert wird, das meiste Verständnis für Sie aufbringen müssten. Denn eigentlich kämpfen Sie doch nur um Ihre Liebe.

Eigentlich schaffen Sie einen Rahmen, in dem Liebe realistischer sein darf und mehr Platz hat, sich zu entfalten. Aber Sie werden nur sehr selten Verständnis erfahren. Solange Paare, die sich in unserer Gesellschaft offen und offensiv um Gleichberechtigung bemühen, Ausnahmeerscheinungen sind, wird man Sie als Token wahrnehmen. Als Paar also, das stellvertretend für die ganze Idee einer gleichberechtigten Beziehung herhalten muss. Wenn die Beziehung zwischen meiner Lebenskomplizin und mir irgendwann tatsächlich scheitern sollte, dann werden wir in den Augen vieler Menschen, die uns kennen oder zu kennen glauben, nicht in erster Linie als Maria und Nils gescheitert sein. Wir werden als Verkörperung der Idee »gleichberechtigte Beziehung« gescheitert sein. Und zwar unabhängig davon, ob es für dieses Scheitern andere Gründe gegeben haben wird oder ob wir womöglich Gleichberechtigung gar nicht so konkret und umfassend gelebt haben werden, wie es möglich und nötig gewesen wäre. Es wird immer klar gewesen sein, »dass das ja nicht funktionieren konnte«. Dass frau mit so einer Strategie eben nicht »ihren Ma halde« kann. Über zwei Jahrzehnte, vier Kinder, hunderttausend Küsse und eine Million Mal gemeinsames Miteinanderlachen wird man nicht als Ausweis dafür heranziehen, dass Gleichberechtigung womöglich eine gute Idee sein könnte. Scheitern, stinknormales, gewöhnliches, allzu menschliches Scheitern wird dazu dienen, das Hohelied der Geschlechtsreligion zu singen und im Refrain zu schmettern, dass man es ja schon immer geahnt hat. Aber wissen Sie was: Für die Chance, noch ein paarmal mehr miteinander lachen und sich küssen zu können, lohnt es sich. Bei meiner Vorstellung von Gleichberechtigung geht es nicht darum, wer zuletzt lacht, sondern darum, wie wir lieben. Also halten Sie sich ganz im Sinne Rio Reisers aneinander und an Ihrer Liebe fest und werfen Sie mit mir einen kurzen Blick darauf, wie wir Männer und Frauen konstruieren. Wie wir sie erzählen.

Sich damit kritisch auseinanderzusetzen und es mit der Wirklichkeit abzugleichen ist nämlich eine der wirksamsten Strategien, um Gleichberechtigung überhaupt erst möglich zu machen. Wer bin ich außerhalb der Geschlechtsreligion? Was macht mich aus? Welche Bedürfnisse habe ich? Was bedeutet Liebe für mich?

Männerrollen

Also lassen Sie uns über Männer sprechen. Über DEN Mann. Über den heterosexuellen Archetyp Mann, den wir Männer zu verkörpern haben, um als Mann identifiziert zu werden. Über den Mann in seinen dunkelsten, schwächsten Momenten. Nicht differenziert, nicht qualifiziert, nicht politisch korrekt oder mit der Absicht, ihn so zu beschreiben, wie er hoffentlich einmal sein wird. Reden wir über »echte« Männer. Männer kontrollieren ihre Emotionen, übernehmen Führungsverantwortung und haben Macht. Männer haben Stolz und Ehre, die sie an Dinge und Personen außerhalb ihres Kontrolleinflussbereichs hängen und deshalb umso mehr versuchen zu kontrollieren. Männer sind Aushilfskräfte beim Kümmern, aber halten sich für unverzichtbar im Job. Sie glauben, gefährlich leben zu müssen, leben aber in Wahrheit eher gefährdet. Männer benehmen sich oft wie Arschlöcher, lassen von ihnen als besonders identifizierte Frauen aber wissen, dass sie in Wahrheit auch ganz anders sein können. Diesen Frauen sagen sie, dass sie ganz anders seien als all die anderen Frauen, die sie bisher getroffen haben. Nicht so zickig und kompliziert, irgendwie viel echter. Männer merken nicht, dass ihre Vorliebe, ganz bestimmten Frauen zu erzählen, sie seien so viel besser als andere Frauen, dafür spricht, dass sie ganz allgemein mit Frauen ein Problem haben. Sie wollen auch nichts von dem gewaltigen Überlegenheitskomplex wissen, mit dem sie das aus der bereits erwähnten Female Choice resultierende Unterlegenheitsgefühl überdecken. Männer muten sich Frauen sexuell zu und sagen dabei Sätze wie: »Komm, du willst es doch auch!«, weil sie nicht akzeptieren können und darüber sprechen wollen, dass zunächst einmal sie es sind, die »es« wollen. Männer nennen Frauen manchmal »dreckige kleine Schlampen«, weil sie sich in ihrem eigenen Begehren dreckig, klein und wie das fühlen, was sie an Frauen als schlampenhaft identifizieren. Männer sollen sich unzerstörbar geben und gehen daran kaputt.

Früher waren sie einmal kleine Jungen, die sich nach Wärme und Schutz gesehnt haben. Sie waren kleine Jungen, denen irgendwann furchtbar wehgetan wurde und denen Wärme und Schutz mit Verweis auf ihr Geschlecht entzogen wurde. Ihre Zartheit hat man ihnen ausgetrieben. Ihr Zögern und ihre Vorsicht zu unmännlicher Schwäche umgedeutet. Aus Rache, Enttäuschung und Verletztheit fordern sie als Erwachsene von Frauen Hitze und Schutzlosigkeit. Männer machen manchmal schlimme Dinge, »weil sie sich nicht anders zu helfen wussten«, und haben in Wahrheit niemanden auch nur mit einem Wort um Hilfe gebeten. Männer wollen auserwählt sein und verstecken sich zu oft dahinter, angeblich keine andere Wahl gehabt zu haben.

Sie sind aufgefordert, die Initiative zu ergreifen, sich als Macher zu präsentieren und die Gelegenheit beim Schopf zu packen. Männer streicheln zu wenig. Man nimmt ihnen die Möglichkeit, anderen Männern körperlich nahe zu kommen, und erzählt ihnen, dass Männer mit Frauen nicht befreundet sein können, um sich anschließend darüber zu wundern, dass ihnen Sex mit Frauen so unfassbar wichtig ist. Der Moment also, indem Nähe und Gefühl für Männer maximal erreichbar sind. Männer wissen, dass sie immer wieder aufstehen sollen, würden aber gern einfach liegen bleiben. Sie haben furchtbare Angst davor, verletzt zu werden, und verfügen über zahllose Strategien, diese Verletzungen zu vermeiden. Eine davon ist, jemanden darzustellen oder jemand zu sein, der andere verletzt. Männer sind oft verletzt. Männer sind oft untröstlich, weil ihnen als kleinen Jungen eingetrichtert wurde, dass ihnen Trost nicht zusteht. Noch häufiger sind sie allerdings gekränkt. Sie sind in der Überzeugung aufgewachsen, der Held ihrer eigenen Geschichte zu sein. Manchmal sprechen sie vor dem Badspiegel mit den Moderatoren und Moderatorinnen bekannter Talkshows und beantworten Fragen, die ihnen nie gestellt wurden. Manchmal fantasieren sie kurz vor dem Einschlafen darüber, eine Gefahrensituation zu entschärfen, Terroristen möglichst spektakulär zu neutralisieren oder Frauen zu retten. Immer wieder retten sie in ihren Träumen Frauen, um einen möglichst kurzen und direkten Weg in ihre Herzen, ihre Dankbarkeit, ihre Anerkennung und ihr sexuelles Begehren nehmen zu können. Sie sind wütend auf Frauen, die keine Rettung wollen oder brauchen. Sie erhoffen sich Rettung für sich selbst durch ihre Rettungsaktionen an Frauen. Männer glauben an ihre Errettung durch Liebe. An positive Veränderung durch die richtige Frau. Männer glauben zu wissen, was Frauen wollen, fragen aber eigentlich nie, weil sie fürchten, in den Antworten nicht vorzukommen. Sie haben Pläne, weil sie planlos sind. Männer finden etwas »unfair« und meinen die Frechheit, wenn nicht zu ihren Gunsten gewertet wird. Männer finden etwas »nur fair« und opfern sich bis zur Erschöpfung und darüber hinaus auf, um die in sie gesetzten Erwartungen zu erfüllen. Sie sind sich selbst eine Enttäuschung und überspielen das, indem sie sich von anderen enttäuscht geben. Männer wissen nichts mit sich anzufangen, weil man ihnen das Gefühl vermittelt hat, mit dem, was sie wirklich sind und brauchen, fehl am Platz zu sein. Also erklären sie alles zu ihrem Platz, fangen ständig etwas an, fahren allen über den Mund und brauchen alles auf. Sie leiden furchtbar unter Verrat und verraten sich doch selbst am meisten. Männer haben Angst, dass man sie wirklich sieht, und finden es zugleich eine Zumutung, übersehen zu werden. Sie suchen in der Einsamkeit sich selbst, weil man ihnen nie erlaubt hat, sich in der Gegenwart anderer finden zu dürfen. Sie ficken, um nicht gefickt zu werden. Sie blicken auf andere Männer hinab, die sagen und anzeigen, dass sie bestimmte Situationen nicht aushalten, weil sie selbst Situationen aushalten müssen, die ihnen unerträglich sind. Männer bewaffnen sich, weil sie wehrlos sind. Sie verwechseln Freiheit mit Privileg. Geheimnisse mit Befürchtungen. Aggressivität mit Selbstermächtigung. Männer halten in Frieden zu leben für unter ihrer männlichen Würde und stellen sich Krieg als Möglichkeit zur ultimativen Heldenreise vor. Beim Sex denken sie an angenehme Menschen, um eine Erektion aufzubauen, und an unangenehme Dinge, um nicht zu früh zu ejakulieren. Sie sind so sehr mit der Sorge vor einem deplatzierten Orgasmus zur Unzeit aufgewachsen, dass sie ihn gern überall und jederzeit platzieren möchten. Männer finden Frauen kompliziert, weil sie selbst nicht kompliziert sein dürfen, obwohl sie häufig ziemlich kompliziert sind. Sie finden, dass Frauen ihnen eine Menge schulden: Zuneigung, Gehorsam, Lächeln, Interesse, Sex und Ehrerbietung. Sie hoffen, dass niemand merkt, wie sehr sie sich selbst nicht genug sind, und drohen denen mit Vernichtung, die es wissen und bezeugen können. Männer blicken zu Männern auf, weil sie so sein wollen wie sie, und auf andere Männer und quasi alle Frauen hinab, weil sie Publikum wollen. Sie reißen die immer gleichen Witze und sagen Sachen wie »wie ich immer zu sagen pflege«, »wenn ich wollte, könnte ich« und »über mein Leben müsste man echt mal ein Buch schreiben«, weil sie den Eindruck haben, dass man ihnen mehr Gehör schenken sollte, ihre Fähigkeiten und Talente höher einschätzen müsste und ihre Biografie für andere gefälligst sehr viel spannender zu sein hat, als sie sich für sie selbst anfühlt.

Männer wähnen sich grundsätzlich verkannt, mögen ihr Innerstes aber nicht bekannt machen, weil sie nicht dabei ertappt werden wollen, dass sie nichts in sich tragen, was verkannt werden könnte. In ihren Seelen schaffen sie sich leere Räume, in denen all die Herrlichkeiten niemals liegen, die andere an ihnen verkennen könnten. Und all die Wunderkammern voller Kostbarkeiten betreten sie äußerst ungern, weil diese ihnen zu klein erscheinen und nicht zu Ruhm und Ehre gereichen. Männer sind großartige Menschen, die sich überheblich und unnahbar geben, weil sie von sich das für sie Schlimmste annehmen: nicht zu genügen. Männer sind sich so sehr selbst nicht genug, dass andere das auszubaden haben. Anstatt die absurden und männerfeindlichen Ansprüche an Männlichkeit vom Sockel zu holen, um auf den Trümmern endlich sie selbst sein zu können, bestrafen sie andere dafür, Umstände und Situationen zu schaffen, in denen sie ihren eigenen Ansprüchen nicht genügen. Männer sind – analog zum Zitat von Walter Benjamin über das Werk als Totenmaske der Konzeption – die Totenmasken der in sie gepflanzten Vorstellungen darüber, was es bedeutet, ein echter Mann zu sein. Männer sind niemals der Mann, der sie einst glaubten sein zu müssen. Sie sind immer mehr als das.

An dieser Stelle folgt nach so einer Textpassage gewöhnlich eine Relativierung. Nicht Sie, nicht alle, nicht so umfassend, nicht so wirklich. Ich gebe zu, dass ich mir das bei der Planung dieses Abschnitts als Exitstrategie zurechtgelegt hatte. Es fühlte sich dann aber doch beim Schreiben sehr anders an. Ich habe gar keine Lust mehr auf die Schutzbehauptung, es gar nicht so gemeint zu haben. Denn jeder Satz war so gemeint. Also lasse ich das hier so stehen und Sie können damit machen, was Sie wollen. Es ignorieren, sich aufregen, die Augen rollen, heftig nicken, alles unterstreichen, das Buch in die nächste Ecke pfeffern. Ich habe Sie hier auf eigene Gefahr verunsichert. Denn wenn ich eines in meiner Arbeit und den

Begegnungen mit anderen Männern und mir selbst gelernt habe, dann, dass Männer das Gefühl der Verunsicherung als unmännlich ablehnen. Männer sind klar, entschieden und wissen, was und wohin sie wollen. Sie mögen das Falsche wollen und auf einen Eisberg zusteuern, aber sie halten Kurs und dieses Kurshalten wird als männlicher Wert an sich begriffen. Auf Verunsicherung reagieren sie zumeist unwillig bis aggressiv, obwohl Verunsicherung zunächst einmal ein guter Indikator dafür ist, dass etwas innerlich bewegt wird. Andernfalls wären Männer ja vollkommen sicher, dass es sie überhaupt nicht betrifft und nichts mit ihnen zu tun hat. Verunsicherung zeigt Uneindeutigkeit an. Sie signalisiert, dass der Mann auf der Basis von Annahmen und Überzeugungen operiert, die er gar nicht richtig durchdacht hat oder die ihn womöglich überhaupt nicht repräsentieren. Wenn eine Frau beispielsweise einem Mann sagt, dass er zu grob mit ihr ist, erzeugt das in den meisten Fällen Verunsicherung. Die Männer, die auf eine solche Ansage hin mit absoluter Sicherheit befinden, dass das nicht stimmt, können wir hier der Einfachheit halber als Arschlöcher bezeichnen. Über die und mit denen spreche ich nicht. Ich rede hier von und mit all den anderen, die über diese Aussage mit sich in Konflikt geraten: Bin ich wirklich zu grob? Warum bin ich zu grob? Ich dachte, Frauen mögen es, wenn Mann sie ein bisschen härter anpackt. Mag ich es, Frauen härter anzupacken? Oder erfülle ich damit nur eine Erwartung, wie ich mich als Mann Frauen gegenüber zu verhalten habe? Meistens setzt dann ein Schutzmechanismus ein, mit dem Männer die Möglichkeit, sich einer Frau gegenüber zu grob zu verhalten, abtun und mit Verärgerung oder Aggressivität darauf reagieren, dass sie es überhaupt gewagt hat, das so auszusprechen. Nennen wir es eine Rückrufaktion des patriarchal-sexistischen Systems. Oder eine Exkommunikationsandrohung seitens der globalen Kirche des Geschlechts. Aber für diejenigen, die Verunsicherung zulassen, eröffnet sich eine völlig neue Welt. Ihnen bietet sich die Möglichkeit, die betreffende Frau und sich selbst besser kennenzulernen. Mehr bei sich in Empathie und Verständnis für das Gegenüber zu sein. Dann geht es nämlich nicht mehr darum, worauf dem Vernehmen nach alle Frauen stehen und wie Männer angeblich immer mit Frauen umzugehen haben, sondern darum, was eine ganz bestimmte Frau will und wie ein ganz bestimmter Mann ist. Wenn die Gleichberechtigung innerhalb von heterosexuellen Liebesbeziehungen einer Revolution gleichkommt, dann ist dieser Schritt nichts weniger als der Sturm auf die Bastille. Es ist, um sich Kants Formulierung über die Aufklärung zu borgen und etwas zu modifizieren, der Ausgang des Menschen aus seiner nicht selbst verschuldeten Geschlechtsunmündigkeit.

Und nur wenn die unternommen wird, kann Gleichberechtigung wirklich gelingen. Das heißt in erster Linie zunächst einmal nicht unbedingt, radikal anders zu sein, sondern sich radikal seiner selbst bewusst zu sein. Seiner Stärken und Schwächen. Seiner Bedürfnisse und Interessen. Seiner Liebe. Wenn Männer aufhören würden, in dem von mir hier ausschnitthaft geschilderten Geschlechtstheater mitzuspielen, dann bedeutet das nicht, dass es gar keine Übereinstimmung zwischen ihrer Rolle als Mann und ihrem tatsächlichen Ich gibt oder geben darf. Es bedeutet mit hoher Wahrscheinlichkeit, das Wissen darum zu vermehren, wer man ist, was man will und wen man warum liebt.

Wenn ich mir etwas wünschen dürfte, dann wäre es, dass Sie sich einen Moment lang damit beschäftigen, ob etwas von meiner Beschreibung auf Sie zutrifft. Oder ob Sie sich an Situationen erinnern, in denen Ihnen währenddessen oder auch im Nachhinein klar geworden ist, dass man von Ihnen verlangt, sich so zu verhalten. Und während Sie noch kurz überlegen, fange ich schon mal mit den Frauenrollen an.

VIER

Frauenrollen

Frauen werden von Männern zum »anderen Geschlecht« gemacht, weil sie das eigentliche Geschlecht sind. Frauen haben Macht und sollen nichts davon wissen. Man unterweist sie darin, Unterwerfung, Harmlosigkeit, Gefälligkeit und Verfügbarkeit zu signalisieren, ohne sich auch nur im Mindesten dafür zu interessieren, ob sie so sein wollen. Frauen sind weich, schön, anschmiegsam, mütterlich, haben keinerlei Männern unangenehme Körperfunktionen und kacken deshalb natürlich Gänseblümchen. Sie sollen, wie die Dichterin Rupi Kaur schreibt, nach dem Willen der Männer Blut und Milch verbergen, so als wären diese nicht von Uterus und Brust genährt worden. Frauen haben Körper, die Schlachtfelder sind. Während Männer nicht wissen dürfen, was sie nicht zu sein brauchen, sollen Frauen nicht erfahren, was sie alles sein könnten. Was sie sind. Frauen sind lächerlich und oberflächlich, weil sie nicht ernst genommen und mit tiefem Interesse befragt und angehört werden. Frauen kaufen nutzlose Dinge, weil man ihnen das Gefühl gibt, außerhalb der ihnen zugeschriebenen Kernkompetenzen wie sexuelle Verfügbarkeit und Kümmern nutzlos zu sein. Frauen, die sich nutzlos fühlen, nützen unfreiwillig vielen anderen. Frauen, die sich nützlich fühlen, nützen sich selbst und jenen, denen sie nützen wollen. Frauen warten auf den Richtigen, weil sie ihr Leben lang gehört haben, dass sie falsch sind. In unserer patriarchal-sexistischen Gesellschaft möchten sie wie Prinzessinnen behandelt werden, weil ihnen das in der für sie oftmals einzig vorhandenen Wahlmöglichkeit, entweder wie ein Nutztier oder wie ein Haustier behandelt zu werden, weniger furchtbar erscheint. In einer Welt, die nur von Brüderlichkeit faselt, gelingt es Frauen oft, sich auf für Männer gefährliche Weise zu verschwestern. Wenn es ihnen noch besser gelänge, dann hätte das Patriarchat endgültig ausgespielt. Damit es ihnen nicht gelingt, werden sie geteilt und beherrscht.

Viele Frauen kollaborieren für das Versprechen auf bessere Behandlung oder Freispruch mit den Anwälten der Anklage gegen ihr eigenes Geschlecht. Sie bemühen sich um die Aufnahme in ein Kronzeuginnenschutzprogramm, blicken dafür auf andere Frauen hinab, beschimpfen und denunzieren sie, machen ihre Bedürfnisse und Mühen lächerlich. Frauen wollen nicht wie andere Frauen sein, weil sie instinktiv nicht gehasst, verachtet, ausgenutzt und verfügbar gemacht werden wollen. Frauen werden mehr dafür gehasst, verachtet, ausgenutzt und verfügbar gemacht, was sie sind, als dafür, was sie tun. Frauen sollen sich »mal entspannen«, wenn Dinge von ihnen verlangt werden, die sie nicht wollen, und »nicht immer so angespannt wirken und mehr lächeln«, wenn sie Dinge angehen, die ihnen wichtig sind.

Frauen outsourcen ihr Gewaltpotenzial. In gewalttätigen Familienkonstellationen sind meistens sie es, die geschlagen werden, und selten sind sie die, die zuschlagen. Als »Mittelweg« wählen sie die Option, Männer als Waffe gegen unliebsame Menschen und Situationen zu instrumentalisieren: »Warte nur, bis dein Vater nach Hause kommt!« Frauen wollen verteidigt werden, weil sie stets gesagt bekommen haben, dass ihre Abwehrstrategien nicht eindeutig genug seien und sie unfähig seien, sich effektiv zur Wehr zu setzen. Sie flüchten sich in passiv-aggressives Verhalten, weil Aggression seit Jahrtausenden als das so ziemlich unweiblichste Verhalten überhaupt gilt. Aggressive Frauen gelten als grässliche männermordende Medusen mit Schlangen statt Haaren, bei deren Anblick Menschen versteinern. Tatsächlich sind aggressive Frauen relativ häufig Medusen. Und zwar in dem Sinn, dass es furchtbare Gründe für ihre Aggression gibt. Die mythologische Figur der Medusa wurde vom Gott Poseidon in einem Tempel der Göttin Athene vergewaltigt und daraufhin statt seiner von Athene bestraft und mit Entsetzlichkeit geschlagen. Die keusche Athene, die dem Kopf ihres Vaters Zeus entsprungen war, also faktisch männlichen Gedanken, hörte anschließend nicht auf, Medusa zu bestrafen. Ihr alles zu nehmen war noch nicht genug. Selbst nach ihrer Vernichtung wurde Medusa nutzbar gemacht. Ihr abgeschlagenes Haupt heftete sich Athene an ihren Schild, ihr Blut spendete sie für medizinische Zwecke. Frauen bekommen ständig gesagt, dass sie übertreiben.

Sie werden als hysterisch bezeichnet, während man(n) zugleich alles dafür tut, ihrer Panik Vorschub zu leisten.

Es ist als wolle man sie in einem Zustand permanenter innerer Anspannung halten, damit sie bloß niemals wirklich die Gelegenheit haben, innezuhalten, Luft zu holen und sich in aller Ruhe zu orientieren. Weil man Frauen eintrichtert, dass sie aus Gründen der Schönheitsnormierung überschlank sein müssten und am besten aufhören sollten, überhaupt etwas zu essen, fressen sie sich selbst auf. Frauen dürfen keine Entscheidungen treffen, die nur sie betreffen: Wie sie aussehen, was sie anhaben, was sie arbeiten, wie sie ihre Freizeit gestalten, wen sie lieben, mit wem sie Sex haben – immer haben solche Entscheidungen mit Blick auf die Ansprüche anderer getroffen zu werden. Frauen wird das berühmte »Zimmer für sich allein« vorenthalten, das Virginia Woolf so treffend beschrieben hat, damit sie darin nicht unerhörte Dinge anstellen. Wie Pläne schmieden. Die Weltrevolution anzetteln. Kunst machen. Nichts tun. So viel essen, bis man platzen könnte. Kettenfürze anzünden. Herumschreien und das Zimmerinventar zerlegen. Masturbieren, ohne dass ihnen jemand buchstäblich etwas abguckt, weil er ihre Lust für seine eigene Befriedigung nutzbar machen will. Sich vollständig selbst definieren, ohne eingeredet zu bekommen, dass eine solche Definition nur über Spiegelung in einem Mann möglich sei. Dass sie nur durch den männlichen Blick sichtbar sein können. Nur in seinen Zielen über eine Agenda verfügen. Nur gegenlieben und wiederbegehren, wenn man(n) ihnen Liebe und Begehren anträgt. Frauen wird ihre eigene Sexualität vorenthalten, weil sich Männer davor ängstigen. Weil man(n) nicht erträgt, dass Frauen die Wahl haben, wird sie ihnen genommen. Das kann so weit führen, dass Frauen kein eigenes Interesse an Männern formulieren, sondern sich auf denjenigen einlassen, der ihnen mit dem meisten Aufwand und am vielversprechendsten den Hof macht. Frauen haben für Männer einen ganz bestimmten Wert und werden genau deshalb von ihnen sehr oft als wertlos bezeichnet. Sie verwechseln Freiheit mit Gefahrlosigkeit. Weil man(n) ihnen zu oft gefährlich wird, müssen sie ihre Ressourcen für Beschwichtigung, Ausweichverhalten oder Abwehr dieser Gefahr einsetzen und kommen kaum bis nie an den Punkt, ihre Freiheit in Angriff zu nehmen. Frauen sind die Ware auf dem Markt, die man(n) eigentlich unbedingt haben will, für die man(n) aber nicht den vollen Preis bezahlen möchte, weshalb man(n) anfängt, sie lautstark abzuwerten, zu bemäkeln und zu kritisieren. Sie sollen sich ganz grundsätzlich als Mängelexemplar fühlen, damit sie sich nicht zu ausführlich damit beschäftigen, wie mangelhaft und ungerecht das System ist, in dem sie zum Mängelexemplar erklärt werden. Bis ein Mann vorbeikommt, der sie entdeckt. Der sie vervollständigt, die Mängel ausgleicht und sie so berauschend findet, dass er mit seiner Liebe, seinem Wollen, seinem Drängen und seinem Begehren diese Mängel ausgleicht. Frauen haben selten so viele Fehler, wie Männer bemüht sind, an ihnen zu beheben. Zugleich neigen sie dazu, die Defizite, die sich aus einem patriarchal-sexistischen System in Männern ergeben, in tausend kleine Stücke zu brechen und einzeln zu benörgeln. Frauen gehen Probleme kleinteilig an, weil man ihnen klargemacht hat, dass sie sich an großen Dingen überheben. Sie sind nachtragend, weil sie die Menge der Probleme nie wirklich signifikant reduzieren können, da sich an den ungleichwertigen Verhältnissen nichts grundlegend genug verändert. Frauen werden, um wieder mit Walter Benjamin zu enden, so behektikt, bequatscht und benutzt, dass ihnen Zeit und Gelegenheit fehlen, die Konzeption, nach der sie ihre Individualität formen, als fremdnützig zu erkennen. Als männlich.

Ich könnte noch sehr lange so weitermachen, aber fürs Erste reicht es. Auch hier werde ich keine Zeilen darauf verwenden, das eben Geschriebene wieder einzufangen, um Sie in Ihrem möglichen Missfallen wieder irgendwie gnädig zu stimmen. Wir haben wirklich Wichtigeres zu tun. Zum Beispiel müssen wir noch miteinander besprechen, was passiert, wenn die von mir beschriebenen Männer und Frauen aufeinandertreffen, sich verlieben und ein Paar werden. Denn darum geht es ja hier schließlich.

Paarrollen

Nehmen wir an, ich hätte recht und es gäbe eine Art Geschlechtsreligion, die Männer und Frauen dazu zwingt, ihre Geschlechtsidentität auf eine sehr spezifische Weise zu definieren. Nehmen wir weiterhin an, es gäbe eine nicht unbeträchtliche Anzahl von Frauen und Männern, die sich in etwa so verhalten, wie von mir beschrieben. Und darüber hinaus eine sehr viel größere Menge, die mir zugestehen würde, dass vieles von dem, was ich hier zusammengestellt habe, als Verhaltensaufforderung an sie herangetragen wird. Was bedeutet das für ein heterosexuelles Liebespaar? Wie können zwei Menschen in diesem doch recht unübersichtlichen Identifikationschaos herausfinden, wer sie wirklich sind, was sie tun wollen und wie sie sich in Liebe halten können? Die Antwort auf diese

Fragen ist leider ausgesprochen unbefriedigend. Im Prinzip müsste man mehrgleisig fahren. Zum einen ist es notwendig, sich vor dem Eingehen einer Liebesbeziehung mit den eigenen Geschlechterstereotypen, dem Rollenverständnis und mit dem Grad der Persönlichkeitsverzerrungen und -verletzungen zu beschäftigen, die derlei Geschlechtszurichtungen mit Menschen anstellen. Zum anderen muss man diese Arbeit auch noch einmal gesondert als Paar leisten. Ein Liebespaar ist mehr als die Summe seiner Teile. Es ist wundervoller, problematischer, einladender und abstoßender als die in Liebe verbundenen Individuen. Selbst wenn Sie sich eingehend mit Ihren Geschlechtszurichtungen beschäftigt und sich weitgehend von ihnen emanzipiert hätten und ihr Herzensmensch für sich bei diesem schwierigen Prozess ungefähr gleich weit gekommen wäre, würden im Aufeinandertreffen zweier Personen neue religionsgeschlechtliche Dogmen wirksam werden. Nur haben die meisten Menschen das nicht getan. Verständlicherweise, möchte ich hinzufügen, weil es so anstrengend wie zäh ist und gesellschaftlich nicht honoriert wird. Oder sie sind mit dem bzw. der Liebsten nicht an dem etwa gleichen Punkt. Auch das keine Überraschung. Erstens sind wir im Detail dann doch alle ziemlich verschieden und zweitens haben Frauen aufgrund ihrer geringeren Privilegien deutlich mehr Anlass, für Gleichberechtigung zu plädieren. Selbstverständlich können und werden Frauen auf mehr als eine Weise trotzdem privilegiert, weil Gruppenzugehörigkeit und Identität nicht nur über Geschlecht funktionieren. Selbst wenn man, wie ich es in diesem Buch tue, sein Hauptaugenmerk auf die Geschlechterfrage richtet, sollte klar sein, dass auch andere Kriterien zum Anlass genommen werden, Menschen zu diskriminieren oder zu bevorzugen. Und selbstverständlich werden auch Männer innerhalb einer patriarchal-sexistischen Gesellschaftsordnung diskriminiert, sobald sie gegen die Dogmen der Kirche des globalen Geschlechts verstoßen. Trotzdem ist die Feststellung keinesfalls übertrieben, dass Frauen im Allgemeinen ein größeres Interesse daran haben, den negativen Auswirkungen der mannigfachen Geschlechtszurichtungen etwas entgegenzuhalten. Gleichberechtigung nämlich. Aber es ist und bleibt eine Operation am offenen Herzen der Liebesbeziehung. Es wird niemals gelingen, alle Hindernisse vorherzusehen und alle Fallstricke zu antizipieren. Und so etwas wie ein Beziehungsmoratorium gelingt in den seltensten Fällen. Also ein Zeitraum, in dem eine Person oder beide feststellen, dass in Bezug auf die zu leistende Gleichberechtigungsarbeit zu wenig getan wird. Mit sehr viel gutem Willen könnte man die Phase, in der ich mich aufgrund meines klar einseitigen Begehrens von meiner Lebenskomplizin getrennt habe, als ein solches bezeichnen. Aber eigentlich auch nicht wirklich. Ich habe meine Entscheidung weder reiflich überlegt noch angemessen kommuniziert noch überlegt, welche Konsequenzen daraus folgen könnten. Ich war ein Kind mit dem glücklichen Instinkt, zu gehen, bevor ich alles furchtbar mache. Wenn so etwas wie ein Beziehungsmoratorium möglich ist, dann nur in dem Sinn, dass sich beide wissentlich und willentlich für einen bestimmten Zeitraum voneinander zurückziehen. Mit diesem selbst gewählten Rückzug aus der Heimat könnten sie im Exil daran arbeiten, sich selbst zu emanzipieren und die Strukturen und Dynamiken neu zu bewerten, um anschließend die gegenseitige Beheimatung wieder aufzunehmen. Das ist ein ausgesprochen gewagtes Unterfangen, welches Paare kaum angehen und das noch seltener gelingt. Was bleibt, ist die Beziehungsarbeit im Alltag. Das ist ungefähr so, als würden Sie gemeinsam in einer tiefen Grube daran arbeiten, sorgfältig die Fundamente Ihrer Beziehung freizulegen, um sie anschließend neu und besser zu arrangieren. Währenddessen findet sich das Leben am Grubenrand ein und bedeckt Ihre Bemühungen schaufelweise mit Dreck. Es ist ein Wettlauf gegen die Zeit, bei dem Sie kaum bis gar keinen Einfluss darauf nehmen können, was da genau auf Sie herabgeworfen wird: Krankheit, Geldsorgen, Fremdbedürfnisse, eimerweise Geschlechtsreligion, Probleme, Nöte, Selbstzweifel, Langeweile, Neid und vieles, vieles mehr. In dieser Situation den Willen und das Wohlwollen aufzubringen, nicht alles hinzuschmeißen, schreiend aus der Grube zu fliehen und zu brüllen: »Dann mach doch deinen Scheiß alleine!«, ist eine gewaltige Leistung. Lassen Sie sich von niemandem erzählen, dass das alles gar nicht so schwer sei. Lassen Sie sich nicht einreden, dass Sie sich »die Zeit dann einfach nehmen müssten«.

Lassen Sie nicht zu, dass man Sie bei dem Hütchenspiel um biologisches und soziales Geschlecht mit der Behauptung betrügt, unter Ihrem Hütchen liege eine unveränderliche geschlechtsspezifische Eigenschaft. Eine Farbvorliebe. Eine Art des Begehrens. Mehr oder weniger Gefühl.

Aber vor allem: Lassen Sie es niemals bleiben. Jeder kleine Schritt in Richtung Emanzipation und Gleichberechtigung ist ein guter Schritt. Jede Möglichkeit, wirklich etwas über sich und/oder den Herzensmenschen herauszufinden, ist ein Geschenk.

Paarungsakte IV

Stefan & Andrea, aber eigentlich doch Stefan & Nils

Stefan und Andrea sind seit gut vier Jahren ein Paar. Sie sind Anfang 30, beide berufstätig, wohnen in einer mittelgroßen Stadt und wollen irgendwann Kinder. Ihr Freundeskreis beschreibt ihre Beziehung als harmonisch. Spricht man sie auf Gleichberechtigung an, finden sie es zwar zunehmend übertrieben, das zu thematisieren, würden sich aber beide durchaus als gleichberechtigt bezeichnen. Andrea bevorzugt den Begriff »emanzipiert«. Beide halten überhaupt nichts davon, so zu tun, als sei Geschlecht irgendwie Verhandlungssache, finden es aber selbstverständlich, Minderheiten zu tolerieren. Stefan spielt in seiner Freizeit Fußball. Mit den Jungs werden ab und zu schon mal Sprüche geklopft, aber im Prinzip hat er nichts gegen Schwule. Andrea ist es wichtig, dass sie »ihren Bereich« hat. Sie fühlt sich dafür zuständig, dass die gemeinsame Wohnung anständig aussieht, sie dekoriert gern und unternimmt gern etwas mit ihren Freundinnen. Manchmal sagt ihr Stefan, dass sie sich von gut aussehenden Männern fernhalten solle, und meint es nur halb scherzhaft. Manchmal entgegnet sie, dass sie doch rausfinden müsse, ob sie überhaupt noch flirten kann, und meint es nur halb scherzhaft. Die beiden streiten selten, aber wenn sie es tun, dann meist wenig produktiv. Einmal ist Andrea für ein paar Tage zu einer Freundin gezogen, weil Stefan nicht für sie Partei ergriffen hat, als sie von seiner Familie bei einem Fest angegangen wurde. »Du stehst nie zu mir«, hat sie ihm damals gesagt. »Ich glaube, du liebst mich gar nicht.« Aber Stefan liebt Andrea und Andrea liebt Stefan. Die beiden sind ein klassisches Beispiel für ein Paar, das sich mit einigen Dogmen der Geschlechtsreligion identifizieren kann, ohne das als Einschränkung zu empfinden. Anderen wiederum schenken sie überhaupt keine Beachtung, weil sie sie für lächerlich altmodisch halten und sie überhaupt nicht auf sie zutreffen. Als ich Stefan das letzte Mal gesehen habe, haben wir über Urlaubsplanung gesprochen und darüber, dass er, wenn er meine Kinder so sieht, nicht weiß, ob er auch ganz viele haben will oder lieber gar keines. »Geht mir genauso«, hab ich gesagt und dann haben wir beide gelacht. Dieses Mal sitzt Stefan in meiner Küche und weint. »So gut kennen wir uns gar nicht«, denke ich, weil wir über einen gemeinsamen Freund aneinandergeraten sind und uns eher aus der Ferne gut finden. Sekunden später schäme ich mich für den Gedanken. Meinen Kindern erzähle ich, dass ihre Gefühle keine Begründungen brauchen und dass sie selbstverständlich so lange weinen dürfen, wie sie weinen müssen. Das Weinen eines mir gar nicht mal so vertrauten erwachsenen Mannes in meiner Küche ist mir hingegen deutlich unangenehm. So viel zu meinen emanzipierten Vorstellungen von Männlichkeit. Offenbar habe ich noch viel zu tun. Aber jetzt geht es erst mal um Stefan. Stefan, der von Andrea, mit der ich irgendwie auch befreundet bin, vorbeigeschickt wurde, weil ich den Parkettfußboden in ihrer Wohnung so mochte und Stefan den mit einem Kumpel zusammen verlegt hat. Gerade hat er mit mir zusammen noch überlegt, ob man die Wohnzimmertür kürzen müsste, wenn man dort Parkett verlegen will. Jetzt sagt er mir, dass er »nicht mehr kann«. Ich würde ihn gern fragen, was er nicht mehr kann, aber ich weiß nicht, wie. Er sitzt einfach da und weint vor sich hin, während ich nichts mit mir anzufangen weiß. Eines meiner großen Kinder steckt den Kopf durch die Küchentür und ich bedeute ihm mit einem Blick, es möge doch bitte möglichst lautlos wieder verschwinden. Das Kind nickt. Ich schäme mich für Stefan vor meinem Kind fremd. Ich schäme mich dafür, dass ich mich für Stefan fremdschäme. »Das ist echt nicht dein Tag«, denke ich und schäme mich gleich darauf noch ein bisschen mehr, weil es immer noch nicht um Stefan geht, der in meiner Küche sitzt und weint. »Willst du es mir erzählen?«, frage ich. Er schüttelt den Kopf. »Möchtest du, dass ich dich tröste?« erkundige ich mich. Das ist so eine Frage, die wir uns innerhalb der Familie stellen, wenn jemand traurig ist. Ich merke, dass es die erste Reaktion auf diese Situation ist, für die ich mich nicht schäme. Stefan schaut mich erschrocken an. »Ich muss los«, sagt er und ist schon raus aus meiner Küche. Später schreibe ich Stefan und Andrea über Messenger an. Stefan antwortet erst gar nicht und dann ein paar Tage später, dass ihn »sein Job ankotzt« und »das mit den Kindern nicht so klappt«. Andrea antwortet gleich, dass Stefan gerade eine schwierige Phase habe und seit einer Weile irgendwie nicht mehr derselbe sei. Als sie sich nach ein paar Wochen das nächste Mal bei mir meldet, haben sich Stefan und Andrea bereits getrennt. Sie wolle nur, dass ich Bescheid wisse. Auch wegen des Parketts und so.

Ich wollte Ihnen davon erzählen, weil ich im vorangegangenen Kapitel viel über die Geschlechterrollen bei Paaren gesprochen habe, und das mit ziemlicher Deutlichkeit. Aber es fühlt sich an dieser Stelle richtig an, Sie und mich daran zu erinnern, dass Geschlechterzwangskorsette in allen Beziehungen eine Rolle spielen. Eigentlich hatte ich vor, über Stefan und Andrea zu schreiben, weil ich an einem nicht ganz so drastischen Beispiel zeigen wollte, wie Liebespaare auseinanderfallen können. Aber erstens weiß ich über die beiden gar nicht genug und zweitens sollte ich mich an meine eigene Lehre aus der Beziehung von Kim und Roberto Casali halten: Eine Ferndiagnose über den Zustand der Gleichberechtigung in einer anderen Beziehung sollte man tunlichst unterlassen. Am Ende ging es doch eher um Stefan und mich. Um unser Unvermögen, mit der Situation umzugehen. Um seine Tränen und meine Scham. Ich schäme mich heute noch ein bisschen dafür. Nicht weil ich ihm ein besserer Freund hätte sein müssen. Wir waren keine guten Freunde. Eher dafür, wie sehr meine Männlichkeitszurichtung damals die Oberhand über mich gewonnen hat und seine über ihn. Wir waren beide die Totenmaske der Männlichkeitsvorstellungen, die man uns antrainiert hat. Wir waren in Tränen und Scham und doch vollkommen erstarrt. Wir haben uns beide verpasst.

FÜNF

Beziehungsvertrag

»Wenn Liebe nicht weiß, wie sie ohne Einschränkungen gegeben und empfangen werden kann, ist sie keine Liebe, sondern nur ein Handel, in dem Plus und Minus beständig gegeneinander abgewogen werden.«[1]

Emma Goldman

Die Welt ist voller Zitate über bedingungslose Liebe. Wir lesen darüber in Büchern, sehen es im Fernsehen, hören es in unserem Lieblingspodcast: Liebe soll unantastbar sein. Je mehr Dinge wir in Stellung bringen, um sie zu zerstören, umso hartnäckiger lügen wir uns das Märchen von der unverwundbaren, unzerstörbaren Liebe in die offenen Herzen. Sein falsches Versprechen besteht darin, dass wir alle in der Liebe Zuflucht finden könnten, um in ihr endlich bessere Menschen zu sein. All unsere Fehler würden aufgelöst in der Herrlichkeit eines liebevollen Miteinanders bis ans Ende der Zeit. Das Problem dieses romantisierten Liebesideals ist nicht nur die schiere Wirklichkeitsferne, sondern das Ausmaß an Selbstsabotage, das dadurch erreicht wird. Denn dadurch verpassen wir konkrete Chancen, Liebe tatsächlich dazu zu befähigen, uns wachsen zu lassen. Uns zärtlicher zu machen, gütiger, aufmerksamer, verzeihender. Nicht erst seit der Romantik wird Liebe immer wieder zu einem Mysterium verklärt, das keine Grenzen kennt, alles überwindet und uns für immer aus den Niederungen unserer allzu menschlichen Schwächen in die Höhen eines übermenschlichen Firmamentes erhebt. Aber so funktioniert das nicht. 10 000 Jahre Kulturgeschichte der Menschheit, und wir haben immer noch keinen unverstellten Blick darauf, was es wirklich bedeutet, Mensch zu sein. Denn immer da, wo wir Übermenschliches anstreben, sind wir weniger, als wir sein könnten. Weniger grausam, weniger mitfühlend. Weniger feige und weniger mutig. Wir sind eine gewalttätige, sanfte, boshafte und gütige Spezies, die alles in Schutt und Asche legen und zugleich Dinge von unbegreiflicher Schönheit erschaffen kann. Wir haben das tiefe Verlangen und die große Gabe, uns ineinander zu beheimaten. Zu lieben und geliebt zu werden. Aber das errettet uns nicht vor uns selbst. Das sind wir. Anstatt Liebe zu verherrlichen, sind wir besser beraten, sie zu organisieren. Rahmenbedingungen zu schaffen, Regeln aufzustellen, Formate zu erproben. Anstatt darauf zu warten, dass wir Objekte der Liebe werden, deren Sorgen, Nöte und Schwächen sich in diesem Beheimatungsakt auflösen, sollten wir daran arbeiten, zu liebenden Subjekten zu werden. Liebende Subjekte, die in der Lage sind, denselben Sorgen, Nöten und Schwächen in sich und dem geliebten Gegenüber mit Nachsicht und Verständnis zu begegnen.

Liebesorganisation

2016 hat die Autorin Kübra Gümüşay einen viel beachteten Vortrag mit dem Titel *Organisierte Liebe* gehalten.[2] Unter Tränen schildert sie darin die Auswirkungen einer sich verhärtenden Gesellschaft, in der rechtspopulistische, menschenverachtende Positionen für die Mitte der Gesellschaft und von der Mitte der Gesellschaft erzählt werden. Sie beschreibt die Übergriffigkeit, die Ausgrenzung und den Hass, dem sie tagtäglich ausgesetzt ist, und verknüpft diese Beschreibung mit der Frage: In was für einem Luxus glauben wir zu leben, wenn wir meinen, Liebe nicht organisieren zu müssen?

In der Tat muss man den Eindruck gewinnen, dass die Liebe uns organisiert statt wir sie. Und das nicht nur auf der gesamtgesellschaftlichen Ebene, wie Gümüşay zutreffend analysiert, sondern auch auf der kleinsten zwischenmenschlichen Basis. Es scheint einem Affront gleichzukommen, die Allmacht der Liebe anzuzweifeln und sie für unvermeidliche Ernstfälle trainieren zu wollen. Liebe soll gefunden werden. Sie soll einem begegnen, zustoßen, passieren. Wir wollen von ihr wie von einer Naturgewalt überwältigt werden. Keinesfalls möchten wir sie einüben. Das erniedrigt unser Ideal von Liebe und wertet es ab. Um das zu verhindern, lassen wir zu, dass wir erniedrigt und abgewertet werden. Romantische Liebe funktioniert in diesem Sinne wie Blutmagie: Man gibt etwas vom eigenen Blut, der eigenen Lebenskraft, um einen magischen Effekt zu erzielen. Nur dass es eben keine Magie gibt und wir diese Liebesdevotionalien unserer selbst gut gebrauchen könnten, um intensiver auf Augenhöhe zu lieben. Wenn also die von mir geschätzte feministische Friedensaktivistin Emma Goldman wie eingangs zitiert schreibt, dass Liebe mit Einschränkungen sich stets nur in Handelsabwägungen erschöpft, dann irrt sie gleich doppelt. Zum einen existiert keine Liebe ohne Einschränkungen, weil wir nicht ohne Einschränkungen existieren. Sie wird an Bedingungen geknüpft, weil es uns nur unter gewissen Bedingungen gibt. Liebe weist nicht über das Menschliche hinaus, sondern in das Menschliche hinein. Die äußeren Grenzen unserer Liebe bilden wir selbst. Sie trägt so weit, wie wir tragen können. Sie versagt, worin wir versagen. Und zum anderen ficht ein Handel, in dem Plus und Minus beständig gegeneinander abgewogen werden, die Liebe überhaupt nicht an. Jeder Liebesbeziehung liegt ein Vertrag zugrunde. Ausnahmslos. Er muss weder so bezeichnet noch müssen die Details ausgesprochen werden. Aber jeder Mensch geht Liebesbeziehungen mit bestimmten Erwartungen ein. Sich als Paar mit diesem Vertrag zu beschäftigen, ihn zu studieren und gemeinsam immer wieder zu überarbeiten ist keine Schande für die Liebe, sondern lediglich eine Zumutung für unser romantisiertes Liebeskonzept. Wir entziehen der Liebe unser kritikloses Wohlgefallen und ersetzen es durch kritisches Wohlwollen.

Mir ist durchaus bewusst, dass ich mit diesem Kapitel Gefahr laufe, in die von mir selbst beschriebene Falle der kapitalisierten Liebe zu laufen. Also Gefühle und Bedürfnisse einzupreisen und ganz im Sinne des Kapitalismus nach ihrer Verwertbarkeit zu fragen. Trotzdem halte ich es für unumgänglich, dass wir uns die Art und Weise anschauen, wie Beziehungsverträge aufgesetzt werden und was sie beinhalten. Denn ein Vertrag hat nicht zwingend etwas mit Verdinglichung zu tun. Er kann aber durchaus zu einer Versachlichung beitragen, weil an ihm deutlich gemacht werden kann, mit welcher Intention Menschen eine Liebesbeziehung eingehen. Was erhoffen sie sich davon? Welche Ziele wollen sie gemeinsam verwirklichen? Was darf auf keinen Fall Bestandteil der Beziehung sein? Der Begriff »Vertrag« ließe sich gewiss auch abmildern, indem ich beispielsweise von Beziehungsvereinbarung oder Plänen spreche. Aber das ist aus mehreren Gründen keine gute Idee. Unter anderem, weil ich gerade in diesem Kapitel der romantischen Liebe so deutlich wie möglich die Tür weisen will. Sie ist es nämlich, die bei allen liebesbeziehungserhaltenden Maßnahmen sanft, aber bestimmt den Kopf schüttelt und 1001 Variationen von »Schatz, aber das haben wir doch gar nicht nötig!« sagt. Ich formuliere also bewusst unromantisch. Zudem eignet sich die Vertragssprache mit Kleingedrucktem und Nutzungsbedingungen hervorragend, um zu verdeutlichen, was genau wir eigentlich tun und erwarten, wenn wir eine Beziehung eingehen. Und nicht zuletzt formuliere ich meine Überlegungen zum Beziehungsvertrag auch analog zum Gesellschaftsvertrag. Die Frage, wie wir alle zusammenleben können, ist wesensverwandt mit der Frage, unter welchen Bedingungen es zwei Menschen gelingt. Noch einmal: Liebe muss organisiert werden. Die Vorstellung von Liebe als ewiger kosmischer oder göttlicher Kraft, von der wir alle ein Teil sind, mag unsere Sinne betören und unsere Sehnsucht beflügeln. Sie beantwortet aber überhaupt nicht die Frage danach, ob und, wenn ja, wie wir uns in Liebe halten können, falls Beziehungsverträge gebrochen werden. Wenn gemeinschaftliches Wohnen beziehungsvertraglich vereinbart wird und jemand ausziehen möchte. Wenn verschwenderisch mit dem gemeinsamen Geld umgegangen wird, obwohl als Ziel Sparsamkeit ausgegeben war. Wenn anhaltendes sexuelles Begehren und wöchentlich zwei- bis dreimal Sex als verdeckte Vertragsklausel eingebracht wurden, ohne dass der oder die andere davon weiß – oder man sich selbst nicht darüber im Klaren war, dass man das zum Bestandteil des Beziehungsvertrags gemacht hat.

Die drei bedeutendsten Vertreter der Gesellschaftsvertragstheorie waren Thomas Hobbes, John Locke und Jean-Jacques Rousseau. Sie entwickelten ihre Ideen im 17. und 18. Jahrhundert. Hobbes ging davon aus, dass der Naturzustand des Menschen eine Katastrophe ist und er aus diesem Grund gar nicht umhinkommt, einen Gesellschaftsvertrag einzugehen. Der Mensch ist dem Menschen ein Wolf, alle haben das Recht auf alles und somit auch darauf, sich gegenseitig zu bestehlen und zu töten. Um nicht vollkommen in Anarchie und Chaos zu versinken und den Krieg aller gegen alle zu beenden, schlägt der Absolutist Hobbes vor, dieses Recht auf einen Souverän zu übertragen und sich diesem zu unterwerfen. Der Souverän herrscht uneingeschränkt, er steht über dem Gesetz, das nur er einsetzt. Auf das Zwischenmenschliche übertragen entspricht dies einer fremderschaffenen Beziehung ohne Liebe und Zuneigung. Die Betreffenden begründen nicht aus eigenem Antrieb eine Paargemeinschaft, sondern werden von anderen als

Paar arrangiert. Von den Eltern zum Beispiel. Sie sind in diesem Fall der Souverän, der die jeweiligen Kinder in Beziehung zueinander setzt und damit eigene Interessen verfolgt. Der Naturzustand der heranwachsenden Kinder, sich selbst miteinander in Beziehung setzen und diese gegebenenfalls auch wieder auflösen zu können, wird als sinnlos und uninformiert betrachtet: Was wissen junge Erwachsene schon davon, mit wem sie am besten eine Beziehung eingehen sollten?

Die Gegenposition dazu nimmt Rousseau ein. Seiner Einschätzung nach ist der Naturzustand des Menschen die reine Freude. Menschen sind grundsätzlich gut, Konflikte entstehen erst durch eine künstliche Ungleichheit, die sich durch Privateigentum manifestiert. Da sich das Individuum nicht im Naturzustand halten kann, bildet es mit allen anderen Individuen den Souverän und entwickelt als solcher den Gemeinwillen. Der Gemeinwille steht über allem, ist unfehlbar, allmächtig und an kein Gesetz gebunden. Diese Vorstellung entspricht die Idee der romantischen Liebe, wie wir sie kennen. Zwei Menschen verbinden sich in Liebe miteinander, die über allem steht. Sie ist der Gemeinwille, sie ist Gesetz. Eine Liebesbeziehung braucht keine Regeln, keine Grundrechte, keine Vereinbarungen, weil sie unfehlbar repräsentiert, was beide wollen. Sollten sich die Beteiligten in ihre Partikularinteressen verlaufen, müssen sie sich nur wieder dem gemeinsamen Liebeswillen zuwenden und sich auf das Miteinander besinnen.

Beziehungslocke

Locke wiederum liegt mit seinen Vorstellungen zwischen Hobbes und Rousseau. Er geht davon aus, dass im Naturzustand des Menschen eine Art natürliches Gesetz herrscht, nachdem wir frei und gleich sind. Aber da keine Instanz existiert, die dieses Gesetz tatsächlich durchsetzen kann, besteht permanent die Gefahr, Rechte und Freiheiten zu verlieren. Um das zu verhindern, schließen sich Menschen zusammen und schaffen sich diese Instanz. Diese ist aber wie sie selbst an Recht und Gesetz gebunden. Weder unterwerfen sich Menschen dabei anderen Menschen, noch sind sie als Individuen dem gemeinschaftlichen Gemeinwillen absolut unterworfen. Ziel ist es, nicht seine Rechte und Freiheiten zu verlieren. Sollte die geschaffene Instanz diese nicht garantieren können oder wollen, gibt es das Recht auf Widerstand. Lockes Gesellschaftsvertrag entspricht ungefähr dem, was ich mir unter reformierter romantischer Liebe vorstelle. In ihrem Bedürfnis, sich ineinander zu beheimaten, sind sich alle Menschen gleich und gehen selbstbestimmt Beziehungen mit anderen freien Personen ein. Sie erschaffen eine Liebespaarinstanz, die ihrem Zusammenleben Regeln vorgibt. Weder lassen sie andere darüber entscheiden (Hobbes), noch gehen sie davon aus, dass ihre gemeinsame Liebe unreguliert in Perfektion für sich selbst spricht (Rousseau). Vielmehr behalten sie sich das Recht auf Widerstand vor, falls die Liebespaarinstanz ihnen individuell nicht gerecht zu werden vermag. Streit, Enttäuschung, Scheitern, Trennung – all das ist in diesem Modell von Anfang an im Bereich des Möglichen.

Die Realität unserer Liebesbeziehungen sieht folgendermaßen aus: Wir operieren alle mehr oder weniger mit dem lockeschen Beziehungsmodell. Leider tun wir das nicht besonders gut. Denn aus nachvollziehbarer Furcht und Abscheu vor absoluter Fremdbestimmtheit im Sinne von Hobbes, lehnen wir unsere Träume, Wünsche und Bedürfnisse viel zu weit in eine ebenfalls absolute Liebesvorstellung. In eine Wir-Bestimmtheit. Eine derartige Wir-Bestimmtheit kann und wird aber bei genauer Betrachtung vom liebenden Ich als ähnliche Zumutung wie Fremdbestimmtheit empfunden. Ich und Wir sind nicht deckungsgleich. Selbst die Summe aller Beziehungen bildet ein Individuum nicht vollständig ab. Wenn ich mich also aus Angst vor Einsamkeit in die Diktatur eines selbstgewählten Wir begebe, laufe ich Gefahr, stets etwas weniger als ich selbst zu sein. Und nicht nur das: Das Spannungsfeld zwischen wirklichkeitsgebundenen Liebesbeziehungen (Locke) und idealgefesselten Liebesvisionen (Rousseau) erzeugt ein tiefes Gefühl der Dissonanz und des Unwohlseins. Wenn wir nicht gerade in der Phase stecken, in der wir uns Hals über Kopf in einer anderen Person beheimaten, spüren wir das alle: Irgendetwas stimmt nicht. Schätzungen zufolge sollen etwa 100 Milliarden Menschen diesen Planeten in den letzten 50 000 Jahren bewohnt haben. Und von all diesen Menschen sollen wir ausgerechnet hier und heute den Seelenverwandten, die Eine, das für uns größte Glück auf Erden in Menschengestalt am Arbeitsplatz kennengelernt haben? Oder über gemeinsame Freunde, auf einer Party, beim Onlinedating, im Urlaub? Im gemeinsamen Klassenzimmer? Wie hoch ist die Wahrscheinlichkeit, dass meine Lebenskomplizin und ich füreinander bestimmt waren, im Vergleich zu der, dass wir es irgendwie geschafft haben, für- und miteinander gut zu sein? Was wird unserer Liebe genommen, wenn wir uns nicht der Feststellung verschließen, dass dies wahrscheinlich auch mit anderen Menschen in anderen Konstellationen möglich gewesen wäre? Ist sie dadurch wirklich beliebiger? Unbedeutender? Gewöhnlicher? Diese Frau ist die Liebe meines Lebens. Nicht nur, weil ich es zugelassen, sondern weil ich sie dazu gemacht habe. Weil ich mich jeden Tag aufs Neue dafür entscheide. Vielleicht werde ich das irgendwann einmal nicht mehr entscheiden wollen oder können. Aber das ändert nichts daran, dass ich das unglaubliche Glück hatte, sie von einem bezaubernden Mädchen zu einer selbstbewussten, klugen, gütigen und liebevollen Frau heranwachsen zu sehen. Wir haben vier gemeinsame Kinder. Wir könnten einen ganzen Tag lang nur in Andeutungen, Anspielungen, Referenzen und Erinnerungen sprechen, die Ihnen nichts bedeuten würden und uns alles. Es ist eine Freude, an ihrer Seite für unsere gemeinsame Beziehung zu schuften. Es ist ein Geschenk, dass sie weiterhin Lust darauf hat, ihre Sexualität mit mir zu teilen. All das ist nur real, weil wir einen Beziehungsvertrag miteinander haben, der auf Prinzipien der Gleichberechtigung basiert. Es ist möglich, dass wir an diesen Prinzipien scheitern. Es ist wahrscheinlich, dass wir angesichts der von mir beschriebenen Wurzeln gar nicht in der Lage sind, so gleichberechtigt zu formulieren und zu leben, wie wir es gern hätten und uns vorgenommen haben. Aber wir bemühen uns. Glauben Sie, dass diese mit Einschränkungen versehene Liebe keine Liebe ist? Sollte und könnte es keine Auswirkungen auf die Liebe meiner Lebenskomplizin für mich haben, wenn ich plötzlich anfangen würde, sie zu schlagen? Wenn ich meine Kinder vernachlässige, rechte Parteien wähle, mich täglich besaufe und mein Geld damit verdiene, die Umwelt zu zerstören? Wenn ich sexuelle Kontakte einfordere, pathologisch lüge, meinen Teil der Care-Arbeit nicht mehr leiste, meine Partnerin abwerte und beschimpfe oder mich selbst erhöhe, indem ich sie vor anderen erniedrige?

Man mag einwenden, dass wir gar keine Beziehung hätten, wenn ich tatsächlich so wäre. Aber wir waren kaum Teenager, als wir uns ineinander verliebt haben. Was wussten wir denn voneinander? Und was wissen Sie alle als Erwachsene von den Menschen, mit denen Sie Liebesbeziehungen eingehen? Zumal wenn wir Liebesidealen nachhängen, die schon den Versuch, den geliebten Menschen über sich selbst einigermaßen umfassend zu informieren, als unschicklich und unromantisch markieren. In *Mit jedem deiner Fehler* singt der Songwriter Philipp Poisel, dass er dieses Du wegen seiner Macken immer mehr liebe – und wer wünscht sich das nicht: Jemanden zu finden, der einen nicht nur trotz, sondern gerade wegen der eigenen Schwächen, Makel und Fehler liebt.

Es wäre die ultimative Form des Angenommenseins – egal, was ich tue, ich werde dafür geliebt. Reden wir nicht lange drum herum: Das ist eine romantische Lüge. Fehler stehen hier synonym für kleinere Marotten und Macken, die Menschen im Laufe der Zeit am anderen feststellen und liebenswürdig finden können. Jemanden für »herrlich überheblich« und »wunderbar arrogant« zu halten, wie Poisel singt, muss man sich leisten können. Fehler stehen darüber hinaus für etwas, was nichts an der gegenseitigen Bestimmung füreinander verändern kann. Liebe also wieder einmal als etwas Unantastbares, das auch von den Liebenden nicht berührt werden kann. Sie sind füreinander bestimmt. Dem unfehlbaren Liebeswillen kann es gleich sein, wie überheblich jemand Kinder behandelt, wie arrogant er oder sie mit Mitmenschen umgeht. Das löst sich alles in Liebe auf. Im Hintergrund lacht Rousseau. Dass Liebesbeziehungen anders funktionieren, haben die meisten von uns schon herausgefunden. Statt jemanden mit jedem Fehler mehr zu lieben, gibt es diesen einen Fehler, der das Fass zum Überlaufen bringt. Diesen einen Fehler, der es unmöglich macht, am liebenswürdigen Gesamtbild festzuhalten. An die Eigentlichkeit des geliebten Menschen zu glauben: Eigentlich ist er ja ganz anders. Eigentlich macht er so etwas nicht. Eigentlich liebt er mich und ich ihn. Dieser Fehler muss nicht polternd daherkommen und alle Aufmerksamkeit beanspruchen. Es genügt, dass er sich mit zu vielen anderen über die Monate und Jahre einschleicht. Bis man an den Punkt kommt, an dem man feststellt, zu welchen Bedingungen man liebt und wie sich die eigene Wahrnehmung verändert. Wie sich Liebe in Teilnahmslosigkeit, Ablehnung oder gar Verachtung revidiert:

Mit den Jahren musste ich feststellen, dass deinem grandiosen Kleidungsstil eine Konsumfixierung zugrunde liegt, die nur an Oberflächlichkeiten interessiert ist. Deine Begeisterung für Kinder ist auf Ein- bis Fünfjährige beschränkt, die immer sauber sind, nachts schlafen und nicht schreien. Deine Pläne, die Welt zu sehen, bleiben genau das: Ausbruchsfantasien aus stressigen Alltagssituationen, die nie am Ziel ankommen. Je mehr du erkennen musstest, wie anstrengend und zeitaufwendig Bildung ist, desto mehr hat sich deine Bewunderung für gebildete Menschen in gekränkte Verachtung verwandelt. Was ich für moralische Standfestigkeit hielt, erweist sich immer mehr als Unfähigkeit, über Kritik an der eigenen Person auch nur nachzudenken. Dein Konzept von Altersvorsorge besteht aus Erben. Zuerst dachte ich, dass du beim Sex schüchtern bist – mittlerweile glaube ich, du ekelst dich vor Körperlichkeit und vor mir. Ich hätte dir nicht zugetraut, dass du deine Religion gegen mich verwendest. Du bist nicht entspannt, du bist faul. Du bist nicht zufrieden, sondern einfach nur konfliktscheu.

Jedes Wort, jede Eigenschaft, jede Entscheidung kann zu unseren Ungunsten ausgelegt werden. Und ab und zu sollten wir schon kritisch prüfen, ob wir nicht zu bequem zu viel übersehen und wegstecken. Dass Liebe enttäuscht werden kann, liegt in ihrer Natur. Dass sie ermüdet, schwindet und vergeht, zeigt an, wen sie verbindet: Menschen. Wir ermüden, wir schwinden, wir vergehen. Wir lieben nicht, wie wir könnten. Wir lieben, wie man eben liebt, wenn man zugleich daran verzweifelt, nicht so zu lieben, wie man angeblich sollte. Wir sind untröstlich darüber, wenn sich Liebe nicht romantisch genug anfühlt. Wir wünschen sie haltlos, uferlos, bedingungslos, endlos genug, um glauben zu können, dass es wirklich Liebe ist. Aber gerade das braucht Liebe nicht, um wirklich zu sein. Sie braucht Halt, Ufer, Bedingungen und die Option auf Endlichkeit, weil wir diese Dinge brauchen. Liebe ist auch nur ein Mensch.

Also gehen Sie mit mir nicht über Los. Ziehen Sie keinen Vorrat an romantischen Liebesvorstellungen ein. Lassen Sie uns stattdessen über Verträge sprechen.

FÜNF

Präambel

Beziehungsverträge verdienen Präambeln. Dort wird festgehalten, wie der Ton und die Richtung einer Beziehung aussehen sollen. Wie eine solche Präambel aussehen kann, habe ich Ihnen in der Paarungsakte I gezeigt. Sie ist mit dem Schwerpunkt Wohlwollen und mit Blick auf eine Lebenskompliz♡innenschaft formuliert worden. Für Beziehungen, die eine ähnliche Zielsetzung verfolgen, kann sie durchaus auch funktionieren. Aber es gibt viele verschiedene Beziehungen, die es alle verdienen, in Einvernehmlichkeit gelebt und geliebt zu werden. Eine Beziehungspräambel kann auch beinhalten, dass beide mal schauen, wie es so läuft. Dass sie einen Schwerpunkt auf Sexualität, finanzielle Unterstützung, Nähe oder Distanz legen. Beziehungen dürfen auch »nur« auf Wochen angelegt sein oder auf die Dauer eines Besuchs.

Beziehungspräambeln dienen dazu, dem liebevollen Miteinander einen Charakter zu verleihen: Wie wollen wir gemeinsam sein und was fangen wir miteinander an? Man sollte meinen, dass das einfach ist und ohne größere Missverständnisse vonstattengeht. Tatsächlich beginnt unsere Sprachlosigkeit bereits dort, wo Miteinanderreden ein Leichtes sein sollte. Aber auch am Anfang war kein Wort. Zumindest werden nicht genug Worte gemacht, um zu charakterisieren, mit welcher Intention hier gerade welche Art Beheimatungsversuch gestartet werden soll. In der trügerischen Hoffnung, sich möglichst viele Optionen auf Beheimatungsversuche aller Art offen zu halten, legen wir uns ungern fest. Selbst Beziehungspräambeln scheinen da zu viel verlangt. Und sogar der Wunsch, sich zunächst nicht festlegen zu wollen, ist einigen als Festlegung schon zu konkret: Was, wenn der oder die andere sich festlegen will? Das Primat der romantischen Liebe wirkt in alle Richtungen. Es beeinflusst diejenigen, die eine romantische

Bindung vermeiden wollen, ebenso wie diejenigen, die sie suchen. Leider bleibt dabei die eigentlich mögliche Beziehungsvielfalt auf der Strecke. Anstatt Mittel und Wege zu finden, uns unromantisch zu lieben, bestehen wir darauf, uns nicht zu lieben. Wer glaubt, dass ausschließlich romantische Liebe im Angebot ist, sucht nicht nach Alternativen, falls ihm oder ihr nicht der Sinn danach steht. Er oder sie lehnt ab. »Das mit uns ist nichts Ernstes«, heißt es dann. Oder: »Friends with Benefits.« Warum kann das nicht auch Liebe sein? Liebe für eine Person, mit der ich Gemeinsamkeiten habe, gern Zeit verbringe und Sex habe. Ganz einfach aus Selbstschutzgründen. In einer Welt, in der romantische Liebe neben Liebe zu seinen Familienangehörigen die einzig akzeptierte Version dieses Gefühls ist, nimmt man das Wort besser nicht in den Mund, wenn es sich definitiv nicht um romantische Liebe oder ein Familienmitglied handelt. Auf die scheinbare Gefahr hin, das Wort Liebe inflationär für Beziehungen zu gebrauchen, die gar nicht so romantisch sind, verwenden wir es deflationär. Wir entlieben uns, um uns für die romantische Liebe rein zu halten. Um für sie bereit zu sein. Und wenn wir es denn sind und uns Hals über Kopf in sie stürzen wollen, dann achten wir darauf, die mögliche Bestimmung füreinander nicht durch zu viel Details zu gefährden. Lieber nicht gleich sagen, dass man (keine) Kinder will – man könnte ja füreinander bestimmt sein. Diese Wahrnehmung stellt die Verhältnisse allerdings auf den Kopf und ist von der Sehnsucht nach romantischer Fremdbestimmtheit gekennzeichnet. Nach Schicksal, Sternen, höheren Mächten, dem Universum, Amor, Kismet oder wie auch immer es jemand nennen will. Es ist ein nicht aufzulösender Widerspruch, an dem Abertausende Liebesbeziehungen scheitern:

Wir sehnen uns nach überpersönlichen Liebesmandaten für zutiefst persönliche Liebesbeziehungen. Wir suchen nach Bestimmung, anstatt uns zu fragen, warum wir uns wie füreinander bestimmen sollten. Eine Beziehungspräambel dient dazu, genau diese Frage zu beantworten. Sie muss weder schriftlich formuliert noch so genannt werden. »Hey, was ist das hier mit uns?« oder »Wo wollen wir miteinander hin?« reicht vollkommen aus. Wenn man sich darüber verständigt hat, kann man sich den Beziehungsinhalten zuwenden.

Vertragswerk

Also was nun? Wie wollen wir als Paar zusammenleben? Was macht uns aus, wer wollen wir sein? Was gehört auf jeden Fall zu uns und wie darf unsere Beziehung auf gar keinen Fall aussehen? Ein Beziehungsvertrag dient dazu, den gegenseitigen Beheimatungsversuch so transparent wie möglich zu gestalten: Mit diesen und jenen Erwartungen gehe ich eine gemeinsame Beziehung ein. Ich wünsche mir folgende Dinge. Diese Punkte können wir flexibel gestalten, jene sind für mich nicht verhandelbar. Das klingt unromantisch und soll es auch sein. Allerdings geht es nicht um Härte oder gar Lieblosigkeit. Was eine derartige Vereinbarung niemals sein kann und auch nicht sein sollte, ist ein scharfes Schwert, mit dem sich Beziehungen oder gar Menschen zurechtschneiden lassen: Die ersten zehn Jahre mindestens zweimal wöchentlich Sex, danach immer samstags um 19.35 Uhr für maximal 20 Minuten. Bis zum 35. Lebensjahr zwei Kinder, danach die Option auf ein weiteres. Vier gemeinsame warme Mahlzeiten die Woche und ein außereuropäischer Jahresurlaub. So funktioniert das nicht. Vertrag meint hier nichts, was vor einer wie auch immer gearteten Instanz einklagbar wäre. Wenn sich zwei Menschen beispielsweise auf eine Liebesbeziehung mit sexueller Exklusivität einigen, führt ein Seitensprung nicht etwa zu Reparationsleistungen, sondern zu einer Neubewertung der Beziehung und ihrem möglichen Ende. Vertrag meint auch kein Erpressungswerkzeug, mit dem Partner oder Partnerin dazu gebracht werden könnten, sich an einmal getroffene Vereinbarungen zu halten. Die Klauseln eines Beziehungsvertrags münden nicht in ein »oder sonst«. Menschen werden in den seltensten Fällen beim Hinweis auf eine früher getroffene Vereinbarung mit einem »Ach so, na dann mache ich das ab jetzt« reagieren. Das liegt nicht zuletzt daran, dass ihnen die Inhalte des Beziehungsvertrags geläufig sind und sie diese gegebenenfalls bewusst ignorieren. Daran ändert auch der Umstand nichts, dass die meisten Paare ihn nur rudimentär formulieren. Monogamie und Nachwuchs sind zwei Punkte, die selbst in vielen kaum ausgestalteten Beziehungsverträgen aufgeführt sind. Ein Paar, dass in seinen 20ern zusammengekommen ist, hat mit Ende 30 nicht vergessen, was sie sein wollten. Wenn sie ihn betrügt und er immer noch nicht bereit für Kinder ist, obwohl er ihr versichert hat, spätestens mit Mitte 30 Vater werden zu wollen, dann haben beide stillschweigend und für sich den Vertrag gebrochen. Sie hat nicht plötzlich vergessen, dass sie sich auf Monogamie verständigt hatten. Ihm fällt nicht mit Anfang 40 siedend heiß ein, dass er ja in den vergangenen zwei Jahrzehnten Vater werden wollte und das jetzt leider, leider irgendwie verschwitzt hat. Wir wissen, was wir tun. Wir nehmen uns, was wir brauchen oder zu brauchen glauben, und drücken uns vor Dingen, die uns unangenehm sind. Deshalb ist ein Beziehungsvertrag auch kein geeignetes Instrument, um eine Schieflage wieder gerade zu rücken. Er ist einfach nur ein guter Rahmen, in dem wir uns so aufrichtig wie möglich voneinander erzählen und uns zur Kenntnis nehmen. Das mag wenig wirksam und machtvoll klingen, weil es eben keine Notfallhilfe ist. Ein Beziehungsvertrag bietet bei richtiger Anwendung jedoch die Möglichkeit zur Kurskorrektur oder zum Verlassen des Schiffes.

Wir erinnern uns: Wohlwollen, Wandelbarkeit, Wissbegier, Wahrhaftigkeit. Wenn Sie einen Beziehungsvertrag auf diesen vier Säulen errichten, verringern Sie damit die Wahrscheinlichkeit, dass Sie einander mit schon länger schwelenden Geheimnissen unangenehm überraschen müssen. Kommen wir noch einmal zurück auf die beiden gängigen Beispiele: sexuelle Exklusivität und Familienplanung. In beiden Fällen ändern Betroffene nicht schlagartig ihre Meinung. Auch wenn Menschen, die trotz vereinbarter Monogamie außerhalb der Partnerschaft Sex hatten, das gern behaupten. Dann ist von der »einmaligen Sache« die Rede oder vom »Ausrutscher«. Aber wir rutschen nicht urplötzlich in andere Menschen hinein. Wir entgleiten einander, Stück für Stück. Bis uns der oder die andere nicht mehr wichtig genug, nicht mehr ausreichend Heimat ist und damit auch der Beziehungsvertrag hinfällig wird. Der Hauptgrund für Seitensprünge ist einer Göttinger Studie zufolge die Unzufriedenheit mit dem Sexualleben. Und die baut sich auf. Dafür reicht es nicht, dass der letzte Sonntagssex nach dem Tatort nicht so intim und geil war, wie er hätte sein sollen. Viel nachhaltiger wird Begehren durch die mögliche Unzufriedenheit darüber gedimmt, dass es schon seit Monaten oder Jahren immer nur Sonntagssex nach dem Tatort ist. Nach dem immer gleichen Ablauf in der immer gleichen Stellung mit stetig abnehmendem Maß an Enthusiasmus. Und was die Familienplanung anbelangt: Auch da schlägt die Erkenntnis, (keine) Kinder zu wollen, nicht wie der Blitz ein. Wir machen es zu einem solchen Ereignis. Anstatt die geliebte Person im Sinn von Alain de Botton kontinuierlich damit zu beschenken, uns selbst zu erforschen und über uns Auskunft zu geben, enthalten wir ihr beziehungsrelevante Informationen vor. Das bedeutet nichts anderes, als dass wir Partner oder Partnerin das Recht darauf verwehren, sich zu unserer tatsächlichen Persönlichkeit und unseren Bedürfnissen zu verhalten. Stattdessen bieten wir einen Avatar auf. Das mag außergewöhnlich klingen, ist aber eine der gängigsten Beziehungsstrategien überhaupt.

Mit Avatar wird im Hinduismus die Manifestation eines Gottes in einem Menschen oder einem Tier bezeichnet. Man gebraucht den Begriff aber auch für die virtuellen Figuren und Personen, die Menschen sich zuordnen – zum Beispiel in Computerspielen wie *Die Sims* oder *Second Life*. Und ich gebrauche ihn für die Personen, die wir glauben in Beziehungen sein zu müssen, damit wir sie eingehen und erhalten können. Wir machen uns interessanter, als wir sind. Allgemeingültiger, individueller, weitgereister, gebildeter und vieles mehr. Wir tricksen, wir blenden, wir filtern. Wir ziehen auch noch nach Jahren den Bauch ein, obwohl Partnerin oder Partner uns bereits in allen nur erdenklichen Situationen nackt gesehen hat und voll im Bilde ist. Wir verkörpern romantische Ideale, an denen wir längst zweifeln oder nichts mehr finden können. Das ist vollkommen normal. Allerdings ist es auch beziehungsgefährdend. In der Phase des Kennenlernens und des Verliebens erschaffen wir einen romantisierenden Avatar, der auf der Basis der Überzeugung entsteht, dass unser Gegenüber etwas Besseres als uns verdient. Jemanden der fitter ist, wohlhabender und ambitionierter. Jemanden mit mehr Geduld, mehr Ressourcen und mehr Interessen. Aber auf Dauer ist das alles ziemlich anstrengend. Und mit der Zeit tendieren unsere Avatare immer mehr zu Zynismus oder Abwertung. Ein zynischer Avatar meint, dass der oder die Geliebte zumindest denkt, dass er oder sie etwas Besseres verdient hätte. Ein abwertender Avatar ist davon überzeugt, dass er selbst etwas Besseres verdient hat. Das Problem ist, dass Avatare nur mit Avataren kommunizieren können und nicht mit Menschen. Es ist unendlich schwer, herauszufinden, ob die Bedürftigkeit unserer Avatare sich mit unseren Bedürfnissen deckt. Und es ist praktisch unmöglich für unsere Avatare, die Menschen hinter den Avataren zu erreichen, mit denen sie eine Beziehung führen. Das ist der Grund, warum es ein Forum braucht, in der Liebende ihre Avatare weitestgehend zum Schweigen bringen und miteinander ins Gespräch kommen können. Lebenskompliz♡innen setzen willentlich Beziehungsverträge auf und kommunizieren fortlaufend über deren Inhalte, damit sie und ihre Beziehung nicht Opfer ihrer Avatare werden. Damit sie ihre Lebenszeit und ihre Liebe nicht darauf verschwenden, den Bedürfnissen ihrer Avatare nachzuhängen, anstatt sich um ihre eigenen zu kümmern. Wir alle erschaffen Fiktionen unser selbst. Das liegt in unserer Natur. Darum sollten wir jede Gelegenheit nutzen, bei der wir uns selbst erzählen und den Erzählungen anderer zuhören können. Diese Erzählungen mögen schmutzig sein. Albern, kleingeistig, egoistisch, lustlos, aufdringlich, langweilig und tausend andere Dinge, die unsere romantisierende, zynische oder abwertende avatarische Existenz erschüttern. Aber sie machen uns eben auch aus. Und wir sollten gemeinsam mit in Liebe verbündeten und verbundenen Menschen alles dafür tun, der Lüge etwas entgegenzusetzen, dass wir aufgrund dieser Eigenschaften nicht liebenswert wären. Denn das sind wir. Wir sind es, wenn wir Partnerin oder Partner zum Essen ausführen und einen fantastischen Abend verbringen, genauso, wie wenn wir später beim gemeinsamen Zähneputzen im Bad furzen müssen. Also sollten wir reden: über Gewaltfreiheit, Autonomie, Aufgabenverteilung, Gedankenfreiheit, Begehren, Privatsphäre und noch mehr. Ein Beziehungsvertrag ist dafür ein guter Anfang.

Kleingedrucktes und Geheimklauseln

Allerdings ist ein Beziehungsvertrag nicht ohne Tücken. Wir wären keine Menschen, wenn wir nicht auch dieses Instrument irgendwie missbräuchlich benutzen oder kaputt machen könnten. Ohne die von mir angemahnte 4-W-Transparenz liegt Beziehungen zwar auch ein Vertrag zugrunde, aber es ist einer voller Geheimklauseln und Kostenfallen. Lassen Sie mich das einmal für Sie durchdeklinieren: Im schlimmsten Fall führen Sie Ihre Beziehung so, als hätten Sie keinen Beziehungsvertrag, haben aber natürlich trotzdem einen. Sein Inhalt speist sich aus Ihren tatsächlichen und fiktiven Bedürfnissen und dem, was Sie für relevante Bedürfnisse Ihres geliebten Menschen halten. Beziehungstechnischer Blindflug also. Eine solche Beziehung muss nicht zwangsläufig scheitern, aber ihre Voraussetzungen sind denkbar schlecht. Nichts ist abgesprochen, nichts vereinbart, alles passiert einfach so und muss funktionieren. In den meisten Fällen tut es das nicht. Aber schön, wenn es klappt. Nur ist das ungefähr so, als hätten Sie für eine Klausur nicht gelernt und zum Glück kommen genau die Themen dran, die Sie einigermaßen im Kopf behalten konnten. Und das an jedem Tag Ihrer Beziehung.

Der am häufigsten anzutreffende Fall ist der, dass ein Paar einen Beziehungsvertrag hat, sich dessen bewusst ist, ihn aber nicht pflegt und aktualisiert. Eine gängige Variante wäre eine monogame Zweierbeziehung mit einem oder mehreren Kindern. Ein- bis zweimal Sex die Woche, Jahresurlaub, vielleicht Haus am Stadtrand. Sie erledigt die meiste Care-Arbeit, er »hilft auch im Haushalt«. Es wurde lose vereinbart, dass beide Zeit für sich zur freien Verfügung haben sollten. Wegen der mangelnden Beziehungsvertragsevaluation erhöht sich im Laufe der Zeit die Chance auf Scheitern beträchtlich. Denn zum einen kann sich niemand einen Überblick darüber verschaffen, wo die Unterschiede zwischen der avatarischen Bedürftigkeit und den eigenen Bedürfnissen liegen: Will ich wirklich ein Haus am Stadtrand oder habe ich mir einfach nur einreden lassen, dass so Beziehung geht?

Und zum anderen wird so jede Menge Platz und Gelegenheit geschaffen, um Geheimklauseln und Kleingedrucktes unterzubringen. Das von Männern zum Freizeitparagrafen angefügte Kleingedruckte beinhaltet zum Beispiel gern den Anspruch auf mehr Freizeitausgleich wegen angeblich höherer Belastung. Ihr Kleingedrucktes sieht hingegen oft so aus, dass Zeit zur freien Verfügung in bestimmten Intervallen auch Qualitätszeit miteinander zu bedeuten hat. In Bezug auf Sex steht im Kleingedruckten zumeist, dass er eben nicht nur stattzufinden, sondern möglichst geil, orgiastisch und hocherotisch zu sein hat. Die Geheimklausel dazu ergänzt dann, dass der wiederholte Mangel an derartiger Sexgestaltung zu Maßnahmen berechtigt, die im Widerspruch zu anderen Vertragsinhalten stehen. Geheimklauseln sind bisweilen so geheim, dass nicht einmal die Person davon etwas weiß, die sie in den Beziehungsvertrag schreibt.

Das ist in etwa so, als hätten Sie sich für die Klausur zwar vorbereitet und sich einige Themen draufgeschafft, die auch wirklich drankommen. Aber großflächig haben Sie den falschen Stoff gebüffelt beziehungsweise den richtigen nicht gelernt. Weil Sie auf Leute gehört haben, die behaupten, diese Klausur auch schon geschrieben zu haben, aber Ihnen ihre Note nicht verraten wollten. Und das Blatt, auf dem die eigentlichen Themen draufstanden, haben Sie nicht gelesen, weil Sie dachten, es sei nur eine von diesen Schulmitteilungen ohne Relevanz.

In den seltensten Fällen gelingt Paaren ein umfassend transparenter 4-W-Beziehungsvertrag, dessen Inhalte kontinuierlich aktualisiert und kommuniziert werden:

Letzte Woche dachte ich zum ersten Mal, dass so ein Haus am Stadtrand vielleicht doch nicht das Wahre ist. Ich merke gerade, dass ich von Nähe gar nicht genug bekommen kann, aber mir nach Sex überhaupt nicht der Sinn steht. Mir ist aufgefallen, dass du deutlich mehr Zeit für deinen Kram hast als ich und du dir die, ohne zu fragen, mit großer Selbstverständlichkeit nimmst – das hatten wir anders vereinbart!

Die Situation entspricht so ziemlich der besten Vorbereitung auf eine Klausur. Sie haben gründlich gelernt, Sie wissen, was drankommt. Als der Stoff im Unterricht noch einmal besprochen wurde, waren Sie hellwach und aufmerksam. Selbst die freiwillige Übungsklausur haben Sie zu Hause durchgezogen und mit Bravour bestanden. Beste Voraussetzungen also zum Gelingen einer Liebesbeziehung. Aber wie das immer so ist, auch das ist keine Garantie: Schlechte Tagesform, Flüchtigkeitsfehler, Blackout – Scheitern geht immer.

Mir ist natürlich klar, wie das alles klingt. Es muss wirken, als sei ich ein Bürokrat der Liebe, der dieses Gefühl ausgerechnet mit einem Verwaltungsakt bestärken möchte. Die letzten Seiten schrieben sich wie eine Anleitung zur Formalisierung der Liebe, die doch eigentlich wie ein Feuer in uns brennen und uns wärmen soll. Aber mir bleibt keine andere Wahl: Wenn ich für Liebe eine tragfähige Beziehung bis hin zu einer Lebenskompliz♡innenschaft modellieren will, dann muss ich mich der Verklausulierung von Liebe schuldig machen. Denn was wir anstreben, ist ein romantischer Flächenbrand. Wir wollen uns aneinander entzünden und füreinander verzehren. Alles soll dem Feuer überantwortet werden, weil wir füreinander brennen. Aber weil wir nicht in Flammen stehen können, ohne zu vergehen, bleibt am Ende viel zu oft nicht einmal ein Kerzenlicht. Ein Flämmchen, das an unseren Erwartungen erstickt, die sich so sehr ein Inferno der Liebe herbeisehnen. Wir missachten die Liebe, die wir haben, wegen einer Liebe, die wir wollen sollen. Wir betrügen unsere Liebe mit der romantischen Liebe und wundern uns, warum sie irgendwann keine Lust mehr auf uns hat oder wir auf sie. Also, ja: Ich mache es Ihnen hier absichtlich schwer. Ich erschaffe unromantische Wortungetüme wie »Beziehungsvertragsevaluation«, schreibe über Klauseln und Kleingedrucktes und tue alles, um eine funktionstüchtige Feuerstelle einzurichten. Eine, die richtig heiß brennen kann, aber nicht gleich alles abfackelt. Eine, an der Sie sich an kalten Abenden wärmen können. Liebe braucht Organisation. Regeln. Absprachen. Machbarkeit in Unwägbarkeit. Aber wir haben unfassbare Angst davor, dass, wenn wir das grandiose Chaos der Liebe strukturieren, sie für uns nie wieder großartig sein kann. Das ist schade. Denn wenn wir immer erwarten, dass Liebe uns »glatt umhaut«, wie können wir dann überhaupt miteinander gehen? Wenn wir immer lichterloh brennen, welche Geheimnisse können dann noch im Dunkeln geschehen? Romantische Liebesideologie hat ihren Preis. Zu viele von uns sabotieren ihre Beziehungen, weil sie in ihrem Unmut über ihren unromantischen Charakter nicht mit genug Einsatz lieben. Oder sie bezahlen mit ihrer Lebenszeit und ihrer Liebe für eine Beziehung, deren Vertrag fortwährend verletzt wird. Über diesen letzten Punkt möchte ich noch kurz mit Ihnen sprechen: über den Umgang mit eklatanten Vertragsbrüchen und die Menschen, die darüber selbst immer brüchiger werden. Warum beenden die das Ganze nicht einfach?

Verlorene Liebesmüh

Stellen Sie sich vor, Sie sitzen mit William Shakespeare an einem Pokertisch. Die Einsätze sind sehr hoch, Emily Brontë, John Milton und Jane Austen sind schon ausgestiegen. Die zwei mittelmäßigen Karten, die Sie auf der Hand haben, ergeben auch mit den vier Karten, die als Flop und Turn in der Mitte des Tisches liegen, nicht wirklich etwas Brauchbares. Sie versuchen, sich nichts anmerken zu lassen. Shakespeare erhöht um einen erheblichen Betrag. Eigentlich wissen Sie, dass es vorbei ist. Selbst wenn Sie mit der River-Karte doch noch eine Straße zusammenbekommen, wird es vermutlich nicht reichen. Aber was, wenn doch? Shakespeare blufft zwar eher selten, aber die letzte Karte haben Sie noch nicht gesehen. Außerdem ist unverschämt viel Geld im Pot. Sie haben schon zu viel gezahlt, sind zu oft mitgegangen, als dass Sie jetzt einfach aussteigen könnten. Also gehen Sie mit. Shakespeare hebt eine Augenbraue. »Hoch hoffnungsvoll für einen tiefen Himmel?«, fragt er grinsend, während die letzte Karte ausgeteilt wird. Keine Straße. Mist. Aber immerhin haben Sie einen Drilling zusammenkratzen können. Shakespeare macht Anstalten, den nächsten Betrag zum Erhöhen abzuzählen. Dann hält er inne und spricht aus, was Sie befürchtet haben: »All-in!« Es geht um alles. Das Risiko, dass Sie auf einen Schlag Ihr gesamtes Geld verspielen, ist enorm. Aber Sie haben immerhin etwas auf der Hand. Und was Shakespeare hat, wissen Sie nicht. Was tun Sie?

Die meisten von uns würden in einer solchen Situation mitgehen, weil sie nicht anders können. Es erfordert enorme Willensstärke und Erfahrung, in diesem Moment anzuerkennen, dass das bereits gesetzte Geld verloren ist und man besser dabei wegkommt, vor dem Ende auszusteigen. Es geht dabei gar nicht so sehr um den Gewinn von Shakespeares Geld als vielmehr um die Unerträglichkeit des Verlustes der eigenen Einsätze. Die gehören doch uns. Außerdem sollen die Entscheidungen, sie Runde um Runde zu riskieren, nicht umsonst gewesen sein. Denn das hieße ja, dass wir uns verzockt und geirrt haben. Dass alles umsonst gewesen ist. Niemand hat uns dazu gezwungen. Wir hätten jederzeit aussteigen und im nächsten Spiel dabei sein können. Weil dieser Gedanke kaum auszuhalten ist, ergreifen wir selbst die kleinste Chance und hoffen darauf, nicht vergeblich bezahlt zu haben. Was ich mit dieser Pokeranekdote veranschaulichen will, sind die Auswirkungen der sogenannten »sunk cost fallacy«. In der Ökonomie wird damit die Selbsttäuschung bezeichnet, deretwegen man immer noch mehr Geld ausgibt, um Kosten wieder reinzuholen, die sich niemals amortisieren lassen. Als Standardbeispiel hierfür gilt das Überschallflugzeug Concorde, das Frankreich und Großbritannien bis zu dem tragischen Unglück im Jahr 2000 gemeinsam finanzierten, obwohl allen Beteiligten seit Jahrzehnten klar war, was für ein finanzielles Desaster die ganze Sache ist. Trotzdem bezahlte man einfach weiter. Nicht zuletzt auch wegen des die »sunk cost fallacy« flankierenden »plan continuation bias«, der dafür sorgt, dass wir an einmal gefassten Vorsätzen festhalten. Wir hassen es, selbst gemachte Pläne umzuwerfen. Wenn Pläne funktionieren, erleben wir uns als vorausschauend, kompetent und selbstwirksam. Wenn sie scheitern, haben wir versagt. Weil wir von der fixen Idee besessen sind, niemals scheitern zu müssen oder zu dürfen, strampeln wir uns verzweifelt aus jedem kleinen Scheitern in ein oftmals sehr viel umfassenderes. Wir identifizieren uns mit dem, was wir tun. Wir bringen uns ein, fühlen uns verpflichtet und gehen darin zu weit. Die Sozialwissenschaften bezeichnen das als »escalation of commitment«: Es steckt schon zu viel von einem selbst in einer Sache, einer Idee, einem Projekt, einer Beziehung, als dass man davon lassen könnte. Auf die Gefahr hin, mich damit selbst zu sabotieren, möchte ich trotzdem die Lektüre meines Buches als Beispiel für »escalation of commitment« heranziehen: Bis hierher haben Sie es geschafft. Sie haben sich bis zu diesem Kapitel vorangelesen und dabei Zeit und Geld investiert. Falls es Ihnen nicht gefällt, falls das, was ich schreibe, Sie langweilt, verärgert oder für Sie keinen Sinn ergibt, dann wäre jetzt ein guter Zeitpunkt, das Buch wegzulegen und nicht mehr weiterzulesen. Klar, es könnte natürlich besser werden. Vielleicht fänden Sie auf den kommenden Seiten etwas, was Ihre Investition rechtfertigt. Womöglich passieren noch unerhört interessante Dinge. Aber wie realistisch ist das? Wenn Sie wie ich zu denen gehören, die selbst nach so einer Ansage es kaum fertigbringen, ein Buch nicht zu Ende zu lesen, verkörpern Sie gemeinsam mit mir die Eskalation der Leseverpflichtung. Eigentlich sollte alles klar sein: Das Buch taugt nichts, der Plan war mies, das Flugzeug kostet zu viel Geld. Trotzdem halten wir weiter daran fest, weil wir glauben, nicht anders zu können. Weil uns dieses Verhalten etwas gibt. Nämlich das, worum die drei genannten Begrifflichkeiten im Kern kreisen: Sinnhaftigkeit durch Zukunftsperspektive.

Ich habe Sie mit Shakespeare an einen Pokertisch gesetzt, weil das alles auch für Liebesbeziehungen gilt und er ein Stück mit dem Titel *Verlorene Liebesmüh*[3] geschrieben hat. Das ihm von mir in den Mund gelegte Zitat stammt daraus. Genauso wie diese Verse:

Lasst Eide uns verlier'n, um uns zu finden,
Sonst gehen wir verlor'n im Eiderhalt.

Wenn ich Shakespeare also nicht gerade mit Ihnen um Geld spielen lasse, dann rät der Mann Ihnen dazu, rechtzeitig auszusteigen. Nicht um den Preis der Selbstaufgabe weiterzumachen. Natürlich ist das unglaublich hart.

Wir strengen uns an, wir rackern uns ab. Wir ziehen wie erwähnt die Bäuche ein und bemühen uns, nicht zu furzen. Wir erschaffen Avatare füreinander, treffen gemeinsame Entscheidungen, verbringen Zeit miteinander, haben Sex. Wir erwerben Eigentum, wir gründen eine Familie, üben Verzicht. Wir beheimaten uns über Monate und Jahre bis über beide Ohren in einem Menschen und ahnen, dass er selbst nach einer Trennung noch lange und für alle sichtbar an uns haften wird. Aber wir wollten doch Respekt. Wir wollten Kinder, wir wollten Freiheit, wir wollten uns den Haushalt 50/50 teilen. Was ist damit?

Ein Beziehungsvertrag kann Ihnen die Entscheidung nicht abnehmen. Er ist lediglich eine Sehhilfe für einen besseren Blick auf Sie selbst, Ihren geliebten Menschen und Ihre gemeinsame Beziehung. Mit ihm formulieren wir die Voraussetzungen dafür, uns in Liebe halten zu können. Aber eben auch die Bedingungen, unter denen wir uns gezwungen sehen, die Beziehung zu beenden. Es liegt an uns, einen Beziehungsvertrag so gut wie möglich zu gestalten und uns an ihn zu halten. Es ist an uns, Liebe zu organisieren.

Paarungsakte V

Thérèse & Jean-Jacques

Jean-Jacques Rousseau war nicht nur der Gesellschaftsvertragstheoretiker als den ich ihn im vorangegangenen Kapitel beschrieben habe. Er war, neben anderen Dingen, darüber hinaus auch Philosoph und Pädagoge. Kurz vor seinem 50. Geburtstag erschien 1762 nicht nur seine Abhandlung *Vom Gesellschaftsvertrag*, sondern auch seine Erziehungsschrift *Émile oder Über die Erziehung*. Darin legt Rousseau dar, wie er sich die die Ausbildung eines Jungen zum mündigen Bürger vorstellt, der nicht nur in der Gesellschaft bestehen soll, sondern auch bereit und fähig ist, den von Rousseau erdachten Gesellschaftsvertrag einzugehen. Beide Schriften wurden aufgrund ihrer dem Zeitgeist radikal entgegenstehenden Inhalte umgehend verboten. In *Émile* zeigte sich Rousseau insofern revolutionär, als er einer der Ersten war, die Kindheit als eigenständigen Lebensabschnitt beschrieben haben und nicht etwa als bloße Durchgangsstation zum Erwachsenenleben. Er entmoralisierte die ersten Jahre der Erziehung auch, indem er sein Konzept der »negativen Erziehung« darauf anlegte, das Kind vor Irrtümern und Fehlern zu bewahren und ihm nicht etwa durch eine »positive Erziehung« zu früh erwachsene Moralvorstellungen einzupflanzen. Die Beziehung Jean-Jacques Rousseaus zu seiner Frau Thérèse Levasseur wird an dieser Stelle explizit erwähnt, weil die beiden eine 34-jährige, nach damaligen Maßstäben ausgesprochen merkwürdige Beziehung verband. Zunächst einmal war sie vollkommen unstandesgemäß. Levasseur und Rousseau lebten, für damalige Verhältnisse vollkommen untypisch, jahrelang in wilder Ehe, bis der Protestant und die Katholikin 1768 von einem Bürgermeister getraut wurden. Allerdings nicht nach kirchlichem Recht, weil sie beide unterschiedlichen Konfessionen angehörten. Anhand der posthum veröffentlichen *Bekenntnisse*[4] von Rousseau und einigen Bemerkungen von Dritten über die Beziehung zu seiner Frau lässt sich erahnen, dass die beiden einen interessanten, ausgesprochen unzeitgemäßen Beziehungsvertrag gehabt haben müssen. Allerdings sind wir nicht hier, um Rousseau dafür zu feiern. Wir sind hier, um ihn ein bisschen zu beschimpfen, damit wir noch ein wenig mehr über den Beziehungsvertrag im Allgemeinen erfahren. Zum einen ist da die »natürliche Freiheit«, die Émile nach Rousseau genau wie den Gehorsam erfahren haben muss, um zum Gesellschaftsvertrag befähigt zu sein. Diese natürliche Freiheit existiert nicht. Nicht einmal in Rousseaus Schriften. Rousseau kritisiert zwar zu Recht, dass Kinder viel zu häufig mit Erziehungsinhalten konfrontiert werden, die ihnen nicht anschaulich genug und unbegreiflich sind. Aber das, was er »Einsicht in die Natur der Notwendigkeit« nennt, entpuppt sich bei genauerer Betrachtung dann doch nur als durchschaubarer Manipulationsversuch des Erziehers von Émile. Der soll nicht befehlen, aber die Einsicht des Kindes fördern, sich als schwach und abhängig zu begreifen. Rousseau ist damit so etwas wie der Urvater der antiautoritären Erziehung, die das Wohl des Kindes in den Blick nimmt und sich überhaupt erst einmal mit der Frage beschäftigt, was das Kind will. Er ist aber zugleich auch der Urvater der Manipulationserziehung, die stets behauptet, nur das Beste des Kindes im Sinn zu haben, und die eigenen Anliegen in die angeblichen Bedürfnisse des dann eben doch sehr unterlegenen Kindes kleidet.

Zum anderen ist da Rousseaus gescheiterter Versuch als Erzieher zweier Jungen. Ein Jahr arbeitet er mit Ende 20 als Hauslehrer, bevor er enttäuscht aufgibt und sich später in seinen Bekenntnissen als Teufel beschreibt, der so außer sich geriet, wenn ihn die Jungen nicht verstanden, dass er »sie hätte töten mögen«.

Und zuletzt sind auch noch die fünf Kinder zu erwähnen, die Rousseau und Levasseur zusammen hatten und die von den beiden allesamt, wie es Rousseau formuliert: »ohne das geringste Bedenken«, ins Waisenhaus gesteckt wurden.

Das sind alles nicht die besten Voraussetzungen, um sich kompetent über Erziehung auszulassen. Aber darum geht es nur am Rande. Tatsächlich dienen mir Thérèse und Jean-Jacques als Paarbeispiel, um auf die Notwendigkeit der Wahrhaftigkeit bei einem Beziehungsvertrag hinzuweisen. Ein Beziehungsvertrag ist kein Selbstzweck. Er ist kein virtuelles oder reales Dokument, in dem es klug oder angebracht wäre, Regeln für eine Beziehung aufzustellen, die Sie entweder nicht leben wollen oder können. Ein Beziehungsvertrag ist keine Utopie. In ihm wird nicht festgehalten, was man wollen soll. Es wird sicher mehr als genug Gelegenheiten geben, in denen Sie sehr versucht sein werden, Ihre Ansichten zu beschönigen, Ihre Motive edler zu gestalten und Ihre Motive zu verklären. Lügen und Verzerren gehören dazu. Immerhin geht es bei der Idee von gleichberechtigter Liebe ja noch um Menschen. Gerade das ist ja der Punkt. Aber versuchen Sie, wenn möglich, nach Kräften, in einem Beziehungsvertrag bei dem zu bleiben, wer Sie wirklich sind und was Ihnen wichtig ist. Andernfalls setzen Sie womöglich gemeinsam ein grandios formuliertes Dokument auf, das Ihnen bei Erfüllung in jeder erdenklichen Weise bescheinigt, wie unfassbar gleichberechtigt Sie beide sind, aber am Ende nichts mit Ihnen zu tun hat. Tun Sie das nicht. Ihre Beziehung ist mehr wert als das. Sie brauchen keine 95 Thesen, die Sie pompös an Ihre Beziehungstür nageln, damit alle Welt und Sie sehen, wie großartig Sie sind. Einigen Sie sich als Paar lieber auf zehn Sachen, die Ihnen unglaublich wichtig sind und die geeignet sind, den Rahmen dafür zu schaffen, einander in Liebe zu halten. Andernfalls löschen Sie mit einem fiktiven Beziehungsvertrag zu einer nicht existenten Beziehung den Beziehungsvertrag aus, den Ihre echte Beziehung dringend gebraucht hätte.

♥

SECHS

Sex, Lügen und Libido

»Ich glaube insbesondere an Warmherzigkeit in der Liebe und an warmherziges Ficken. Ich glaube, wenn Männer warmherzig ficken könnten und Frauen es warmherzig aufnähmen, würde alles gut werden. Diese ganze kaltherzige Fickerei ist Tod und Idiotie.«[1]

D. H. Lawrence

Sex ist eine komplizierte Sache. Und das nicht nur, weil wir uns dabei buchstäblich voreinander nackig machen und versuchen, uns im biblischen Sinne zu »erkennen«, während eine beschämende Sexualmoral in uns daran arbeitet, dass wir uns voreinander verstecken. Sex ist auch deshalb eine komplizierte Sache, weil er das denkbar ungeeignetste Feld zu sein scheint, um Forderungen nach Gleichberechtigung zu erheben und diese auch umzusetzen. Zugleich ist gerade das in meinen Augen der entscheidende Grund dafür, Sex einem rigorosen Gleichberechtigungsprogramm zu unterziehen. Die Tatsache, dass wir es als ungemein lustvoll empfinden können, im sexuellen Miteinander auf jemanden hinab- oder zu jemandem hinaufzublicken, macht es erforderlich, die gesamte Paarsituation auf Augenhöhe zu bringen. Die Ausgangslage hierfür ist allerdings alles andere als einfach. Die Psychotherapeutin Esther Perel fasst das in ihrem Buch *Was Liebe braucht. Das Geheimnis des Begehrens in festen Beziehungen*[2] wie folgt zusammen: Liebe sucht Nähe, aber Begehren braucht Distanz. Der englische Originaltitel des Buches beschreibt das Setting, in dem diese Quadratur des Kreises gelingen soll, sehr viel präziser: *Mating in Captivity* also »Paarung in Gefangenschaft«. Sie untersucht darin, wie unser Bedürfnis nach Sicherheit und Verlässlichkeit in Liebesbeziehungen mit unserem Verlangen nach Abenteuer, Fremdheit und Aufbruch beim Sex kollidiert. Perel diagnostiziert überall da, wo romantische Beziehungsvorstellungen Einzug gehalten haben, eine Krise des Begehrens. Die im hobbesschen Sinne früher fremdbestimmten Ehen mussten deutlich weniger leisten, als heute von Langzeitbeziehungen verlangt wird. Sie waren Einrichtungen, die neben dem Nachwuchs und der Möglichkeit, an diesen Besitz zu vererben, wirtschaftlichen Wohlstand und eine Aufwertung des sozialen Status bringen sollten. All diese Dinge wollen wir laut Perel heute auch noch. Aber gleichzeitig soll unser Beziehungsmensch auch noch unser Lieblingsmensch sein. Bester Freund oder beste Freundin. Das Vertrauen in Person, für die wir bei doppelt so langer Lebenserwartung wie früher lebenslänglich Leidenschaft und Begehren empfinden.

Perel stellt fest: »Zum ersten Mal in der Geschichte der Menschheit wollen wir Sex in Langzeitbeziehungen, der Lust und Verbindung erzeugt und in Begehren wurzelt.«[3] Das funktioniert aber nicht, weil wir »von einer Person verlangen, was früher ein ganzes Dorf zur Verfügung gestellt hat«. Die Ansprüche haben sich aber nicht nur vervielfacht, sie sind auch widersprüchlicher geworden.

»Liebe«, so führt Perel aus, »gedeiht in einer Atmosphäre, die von Nähe, Gegenseitigkeit und Gleichheit geprägt ist.«[4] Begehren will Distanz, Geheimnis und Neuerung in Ungleichheit. »Erotik entfaltet sich in dem Freiraum zwischen der eigenen Person und der des anderen.«[5] Die alles entscheidende Frage lautet demzufolge also: Wie schaffen wir es, uns in liebevollen Nahbeziehungen sexuell wieder so fremd zu werden, dass genug Distanz entsteht, damit ein erotischer Funke überspringen kann?

Als Antwort auf diese Widersprüchlichkeit entwickelt Perel Vorschläge dafür, wie Paare sich diesen Freiraum verschaffen können, indem sie ihr Konzept von Treue überdenken und die möglicherweise unerfüllten sexuellen Begierden des geliebten Menschen nicht als Angriff auf sich selbst und die Beziehung empfinden. Noch nicht einmal auf die gemeinsam gelebte Sexualität. Sondern als einen »Schrei nach Leben«. Wenn ich unbedingt mal wieder verreisen möchte, heißt das nicht, dass ich von meiner Wohnung oder gar meinem Leben die Schnauze endgültig voll habe. Es bedeutet einfach nur, dass ich Lust auf Neuigkeiten, Weite und fremde Eindrücke habe. Im besten Fall kann eine solche Reise dafür sorgen, dass ich, wie es Perel formuliert, »wieder das will, was ich bereits habe«[6]. Also meinen Alltag mit einer neuen Wertschätzung für die Dinge, Abläufe und Menschen gestalte, die sich darin befinden.

Auf den ersten Blick scheinen Perel und ich uns einig darüber zu sein, dass Liebe der gegenseitigen Beheimatung entspricht. Dem »Sich-Haben«. Man ist darum bemüht, sich ineinander zu verankern und so maximale Nähe herzustellen. Dem gegenüber steht das sexuelle Verlangen als das »Sich-Wollen« aus einer Distanz. Aus einer Entfernung heraus, die ein Staunen ermöglicht und eine Sehnsucht danach erzeugt, uns auf den Weg zu der bestaunten Person zu machen, um sie einmal aus der Nähe betrachten zu können. In der einen Person sind wir beheimatet. Angekommen. Zu Hause. Wir fühlen uns sicher in den uns umgebenden Antworten. In die andere Person wollen wir aufbrechen. Wir sehen sie in der Ferne aufleuchten und fühlen uns hingezogen zu den sich in uns auftürmenden Fragen: Wer ist diese Person, warum leuchtet sie so? Strahlt sie heller, wenn man sich ihr nähert? Kann man sie anfassen? Das Problem ist nur, dass es sich dabei unserem gängigen Verständnis von romantisch-monogamer Liebesbeziehung nach um ein und dieselbe Person handelt und handeln muss. Wir wollen unserem geliebten Menschen gleichzeitig mikroskopisch nahe sein und teleskopisch fern. Und als Bonusschwierigkeit kämpfen wir obendrein noch mit einem Umstand, den der ehemalige Bundespräsident Joachim Gauck in einer Rede mit Blick auf den Fall der Mauer und die friedliche Revolution in der DDR einmal so auf den Punkt gebracht hat: »Befreiung ist noch beglückender als Freiheit.«[7] Die Befreiung, das Losmachen des Selbst und der eigenen Wahrnehmung von altbekannten Gestaden hin zu neuen Ufern wirkt verheißungsvoller als die Freiheit, in der Vertäuung der Heimat so zu sein, wie man wirklich ist. Der Dreiklang Aufbruch, Unterwegssein und Ankunft bedeuten uns oft mehr als ein zur Monotonie neigendes Dasein.

An dieser Schwierigkeit lässt sich gut veranschaulichen, worin ich mit Esther Perel absolut nicht konform gehe: in der Dichotomie ihres Modells nämlich. In ihrer Aufteilung dieser Widersprüchlichkeit auf Liebe und Begehren. Ich bin vollkommen einverstanden damit, dass wir diese so unterschiedlichen Bedürfnisse in uns vereinen und sich daraus für unser Leben und die Beziehungen, die wir führen, ein gewaltiges Konfliktpotenzial ergibt. Nur teilen die sich nicht fein säuberlich in Liebe und Begehren auf. Vielmehr betreffen sie alle Aspekte unserer Existenz.

Liebe braucht ebenfalls Freiraum, um sich zu entfalten. Sich ineinander zu beheimaten ist kein Prozess, der zu absoluter überpersoneller Identifikation zweier Menschen führt. Und am Ende dieses Prozesses steht auch nicht die totale Verschmelzung von Individuen zu einer amorphen Paaridentität. Sondern das Vertrauen darauf, dass in all der existenziellen und alltäglichen Verlassenheit des Ichs ein Wir nicht nur wünschenswert, sondern möglich ist. Dieses Wir erfährt seine Bedeutsamkeit, sein Wir-Gefühl auch durch Distanzierung. Durch den Wechsel von Engtanz und begeistertem Zuwinken aus der Ferne.

Begehren wiederum gedeiht auch in der Sicherheit von vertrauter Nähe. Begehren kann aus der Gewissheit erwachsen, dass man begehrt wird. Oder aus der Vorfreude darauf, wie großartig die Dinge sein werden, die passieren.

Man kann sich für die Chance begeistern, seinen Körper und sein Begehren mit einer fremden Person neu erfinden zu können. Genauso ist es aber auch möglich, sich daran zu berauschen, nicht schon wieder von vorn anfangen zu müssen. Nicht erneut davon zu berichten, wer man ist, wie man angefasst werden möchte, was man mag und was nicht. Die Hände meines Partners oder meiner Partnerin mögen tausendmal auf meiner Haut gewesen sein. Aber es sind gute, kundige, begeisterte Hände, in die ich bei tausend Gelegenheiten mein lustvolles Begehren seufzen konnte. Diese Hände wissen, was sie tun. Erotik ist nicht gleichbedeutend mit der Frage, wann man mal wieder in die Ferne schweifen, neue Erfahrungen sammeln und sich lustvoll verunsichern lassen kann. Sie kann auch in der unmittelbaren Nähe stattfinden: mit dir. An deiner Haut. In deinem Begehren. In deinem Wissen um mich.

Das Konzept von Perel geht mir also nicht weit genug. Vereinfacht gesagt schlägt sie vor, dass wir die Paradoxie der Gleichzeitigkeit unserer Sehnsucht nach liebevoller Nähe und erotisierender Distanz anerkennen und darauf hinarbeiten. In der Liebe vorhersehbar, nahbar und verlässlich. Beim Sex wild, entdeckerisch, risikofreudig.

Laut Esther Perel ist unser Begehren nicht politisch korrekt. Sie plädiert dafür, dass wir unser Begehren nicht denselben demokratisierenden, gleichberechtigenden Prozessen unterwerfen sollten wie die Art, wie wir Liebesbeziehungen führen. Denn wenn wir an unsere sexuellen Fantasien die gleichen Maßstäbe ansetzen wie an unsere Liebesbeziehungen, dann behindern und unterdrücken wir sie bis zu dem Punkt, an dem entweder die Liebe oder das Begehren beschädigt wird. Ich hingegen bin der Meinung, dass auch unsere Liebe autokratische, politisch unkorrekte Züge trägt und unser Sexleben in vielerlei Hinsicht nach Demokratisierung verlangt.

Das Bedürfnis nach Nähe und Distanz, nach Sicherheit und Verunsicherung speist sich aus derselben Quelle. Wir sind diese Quelle. Nur in einem gleichberechtigten Miteinander der Quellen liegt das Potenzial, die unterschiedlichen Bedürfnisse aller Beteiligten in gleicher Weise wertzuschätzen. Nur in Gleichberechtigung können wir Verschiedenheit wirklich akzeptieren, statt sie nur zu tolerieren. Genau dort will ich mit Ihnen hin. Auf dem Weg dorthin hilft mir eine andere Autorin, die Sexualwissenschaftlerin Emily Nagoski.

Die Landschaft des Begehrens

In ihrem Buch *Komm, wie du willst. Das neue Frauen-Sex-Buch*[8] (auch hier wieder: Was ist das mit diesen deutschen Titeln? Der Originaltitel lautet *Come as You Are: The Surprising New Science That Will Transform Your Sex Life*) stellt Nagoski bemerkenswerte Forschungsergebnisse über den unterschiedlichen Charakter menschlichen Begehrens vor und zieht Schlüsse, was sie für das sexuelle Miteinander bedeuten. Ihr Schwerpunkt liegt dabei auf Frauen. Begehren ist Nagoski zufolge deutlich vielschichtiger als angenommen. Es gibt nicht die eine Form des menschlichen Begehrens, die in Erwartung auf ein lustvolles Erleben spontan entsteht. Vielmehr empfinden gerade Frauen Begehren oft responsiv – als Antwort auf lustvolles Erleben. Zwischen Menschen, für die ein einzelner Gedanke an einen erotischen Reiz ausreicht, um zu begehren, und Menschen, die in ihr sexuelles Begehren erst dann eintauchen, wenn sie gerade sehr lustvolle sexuelle Empfindungen haben, liegt ein ganzes Spektrum menschlichen Begehrens. Es ist nicht nur personell, sondern auch kontextuell. Manche Menschen brauchen bestimmte Klänge, Gegenstände oder Flirtabläufe, um in ihr Begehren zu kommen. Andere wollen auf eine bestimmte Art gekleidet sein oder angesprochen werden. Bei wieder anderen kann Begehren erst bei einem hohen Maß an mentaler Entspannung einsetzen, während ihr Partner oder ihre Partnerin sich in diese mentale Entspannung hineinbegehrt. Keine dieser Arten des Begehrens ist falsch. Responsiv zu begehren ist nicht kaputt oder behandlungsbedürftig. Es muss auch nichts begradigt, medikamentös erhöht oder erniedrigt werden. Begehren gleicht vielmehr einer komplexen Landschaft, in der wir uns zu unterschiedlichen Zeitpunkten unseres Lebens an unterschiedlichen Punkten befinden. Die Frage ist, wie wir in dieser Landschaft gemeinsam auf Gipfeltour gehen können, wenn wir uns grundsätzlich an unterschiedlichen Ausgangspunkten befinden und unterschiedliche Ansprüche an die Unternehmung stellen. Nagoski und Perel sind sich darin einig, dass Paare Sex priorisieren müssen. In Langzeitbeziehungen ist die Entscheidung für gemeinsamen Sex so gut wie nie spontan, sondern fast immer vorsätzlich, wie Perel festhält. Es gibt einfach sonst auch noch genug zu tun: Job, Kinder, Haushalt, Steuererklärung, Freundeskreis, Kochen – wie unrealistisch ist es, in einem solchen Setting zu erwarten, dass sich Sex spontan ergibt. Zugleich interessieren sich Begehren und Bedürfnis nicht für Realismus. Sie müssen vielmehr damit in Einklang gebracht werden, und daraus erwachsen Konflikte. Die Lösungsansätze von Nagoski unterscheiden sich stark von denen Perels. Laut Nagoski sind die wichtigsten Indikatoren dafür, ob Liebespaare eine erfüllende sexuelle Verbindung über mehrere Jahre und Jahrzehnte aufrechterhalten können, nicht die Anzahl oder die Dauer ihrer sexuellen Begegnungen. Auch nicht die Stellungen, Orte oder ob dabei das Licht an ist. Sondern ob sie miteinander kuscheln und ihren jeweiligen Schwächen mit Freundlichkeit und Mitgefühl begegnen. Oder in meinen Worten: mit Wohlwollen. Das hieße, in der Landschaft des Begehrens immer wieder zusammenzukommen, um eine sexuelle Gipfeltour zu unternehmen. Sich nicht vorzuwerfen, dass jemand fast immer aus dem Tal heraus startet und eine lange Vorlaufzeit braucht, bis man überhaupt einen ersten Schritt des gemeinsamen Weges gehen kann. Oder dass jemand in großer Höhe mit Blick auf den Gipfel lebt und so begeistert davon ist, dass er oder sie sehr oft von Gipfeltouren schwärmt. Es braucht viel Geduld, Verständnis und – Sie ahnen es vermutlich – Gleichberechtigung, um mit diesen Unterschieden zurechtzukommen: Deine Libido ist genauso richtig wie meine. Deine Art, mich zu begehren, ist wertvoll. Es ist ein Geschenk, dass du mich an deiner Sexualität teilhaben lässt.

Wie schwer das alles ist, davon zeugen unzählige gescheiterte Beziehungen. Im Internet gibt es virtuelle Orte, wo sich Menschen über nichts anderes austauschen. Zum Beispiel auf der Online-Community Reddit, wo sich täglich Abertausende von Menschen in Unterforen über die verschiedensten Themen austauschen. Eines davon heißt *Dead Bedrooms*. Menschen klagen sich darin ihr Leid über ihre »toten Schlafzimmer«, in denen nicht annähernd so viel Sex stattfindet, wie sie es gern hätten. Oder gar keiner. Sie schimpfen, sie trauern, sie suchen Rat. Sie sind verzweifelt und verletzt durch die Zurückweisung, die sie erfahren. Sie führen immer wieder »das Gespräch« darüber, dass x-mal Sex ihnen nicht ausreicht und sie immer frustrierter werden, weil sie sich nicht begehrt und ungeliebt fühlen. Und das, obwohl sie womöglich in der Art begehrt werden, zu der Partner oder Partnerin eben fähig ist. Und geliebt sind. Das Gegenstück zu diesem Forum heißt nämlich *Low Libido Community*. Dort sprechen Menschen darüber, wie sehr sie sich von ihrem Beziehungsmenschen sexuell bedrängt fühlen. Wie wenig Antworten sie auf die Anwürfe des »Gesprächs« haben. Wie sehr sie darunter leiden, nicht so zu begehren, wie es der oder die andere braucht.

Weil es so unglaublich schwerfällt, darüber gut zu kommunizieren, drehen Menschen in der Gemeinschaft ihrer Beziehung in unendlicher Einsamkeit Runden in ihren persönlichen Höllenkreisen:

Warum muss immer ich den Sex initiieren? Wieso können wir nicht einfach körperlich miteinander sein, ohne dass es auf Sex hinauslaufen muss? Warum sagt sie, dass sie mich heiß findet und gern mit mir Sex hat, wenn wir es nie tun? Wieso sieht er sich stundenlang Pornos an, macht aber keinerlei Anstalten, mit mir in die Kiste zu gehen? Und immer wieder bei allen Beteiligten: Warum sieht dieser Mensch mich nicht? Wieso tut er so, als wäre nichts passiert und als hätten wir das nicht eine Million Mal besprochen? Die Antwort darauf ist so einfach wie ernüchternd: weil es selbst in der besten aller Paarbeziehungswelten immer wieder zu Situationen kommt, in denen einer oder beide komplett überfordert sind. Auch wenn alles zu funktionieren scheint und alle Beteiligten sich zufrieden glauben, reichen Kleinigkeiten aus, um eine Beziehung aus dem Gleichgewicht zu bringen.

Um das zu veranschaulichen, möchte ich ein Beispiel heranziehen, das Emily Nagoski gern verwendet, um zu erklären, was responsives Begehren ist und wie es funktioniert. Nagoski zitiert hierfür eine Analogie, welche die Sexualtherapeutin Christine Hyde Paaren mit Beratungsbedarf gern mit auf den Weg gibt: Stellen Sie sich vor, Ihre beste Freundin oder Ihr bester Freund lädt Sie zu einer Party ein. Sie sagen Ja, weil sie befreundet sind und weil es eine Party ist. Aber als der Termin näher rückt, fangen Sie an zu grübeln: Bestimmt sind die Straßen total verstopft. Wir müssen eine Betreuung für die Kinder organisieren. Will ich mich nach einer langen Woche wirklich in mein Partydress schmeißen? Aber schließlich ziehen Sie sich doch für die Party an, fahren hin, und was passiert? Sie haben eine gute Zeit auf der Party. Wenn Sie bei der Party Spaß haben, dann machen Sie es richtig.

So weit, so verständlich. Das ist eine wirklich gute Analogie. Sie zeigt, dass es neben der vorgeschriebenen, uns bekannten Art und Weise, Sex zu initiieren und Begehren zu empfinden, noch sehr viele Alternativen gibt. Ich bin versucht zu sagen, es gibt so viele spezifische Arten des sexuellen Begehrens, wie es Menschen gibt. Diese großartige, wundervolle Vielfalt wird jedoch monothematisch verengt. Wir erzählen Begehren stereotyp, wir zeigen Sex immer noch viel zu häufig penetrationsorientiert und heteronormativ. Wir betrachten Sexualität mit patriarchalen Augen durch die Folie des Kapitalismus und haben dabei übergriffige religiöse Anweisungen und Tabus im Hinterkopf (ja, auch Atheisten wie ich). Wir legen viel zu viel Wert auf die Performance, statt auf Gefühle, Intentionen, Körper, Intimität und Bindung. Wir überfordern und überfrachten Sex mit allen möglichen Dingen, die er sein soll, anstatt gemeinsam herauszufinden, wie er sich für uns anfühlt und wirklich ist.

Aber selbst wenn wir das alles wissen, uns richtig anstrengen und offen für die Begehrensstrukturen unseres Gegenübers sind, ist nicht automatisch alles eitel Sonnenschein. Denn wirklich gleichberechtigt sind wir immer noch nicht. Um das zu erklären, würde ich Sie gern noch mal mit zurück in die Partysituation nehmen. Wir haben gehört, wie es der eingeladenen Person geht, welche Gedanken sie sich im Vorfeld der Party gemacht hat und dass es ihr am Ende doch ziemlich gut gefallen hat. Aber wie geht es eigentlich der anderen Person? Also derjenigen, die die Party organisiert? Sie freut sich sicher, dass der Herzensmensch der Einladung nachgekommen und zur Party erschienen ist. Und da sie grundsätzlich gern Partys organisiert, bietet sich ja an, dass sie es macht. Aber will sie nicht vielleicht auch mal zu einer Party eingeladen werden? Die Tatsache, dass man gern Partys plant, heißt nicht, dass es keine Arbeit macht. Wie kommt diese Person damit zurecht, wenn der Partygast sich im Vorfeld ständig beschwert?

Darüber, wie viel Stau wieder auf dem Weg sein wird und wie anstrengend es ist, sich am Ende einer langen Woche in Schale zu werfen. Womöglich beschwert sie sich sogar über die Party: Die Musik ist zu laut, dass Essen schmeckt nicht besonders, es dauert zu kurz oder zu lang. »Ja, ok«, sagt die Person dann, »wie wäre es denn, wenn du einfach die nächste Party ausrichtest?« »Nein, daraus wird nichts«, sagt der Partygast, »Partyplanung ist einfach nicht mein Ding.« Und bevor wir den beiden jetzt dabei zuschauen, wie sich dieser Dialog zu einem Streit auswächst, in dem »Du kritisierst immer nur an mir herum und machst nie selbst etwas!« und »Du denkst immer nur an Sex, dauernd muss alles so ein Riesending sein!« eine dramatische Rolle spielen, halten wir fest: Erstens schließt die Landschaft des Begehrens auch die Topologie des Begehrt-werden-Wollens mit ein. Und zweitens ist Sexualität ein zentraler Bestandteil des Beziehungsvertrags der meisten Paare. Oftmals jedoch als verdeckte oder nicht ganz ausgearbeitete Klausel. Man lernt sich kennen, verliebt sich und hat Sex oder hat Sex und verliebt sich und fängt eine Beziehung miteinander an. Anfangs kann man womöglich gar nicht die Finger voneinander lassen. Man befindet sich in einer Phase der erotischen Dauerkommunikation. Monate und Jahre später aber ist der Lack ab. Man kollidiert erotisch nicht mehr einfach so miteinander. Der Beziehungsalltag hat Einzug gehalten, die sexuellen Kontakte werden weniger. Die Kräfte, sich in Wohlwollen, Wandelbarkeit, Wissbegier und Wahrhaftigkeit zu halten, schwinden. Anstatt wirklich darüber zu kommunizieren, wie ein Beziehungsvertrag an dieser Stelle aussehen könnte und wo sich wer in der Landschaft des Begehrens befindet, werden nur noch Annahmen übereinander getroffen: Du begehrst mich nicht mehr, weil ich nichts davon merke. Du hast gar kein wirkliches Interesse an unserer Beziehung, weil es dir immer nur um Sex geht. Ich bin dir so egal, du lässt den Sex nur über dich ergehen. Ich bin dir so egal, du verlangst sogar Sex von mir, obwohl du weißt, dass ich ihn nur über mich ergehen lasse. Das vordringliche Problem in dieser Situation ist nicht der Sex, sondern dass beide denken, sie wären einander egal. Dem lässt sich nur beikommen, indem man sich versichert, dass und warum man einander nicht egal ist. Sex haben reicht da nicht. Bisschen vögeln, ein paar Orgasmen und alles ist vergessen, das funktioniert nicht. Zumal das eben oft gar keine Option ist. Also wie können wir in unserer so unterschiedlichen Bedürftigkeit mit dir im Tal und mir mit Blick auf den Gipfel auf Augenhöhe kommen? Indem wir einander anerkennen und in unseren Differenzen wertschätzen. Es ist okay, oft und viel Lust auf Sex zu haben. Es ist okay, kaum oder gar keinen Sex haben zu wollen. Es ist okay, sich in der Landschaft des Begehrens an jedem nur denkbaren Punkt zu verorten. Es ist vollkommen nachvollziehbar, darüber in Streit zu geraten und Konflikte auszutragen. Lass uns gemeinsam schauen, wie wir wieder zueinander zurückfinden. Und zwar nicht, indem wir uns einreden, wir könnten einfach wie von Zauberhand die Menge an Sex haben und einander die Art von Begehren zeigen, die uns beide komplett zufriedenstellt. Sondern indem wir uns voreinander bis auf unsere sexuellen Begierden, Ansprüche und Vorstellungen ausziehen. Wo kommen wir zusammen? Wo gibt es Bedürfnisse und Interessen, die nur schwer oder überhaupt nicht zufriedenzustellen sind. Wie kann ich als Mensch mit schwach ausgeprägter Libido einen guten, wertschätzenden Umgang damit finden, dass du als Mensch mit starker Libido deutlich mehr in unser Sexleben investierst? Wie kann ich als Mensch mit starker Libido dafür sorgen, dass ich mein Bedürfnis nicht über dein Wohlbefinden im Libidotal stelle und dir kein schlechtes Gewissen dafür einrede, dass du dich so weit unten aufhältst? Wie können wir uns gegenseitig klarmachen, dass wir einander nicht egal sind? Wenn Paare an diesem

Punkt sind, dann spielt es nur noch eine untergeordnete Rolle, wie viel Sex sie tatsächlich haben und wie sie ihr Begehren füreinander ausdrücken. Es gilt keine Quote zu erfüllen und es gibt keinen Preis für die nachvollziehbarste Art des Begehrens zu gewinnen. Sex und Begehren sind niemals wichtiger als die Menschen, die diese Dinge aufeinander beziehen. Solange dies wertschätzend, neugierig, ehrlich und mit der Option auf Veränderung geschieht, funktioniert auch eine Beziehung zwischen einer asexuellen und einer Person mit großer Libido. Oder Polyamorie. Oder jede andere denkbare Konstellation, in der es Menschen gelingt, auf der Basis gemeinsam vereinbarter Grundsätze ihre Liebe und Sexualität so zu leben, wie es ihnen gefällt. Über diese Grundsätze will ich mit Ihnen reden.

Acht Grundregeln

1. Das zehnte Gebot aus der Bibel wird gestrichen. »Du sollst nicht begehren deines Nächsten Weib, Knecht, Magd, Vieh noch alles, was dein Nächster hat« fällt aus. Mal ganz abgesehen von dem eklatanten Sexismus, der hier zur Sprache kommt, ist ein derartiges Begehrensverbot menschenverachtend. Ja, ganz richtig: menschenverachtend. Denn die Gedanken sind frei und für seine Gedanken muss sich niemand rechtfertigen. Jemanden wegen eines Gedankenverbrechens zu verurteilen ist Merkmal eines totalitären Terrorregimes. Genau das wäre die Beziehung dann auch. Wenn also Sie und/oder Ihr Beziehungsmensch von anderen fantasieren, sie mit den Augen ausziehen und auf jede nur vorstellbare Art und Weise Sex mit ihnen haben, dann machen Sie sich vor der jeweils anderen Person nicht schuldig. Ein solches Begehrensverbot gehört nicht in den Beziehungsvertrag – auch dann nicht, wenn alle Beteiligten damit einverstanden sind

oder gar darauf drängen. Genauso gut könnten Sie miteinander verabreden, dass Ihnen im fünften Beziehungsjahr Flügel wachsen sollen, Sie im siebten für ein paar Monate auf dem Mond leben wollen und sich darüber hinaus die ganze Zeit hindurch nur von Licht ernähren werden. Das ist vollkommen unrealistisch und kommt überhaupt nicht infrage. Wir überwachen uns nicht gegenseitig, ob unsere Gedanken rein sind. Wir werfen uns nicht gegenseitig vor, wenn uns andere Menschen oder Umstände außerhalb unserer Beziehung erotisieren und mit Verlangen erfüllen. Wir einigen uns auf ein gemeinsames Verhalten, das wir als respektvoll und repräsentativ für uns und unsere Beziehung empfinden, und halten uns im Sinne eines Beziehungsvertrags daran. Andere Menschen zu begehren ist nicht respektlos. Es ist repräsentativ für die allermeisten Beziehungen.

2. Die Sexualität eines Menschen gehört nur ihm. Niemand braucht eine Erlaubnis, um über seine eigene Sexualität zu verfügen. Kein anderer Mensch hat Anspruch darauf. Niemand besitzt die Sexualität seines Partners oder seiner Partnerin. Es gibt kein Recht darauf, einen sexuellen Kontakt einzufordern oder nicht damit konfrontiert zu werden, dass der oder die andere sexuelle Bedürfnisse hat. Wie ein Mensch mit seinem eigenen Körper sexuell umgeht, unterliegt nicht der Kontrolle anderer. Selbstbefriedigung ist weder abstoßend noch moralisch verwerflich oder gegen Partner beziehungsweise Partnerin gerichtet. Sie kann auch nicht in einem Beziehungsvertrag als abstoßend oder unerwünscht eingebracht werden, weil der Vertrag damit unethisch und somit hinfällig würde.

3. Sex ist enthusiastisch-einvernehmlich. Andernfalls ist es kein Sex, sondern sexualisierte Gewalt. Die kommt in Beziehungen

leider viel zu häufig vor. Deshalb lassen Sie mich an dieser Stelle präzisieren: Enthusiastisch-einvernehmlich bedeutet nicht, dass Menschen unbedingt miteinander Sex haben müssen und sich gar nichts Schöneres vorstellen können. Es bedeutet, dass sie freiwillig miteinander Sex haben wollen und sich darauf freuen. Wie sehr und auf welche Art sie sich darüber freuen, ist situationsabhängig. Grüße an dieser Stelle von Emily Nagoski. Aber wenn sie sich nicht darauf freuen, dann landen wir schnell in einer Zone, in der Einvernehmlichkeit durch Druck erpresst und Zustimmung erkauft werden kann. Und das nicht nur offen heraus, sondern auch sehr subtil. Indem man zum Beispiel so lang für schlechte Stimmung sorgt, bis die andere Person in einen sexuellen Kontakt einwilligt, um die Situation zu entschärfen.

4. Recht auf Geheimnis: Auch in der größtmöglichen Intimität einer Paarbeziehung gibt es das Recht auf Geheimnis. Das gilt umso mehr für Bereiche, die womöglich als schambehaftet oder konfliktreich wahrgenommen werden wie die eigenen sexuellen Vorlieben. Selbst Lebenskompliz♡innen haben kein Anrecht auf vollständige Offenlegung des oder der anderen. Stattdessen zieht man sich so weit ins Vertrauen, wie es möglich und sinnvoll erscheint. Zugleich obliegt es der Verantwortung der geheimnistragenden Person, zu überprüfen, ob und wenn ja inwieweit das Geheimnis gegen den Beziehungsvertrag verstößt. Geheimnis meint an dieser Stelle nicht, dass Menschen mit Verweis auf ihre individuellen Vorlieben und Schambesetzungen das Recht eingeräumt wird, außerhalb der Beziehung sexuelle Kontakte zu pflegen, ohne den Beziehungsmenschen davon in Kenntnis zu setzen. Dies gilt umso mehr, wenn es Bestandteil des Beziehungsvertrags ist, dass derlei sexuelle Kontakte ausgeschlossen

sind. Recht auf Geheimnis meint hier, dass es in unserer übersexualisierten und doch sexnegativen Gesellschaft gut möglich ist, Begierden in sich zu tragen, die so schambehaftet sind, dass es den Betreffenden unmöglich ist, darüber zu sprechen. Natürlich ist es wünschenswert, in einer Liebesbeziehung mit all diesen Dingen offen umgehen und auf Vertrauen und Respekt hoffen zu können. Beziehungen werden aber nicht dadurch schlechter, dass Menschen voreinander Geheimnisse haben. Stattdessen werden Beziehungen dadurch besser, wenn Menschen sich gegenseitig das Recht auf Geheimnisse einräumen – im Vertrauen darauf, dass der Beziehungsmensch gute Gründe dafür haben wird, Dinge für sich zu behalten, und diese Dinge grundsätzlich nicht beziehungsgefährdend sind.

5. Recht auf Offenheit: Analog dazu existiert ein Anspruch darauf, sich offenbaren zu können. Wenn einer Beziehung die Vorstellung zugrunde liegt, es nur mit ganz bestimmten Aspekten der anderen Person aushalten zu können und nicht mit der ganzen Person, wird diese Person auf einen Avatar zurechtgestutzt: Ich möchte mich nur mit diesem und jenem Aspekt von dir abgeben. Ich will lediglich eine Beziehung mit der Person führen, für die ich dich halte. Das ist nicht nur in sexuellen Zusammenhängen eine schlechte Idee. Beziehungen, die beispielsweise darauf basieren, dass Beteiligte ihre negativen Gefühle und ihre Überforderungen nicht zeigen dürfen, können niemals gleichberechtigt sein – selbst wenn für alle Beteiligten das Gleiche gilt. Indem wir von vornherein existenzielle Bereiche von Persönlichkeiten aus Liebesbeziehungen ausklammern, schaffen wir einen toten Raum, an dessen Barrieren jede Form von möglicher Wertschätzung zerschellt. Wenn ich also ein eher konfliktscheuer Typ bin und meine Partnerin qua Beziehungsvertrag dazu zwingen wol-

len würde, sich immer nur möglichst freundlich zu geben und nicht mit mir zu streiten, dann missachte ich ihre Gefühle, ordne sie weit unter meinen eigenen Interessen ein und enthalte ihnen jegliche Wertschätzung vor. Und wenn ich ein bisexueller Mann bin, dann ist es nicht meine Aufgabe, meine Partnerin von meiner Bisexualität zu verschonen, damit sie sich weiterhin einreden kann, mit einem heterosexuellen Mann eine Beziehung zu führen. Genauso wenig ist es die Aufgabe meiner Partnerin, mir zur Realisierung meiner sexuellen Bedürfnisse zu verhelfen. Wir begegnen uns in einem Kontinuum zwischen Offenheit und Geheimnis und versuchen, einander gerecht zu werden, indem wir unsere Bedürfnisse nicht über die der anderen Person stellen oder sie vor ihnen klein machen.

6. Jeder und jede hat das Recht, sich in der Landschaft des Begehrens dort zu verorten, wo er oder sie sich wohlfühlt. Spontanes Verlangen ist keine Leistung, responsives Verlangen keine Leistungsverweigerung. Responsiv zu begehren ist kein Akt der Verweigerung, angeblich besser zu begehren. Spontan zu begehren ist kein Akt der Zumutung. Die Organisation der gemeinsamen Sexualität, so denn der enthusiastisch-einvernehmliche Wunsch nach ihr besteht, ist Beziehungsarbeit und sollte dementsprechend wertgeschätzt werden. Dass ein Mensch mit hoher Libido trotz möglicher oder gar wahrscheinlicher Zurückweisung immer wieder bereit ist, sexuelle Kontakte zu initiieren, zu planen oder anzuregen, ist keine Selbstverständlichkeit und verdient Wertschätzung. Dass ein Mensch mit niedriger Libido dazu bereit ist, jenseits eines tatsächlichen sexuellen Kontakts in wohlwollender Kommunikation über die gemeinsame Sexualität zu bleiben, ihr Raum zu geben und sich offen zu zeigen, ist keine Selbstverständlichkeit und verdient Wertschätzung. Die Realität

von Liebe und Begehren misst sich nicht an der Anzahl der sexuellen Kontakte innerhalb einer Beziehung, sondern an dem Umgang miteinander.

7. Recht auf schlechten Sex: Ist Ihnen schon einmal aufgefallen, dass Menschen in Beziehungen dazu neigen, den eigenen Sex voreinander auf eine ganz bestimmte Weise zu verklären, oder voneinander verlangen, dies zu tun? Grob zusammengefasst lässt sich das auf die Formel bringen, dass der beste Sex mit einer Expartnerin oder einem Expartner nie so gut gewesen sein darf wie der schlechteste Sex, den man in der aktuellen Beziehung miteinander hatte. Sex darf aber auch mal schlecht sein, ohne dass damit eine Aussage über die simple Tatsache hinaus getroffen wird, dass Sex eben auch mal schlecht sein kann. Weil man zu viel gegessen hat, nicht ganz bei der Sache war, die Beleuchtung irritiert hat, die Berührungen sich anders und weniger erfreulich als sonst angefühlt haben. Es gibt Tausende Gründe, warum Sex nicht immer so erderschütternd, weltbewegend und multiorgiastisch ist, wie wir ihn uns vorstellen. Es gibt keine Zwangsläufigkeit, mit der schlechter Sex etwas über den allgemeinen Zustand einer Beziehung oder der generellen Qualität von sexuellen Begegnungen aussagt. Eigentlich ist es ganz einfach: Gerade wenn es uns gelegentlich gelingt, dass wir Sex als erderschütternd, weltbewegend und multiorgiastisch wahrnehmen, sollten wir damit rechnen und klarkommen, dass es auch anders sein kann. Der beste Sex, den wir in einer vergangenen Beziehung hatten, darf also ohne Weiteres sehr viel besser als der schlechteste Sex sein, den wir innerhalb der jetzigen Beziehung haben. Das ist nur folgerichtig. Wenn allerdings bei enthusiastisch-einvernehmlichem Wunsch nach einer sexuellen Beziehung die sexuellen Begegnungen der Gegenwart immer hinter

denen der Vergangenheit zurückstehen, sollte man im Rahmen der Möglichkeiten daran arbeiten. Siehe Recht auf Offenheit und Recht auf Geheimnis.

8. Gleichberechtigung gilt für alle. Nicht nur für das Liebespaar in sexueller Gemeinschaft, sondern auch für alle Beteiligten, um die die Zweisamkeit eines Paares gegebenenfalls erweitert wird, um Bedürfnisse und sexuelle Fantasien auszuleben. Wenn Sie also mit dem Gedanken spielen, Ihre sexuelle Zweierbeziehung für andere Konstellationen zu öffnen oder das bereits praktizieren, dann sind die entsprechenden Personen keine Objekte zu Ihrer Bedürfnisbefriedigung, sondern in ihren Bedürfnissen, Ansprüchen, Sorgen und Vorlieben gleichberechtigt und auf Augenhöhe. Das bedeutet nicht, dass eine dritte oder x-te Person in gleicher Weise geliebt und oder begehrt werden muss. Schließlich geht es nicht um Gleichmacherei, sondern um die Gleichberechtigung unterschiedlicher Bedürfnisse. Es steht Paaren nicht zu, miteinander Gleichberechtigung zu spielen, während sie nur eine entsprechende Fassade aufbauen, für deren Baukosten sie beziehungsfremde Menschen aufkommen lassen. Wir holen uns eine weitere Person in unser Bett, in unsere Beziehung, in unsere Liebe, damit es uns miteinander besser geht, ist also keine zulässige Option. Wir laden eine weitere Person ein, weil wir beide Lust darauf haben, und erarbeiten gleichberechtigt mit dieser Person die Rahmenbedingungen der neuen Beziehungskonstellation – das kann funktionieren. Ähnliches gilt für die Möglichkeit, innerhalb einer Beziehung Sexarbeit in Anspruch zu nehmen – sei es über Pornografie oder sexuelle Kontakte. Arbeit wird vergütet. Auch hier ist Wohlwollen angebracht: Wir nutzen niemanden aus, indem wir für Pornografie kein Geld ausgeben und dadurch andere Menschen mit schlech-

ten Arbeitsbedingungen, sozialer Ächtung und geringem Einkommen für unsere kleinen, geilen Momente bezahlen lassen. Wir schlagen auch nicht aus Notlagen Profit, indem wir mit Geld als Druckmittel Situationen herstellen, die jenseits eines Konsenses stattfinden. Wenn Sie sich an derlei Übergriffigkeiten beteiligen, sind Sie niemals gleichberechtigt. Sie nutzen einfach nur Ihr Privileg, Menschen in prekären Situationen abwertend behandeln zu können, um ihre Beziehung nicht zu belasten und weiter Gleichberechtigung vortäuschen zu können. Tatsächlich aber sind Ihre Ansichten und Ihr Verhalten eine grundsätzliche Belastung – auch in Ihrer Beziehung.

Wenn Sie diesen acht Grundregeln folgen, werden Sie recht schnell bemerken, dass viele Glaubenssätze, die wir für unverrückbar halten, ausgesprochen flexibel sind. Und so manches, was uns nebensächlich erscheint, berührt den eigentlichen Kern unseres Miteinanders. In dem Zusammenhang muss ich auch auf den Elefanten im Raum dieses Kapitels über Sex und Gleichberechtigung zu sprechen kommen. Schließlich steht er da und wir alle können ihn sehen: Was ist jetzt mit der Monogamie?

Ist das noch monogam oder muss das weg?

Auf die Monogamie zu schimpfen, mit ihr abzurechnen oder zumindest ihre Sinnhaftigkeit anzuzweifeln ist in den vergangenen Jahren ziemlich in Mode gekommen. Der Autor Friedemann Karig beispielsweise nennt monogames Besitzdenken »das eigentlich kranke Modell«[9]. Die Autorin Katja Lewina wähnte sich eigentlich dabei, mit ihrem Partner »den Traum von lebenslanger Monogamie zu leben«[10], bis sie schließlich feststellen musste, dass ihr Partner eine Affäre hatte, und sie ihr Monogamiekonzept überdachte: Warum ist das überhaupt mein Traum gewesen? Gehört der wirklich zu mir oder träumt ihn nicht nur die Gesellschaft in mir? Ist lebenslange Monogamie realistisch? Lewina hat in zwei wirklich bemerkenswerten Büchern über die Sexualität von Männern und Frauen nachgedacht und ist in vielen Gesprächen mit Betroffenen immer wieder zu dem Ergebnis gekommen, wie fremdbestimmt und schambehaftet wir in unserer Sexualität sind. Und mit den Selbstbetrachtungen ihrer eigenen Sexualität steht sie quasi Patin für meine siebte Grundregel: »Es ist total in Ordnung, dass es mal mit irgendwem anders dann besser ist als mit meinem Mann oder so; das darf nebeneinanderstehen. Das darf nebeneinander existieren und es sind trotzdem zwei unterschiedliche Qualitäten von Sexualität.«[11] Lewina geht mit der Monogamie nicht ganz so hart ins Gericht wie Karig. Sie äußert deutlich mehr Verständnis für den Wunsch nach sexueller Exklusivität und dem Gefühl, für einen geliebten und begehrten Menschen an erster Stelle stehen zu wollen. Karig geht es darum, zu verdeutlichen, warum wir prinzipiell nicht für Monogamie geschaffen sind. Lewina entwickelt Ansätze dafür, sich als Paar aus der scheinbaren Zwangsläufigkeit der Monogamie befreien zu können, ohne dabei die Liebe oder sogar das Begehren füreinander opfern zu müssen. Beide stimmen darin überein, dass Monogamie für viele Menschen eine kaum auszuhaltende Verkomplizierung ihrer Beziehung darstellt. Das ist auch mein Standpunkt. Aber der Reihe nach.

Gestatten Sie mir zunächst noch einmal, Monogamie wurzelzubehandeln: Monogamie ist eine Einrichtung der patriarchalen Kulturgeschichte, die seit einigen Hundert Jahren zunehmend kapitalisiert wird und sich aus infantilen Liebesvorstellungen speist, die sich der Realität verweigern wollen. Mit der Monogamie wird die Female Choice eingehegt und mundtot gemacht. Das romantische Ideal der lebenslangen Bindung an »den Richtigen« für derart gesellschaftsrelevant und verpflichtend zu erklären dient schlicht und ergreifend dem Zweck, Frauen zu entmachten und verfügbar zu machen. Verknüpft wird dieses Ideal mit den Mythen über weibliche Jungfräulichkeit, Reinheit und der Verderbtheit eines nicht auf den Patriarchen gerichteten weiblichen Begehrens. Mythen und Ideale werden in einen Kontext gesetzt, indem das Verhalten von Frauen in direkten Zusammenhang mit der Reputation von Männern gestellt wird. Nur so ist zu erklären, dass die Art und Weise, wie Frauen wen begehren und sich sexuell verhalten, in den Ehrbegriff von Männern überführt wird. Nur so ist es möglich, dass unangemessene und übergriffige Ausdrucksweisen männlichen Begehrens den begehrten Frauen zur Last gelegt zu werden. Mithilfe des Kapitalismus wiederum wird die Monogamie in Transaktionen übersetzt. Damit möglichst niemand und insbesondere Frauen nicht auf die Idee kommen, die bestehenden Verhältnisse infrage zu stellen und eine Revolution der Verhältnisse anzuzetteln, transformieren wir Gefühle in Konsumierungsprozesse und laden Konsumverhalten emotional auf. Wer gerade Produkte kauft, die dabei helfen sollen, endlich den Richtigen zu finden, hat keine Zeit, darüber nachzudenken, warum alle Richtigen bislang irgendwie immer falsch waren. Abgerundet wird das Ganze mit dem kindlichen Bedürfnis nach Bedingungslosigkeit. Ewige Liebe, grenzenloses Begehren, immerwährend geiler Sex. Sie sehen: Auch bei mir hat Monogamie einen schweren Stand. Allerdings möchte ich einwenden, dass die Wurzelproblematik nicht nur die Monogamie, sondern schlicht und ergreifend alles betrifft, was wir uns innerhalb der unheiligen Dreifaltigkeit aus kindischer Liebesvorstellung, Patriarchat und Kapitalismus ausdenken oder erschaffen. Das eigentlich Furchtbare an der Monogamie ist die umfassende Zwangsmonogamisierung unserer Liebesbeziehungen. Wenn Monogamie nicht der Goldstandard für unser Zusammenleben wäre, dann könnte sie einfach ein Modell sein, das manchen Paaren sinnvoll erscheint und dem sie deshalb ihre Liebe und ihr sexuelles Begehren anvertrauen. Aber Monogamie ist auf Missionierung aus und will andere Beziehungsformen einfach nicht in Ruhe lassen. Wenn es nur darum ginge, dass manche Menschen sich auf der Suche nach »Einzigartigkeit, an die man sich binden wollen würde«[12], wie Eva Illouz schreibt, für monogame oder seriell monogame Bindungen entscheiden würden, läge die Sache sicher anders. Dann wäre die Frage, ob Menschen einander treu sind, in unseren Köpfen nicht zwangsläufig damit verbunden, ob die Betreffenden nur miteinander Sex haben, sondern mit den Inhalten ihres Beziehungsvertrags. Treu bin ich dann, wenn ich mich an unsere Vereinbarung zu Haushalt, Kindern und dem gemeinsamen Miteinander halte. Wer miteinander vereinbart hat, dass sexuelle Begegnungen und/oder Liebesbeziehungen auch außerhalb der gesellschaftlich geforderten Zweierkonstellation möglich sind, der vögelt und liebt egal wen in Treue. Monogamie könnte einfach nur eine legitime Möglichkeit von vielen sein, wie Menschen ihre Beziehung konfigurieren, und sie wäre dafür nicht besser oder schlechter geeignet als andere. Aber so, wie sie weithin gebraucht wird, benutzen wir Monogamie als Schließmechanismus, um die Notwendigkeit der Wandelbarkeit nicht in unsere Beziehungen zu lassen: Achte auf mich, schau mich an, immer nur mich, ich bin deine ganze Welt, sieh nicht weg, schau mich an! Diese Zwangsfixierung läuft nicht nur vollkommen konträr gegen das, was Menschen ausmacht, sondern lässt auch all das vermissen, was eine gleichberechtigte Beziehung charakterisiert. Wo ist die Wissbegier für die Entwicklungen, die Interessen und die Begierden des Herzensmenschen? Wo bleibt der Sinn für Wahrhaftigkeit, wenn wir unser Recht auf Geheimnis pervertieren, indem wir uns vor der Möglichkeit verstecken, dass wir über eine Liebesbeziehung hinaus in andere Liebesbeziehungen hineinwachsen? Wo ist zuletzt das Wohlwollen uns selbst und dem oder der anderen gegenüber, mit dem wir uns in Liebe halten können? Neben dieser strukturellen Ablehnung hege ich einen zutiefst persönlichen Groll gegen die Monogamie. Nicht weil sie spießig, altbacken und langweilig ist, sondern weil mir zu viele Paare begegnet sind, deren Liebe sie auf dem Gewissen hat. Paare, die gut miteinander waren und die lediglich darüber auseinandergefallen sind, dass sie sich der Monogamie für zwangsverpflichtet hielten. Paare, bei denen der eine, die andere oder beide festgestellt haben, dass sie ihre Sexualität auch mit anderen teilen und sich weiteren Menschen in einem liebevollen Beheimatungsversuch zuwenden wollen. Dass daran nichts falsch ist, wissen wir eigentlich. In dem Begehren der meisten Menschen ist viel Platz für andere Personen. In unseren Herzen vervielfacht sich Liebe, anstatt sich zu teilen. Wir lieben Partner oder Partnerin, Kinder, Familienmitglieder, Herzensmenschen, Freundinnen und Freunde. Wir schlagen Brücken, wir beheimaten uns in anderen und bieten ihnen eine Heimat. Wir lieben in die Weite des Raumes gegen unsere unendliche Verlassenheit und hoffen auf Gegenliebe. Wir berauschen uns an den Glücksgefühlen sexueller Begegnungen und wagen so einen Immunisierungsversuch gegen Einsamkeit, Selbstzweifel und die Angst vor dem sicheren Tod. Also wählen Sie ruhig eine monogame Beziehungskonfiguration, wenn es sich für Sie richtig anfühlt. Aber lassen Sie sich niemals, wirklich niemals, von der Monogamie Ihre Liebe versauen. Monogamie braucht Sie nicht. Sie brauchen Liebe. Manch eine Liebe und so manch ein Wunsch nach sexuellen Kontakten sind es wert, der gesellschaftlichen Zwangsmonogamisierung die Stirn zu bieten. Ein größeres, vielfältigeres Wir gegen die viel zu lauten Forderungen nach dem Zweiermodell zu stellen. Lust dort zu fühlen, wo man sie eben auch finden kann, und nicht nur dort, wo man verpflichtet ist, sie suchen zu müssen. Monogamie vermag keine Antworten zu geben, die wir nicht selbst zuvor formuliert haben. Und manchmal gibt es bessere Antworten.

50 Shades of Stereotype

Es bliebe noch viel über gleichberechtigten Sex und die Vielfalt des Begehrens zu sagen. Aber ein Punkt ist mir besonders wichtig, deswegen möchte ich den an dieser Stelle noch machen: Im Kapitel *Zusammenrollen* haben wir uns schon über die verschiedenen Stereotype und Rollenklischees verständigt, in die Männer und Frauen verpackt werden. Die Art, wie wir lieben und Beziehungen miteinander führen, ist davon stark geprägt. Die Wirkmacht dieser Vorgaben ist der Hauptgrund für die Erschaffung unserer Beziehungsavatare. Wir haben weniger Angst voreinander als vielmehr vor dem oder der jeweils anderen als Verkörperung der geschlechtsspezifischen Rollenanforderungen: Wenn ich diese Frau beeindrucken will, dann muss ich mich so und so verhalten, weil diese Erwartungshaltung die kollektive Identität von Frauen ausmacht und ich als Personifizierung der kollektiven Identität von Männern mich dementsprechend zu verhalten habe. Weil er ein Mann ist, steht er bei Frauen auf folgende Dinge, darum gebe ich mich entsprechend. Vor über 20 Jahren schrieb die bekannte feministische Theoretikerin und Autorin bell hooks in *all about love*[13] darüber, dass Männer dazu tendieren, Frauen ein falsches Selbst zu präsentieren, um die Kontrolle über sie zu behalten. Und darüber, dass sie dafür letztendlich mit ihrer Fähigkeit, authentisch zu lieben und geliebt zu werden, bezahlen. Das ist zweifellos richtig und gilt noch heute. Allerdings bedienen sich auch Frauen dieses Verhaltens. Die Motive mögen anders gelagert sein, aber am Ende interagieren abweichende

Darstellungen einzelner Individuen miteinander, während die realen Personen mehr und mehr verschwinden. Paarbeziehungen sind immer auch Bühnen, auf denen Liebende ihre Interpretation der Erwartungen und Anforderung der Gesellschaft aufzuführen haben. Diese Dynamik macht natürlich auch nicht vor unserem Sexleben halt. Wir ficken miteinander, wie wir ficken, nach bestimmten Mustern und Codes. Wir streicheln uns an Stellen, die Pornografie, erotische Literatur und Filme oder das Doktor-Sommer-Team als erotisierend markiert haben. Wir sprechen, wie man uns gelehrt hat.

Als Frauen sind wir dazu aufgefordert, unsere Lust vor Männern auszuspielen, sie anzufeuern und unseren ekstatischen Genuss lautstark zu untermalen. Wir sollen belegen, dass wir es »auch wollen«. Wenn wir das nicht tun, gelten wir als »Starfish«, also als eine Frau, die während des Sex nur auf dem Rücken liegt, alle viere von sich streckt und wartet, bis es vorbei ist.

Als Männer existiert dieser Begriff für uns nicht. Vielmehr haben wir immer zu wollen, abzuliefern, zu dominieren und die Situation zu kontrollieren. Männer machen begeistert mit Frauen Sex. Frauen lassen begeistert Sex mit sich machen.

So werden wir erzählt. Deshalb ist es auch nicht weiter verwunderlich, dass Geschichten großen Erfolg haben, die sich den Mechanismen dieser Erzählung bedienen. Mit *50 Shades of Grey* oder auch *365 Tage* wird immer wieder der Mythos von der oberflächlich emanzipierten Frau wiederholt, die in ihrem tiefsten Inneren von einem leidenschaftlichen, gut aussehenden Mann sexuell dominiert werden will. Dieser Mann hat Macht und Geheimnis, ihn umgibt die Aura der Gefahr. Dass die Frau in seiner Gegenwart immer gefährdet und womöglich gar ihres Lebens nicht sicher ist, wird als erotisch verkauft. Sich verunsichert zu fühlen hat für Frauen geil zu sein. Siehe: Patriarchat, das. Aber natürlich lernt sie ihn noch ganz anders kennen. Irgendwie ist er nämlich auch noch ein kleiner Junge, der schlimm verletzt wurde und den sie deshalb zu bemuttern hat. Was nichts anderes heißt, als dass sie auch noch die Verantwortung für seine nicht einvernehmlichen Grenzüberschreitungen zu übernehmen hat. Sie soll sich also grenzverschiebend von ihm ficken lassen, während sie ihn anschließend dafür tröstet, dass er wieder mal zu weit gegangen ist. Was ihr schon auch ganz recht war, weil sie ja als Frau von der Veranlagung eher submissiv ist. Was er wiederum wusste, weil er wegen Genetik und all solcher Sachen ein dominanter Mann ist. Er weiß schon, was gut für sie ist. Und sie will es ja auch. Uff. Einfach nur uff! Dieses Szenario wird auch dadurch nicht besser, dass Abertausende nach der Lektüre von *50 Shades of Grey* die Baumärkte gestürmt haben, um sich mit Restriktionswerkzeugen wie Stricken und Kabelbindern auszustatten. Es zeigt nur, wie leicht wir zu manipulieren sind. Wie schwer es ist, um mit Emily Nagoski zu sprechen, »sexpositiv in einer sexnegativen Welt zu sein«. Denn dieses Szenario ist sexnegativ. Es ist sexistisch, es ist übergriffig und gewalttätig und hat rein gar nichts mit dem zu tun, was unter dem Label BDSM in Sicherheit und Vertrauen praktiziert wird. Denn gewalttätig ist es nicht dadurch, dass Dinge wie Fesseln und Auspeitschen in das sexuelle Repertoire aufgenommen werden. Gewalttätig ist es, weil die notwendige enthusiastische Einvernehmlichkeit, wenn überhaupt, dann erst nachträglich hergestellt wird. Das, was in solchen Erzählungen übermittelt wird, ist nicht das befreiende Fehlen von Gleichberechtigung, in dem Männer und Frauen endlich wieder so sein können, wie sie qua Geschlecht nun einmal so sind. Es ist das eklatante Fehlen von Gleichberechtigung, die gerade in sexuellen Kontakten, bei denen die Beteiligten Macht- und Ohnmachtsfantasien ausleben, so wichtig wäre. Aber wie gesagt: Es ist schwer. Diesem Sog aus Klischeeperformance zu widerstehen ist eine kräftezehrende Aufgabe. Umso mehr, falls Sie wirklich an BDSM-Szenarien Interesse haben und Ihnen diese Verzerrung von eigentlich notwendigem Vertrauen und Respekt in seiner patriarchal-sexistische Übergriffigkeit den Blick versperrt. Frauen ist es im Zuge der emanzipatorischen Kämpfe der letzten Jahrzehnte mehr und mehr gelungen, sich davon zu befreien und herauszufinden, wer sie sexuell sind und was sie wirklich wollen. Dazu gibt es mittlerweile viele kluge, aufschlussreiche, mutige und humorvolle Bücher. *Sie hat Bock* von der von mir bereits erwähnten Katja Lewina zum Beispiel.[14] Oder auch das ausgesprochen bemerkenswerte *Warum Frauen im Sozialismus besseren Sex haben* von Kristen R. Ghodsee.[15] Aber auf die Gefahr hin, es in diesem und jedem weiteren meiner Bücher schreiben zu müssen, das das Thema Geschlechtergerechtigkeit auch nur streift: Die Emanzipation des Mannes steht noch aus. Auch die sexuelle Emanzipation. Viel Brauchbares ist zu diesem Thema nicht zu finden – und wenn, dann zumeist von Frauen. Deswegen berührt es mich immer besonders, wenn ich in einem Text, Gespräch oder Internetthread Bruchstücke von Männern finde, die anzeigen, wie diese Emanzipation aussehen könnte. Wie Männer über Sex denken, wenn sie sich frei von der verpflichtenden Rolle als Frauen dominierender, dauergeiler Sportficker fühlen und sich zulassen können. Häufig sind diese Fragmente nicht zitierbar, weil sie nicht in einem nennenswerten Zusammenhang dargestellt werden oder die Autorschaft nicht eindeutig geklärt werden kann. Sätze von SfW_lonly82 in seinen Sachbüchern zu zitieren verschafft einem wirklich keine Pluspunkte. Aber wenn Sie sich wie ich nachts um 2.37 Uhr durch Internetforen lesen, in denen ratlose, wütende, verzweifelte Männer auf der Suche nach Liebe, Sex und Intimität in den eiskalten Versionen ihrer Männlichkeit erfrieren, dann fallen wärmende, ehrliche Sätze unglaublich auf. Also zitiere ich hier ich weiß nicht, wen, von ich weiß nicht, wann, aus irgendsoeinem Forum. Einfach, weil es sich lohnt:

»Ich hasse es, mich wie ein Stereotyp zu fühlen. Menschen machen darüber unentwegt Witze: Männer wollen immer nur das eine, Männer sind schwanzgesteuert, Männer denken alle sieben Sekunden an Sex. Die Liste geht immer so weiter. Es gibt keinen Rauch ohne Feuer, Sex ist mir wichtig und ich denke tatsächlich oft daran. Aber ich hasse, dass durch mein Mannsein all mein Begehren grundsätzlich erwartet und zugleich vollständig trivialisiert wird. Man redet mir ein, dass mein Begehren und mein Interesse an Sex oberflächlich, ein bisschen ekelhaft und im Grunde genommen nicht ernst zu nehmen sind.«

Sex ist, wie eingangs erwähnt, eine komplizierte Sache. Wir neigen dazu ihn zu vereinfachen, indem wir uns in Stereotype hineinlehnen, die uns nicht repräsentieren. Wir folgen Erzählungen, in denen wir nicht vorkommen. Wir bedecken uns mit Begierden, die wir nicht fühlen. Das gibt uns Halt, Struktur, und die scheinbare Gewissheit darüber, wie wir miteinander umzugehen haben, wenn wir nackt und verletzlich sind. Aber wenn es uns gelingt, Sexualität kompliziert zu lassen, sie nicht aufzulösen, unsere Fragilität nicht gegen Scham, Verlust- und Versagensängste zu panzern, könnten wir intimer miteinander sein. Ehrlicher, geiler, vertrauter, lustiger. Je länger wir uns einreden lassen, dass Gleichberechtigung unsexy sei, umso mehr Zeit verschwenden wir darauf, uns gegenseitig etwas vorzumachen. Dabei könnten wir längst damit beschäftigt sein, miteinander alles zu tun, auf das wir enthusiastisch-einvernehmlich Lust haben. Wie geil wäre das denn?!

Paarungsakte VI

Sex & kein Sex

Im zurückliegenden Kapitel ging es viel darum, die Landschaft des Begehrens zu erkunden und wie man sich als Paar gemeinsam darauf verorten kann, ohne sich dabei ganz aus den Augen zu verlieren. Wie lässt sich Erotik organisieren, wenn es doch zentrales Merkmal von Erotik ist, chaotisch, überwältigend und unorganisierbar zu sein. Von Esther Perel haben wir erfahren, dass Langzeitbeziehungen nicht gerade das beste Material für das erotische Feuerwerk bieten, das uns in unseren Fantasien vorschwebt. Von Emily Nagoski lernen wir, dass wir Tischfeuerwerk auch ganz geil finden dürfen. Dass eine Nummer kleiner nicht automatisch eine Nummer schlechter bedeuten muss, wenn uns nun einmal nach einer Nummer kleiner der Sinn steht. Und dass Menschen, die die Organisation eines erotischen Feuerwerks gleich welcher Art anstrengend und überfordernd finden, nicht automatisch kein Interesse an Feuerwerk haben. Sie empfinden bei den Vorbereitungen einfach nur keine Vorfreude, weil ihnen der Aufwand den Weg in dieses Gefühl versperrt. Es gibt aber auch einen Aspekt der Erotik, der organisiert werden kann und sollte, über den aber so gut wie niemand spricht, weil ihn nur die wenigsten überhaupt als erotisch definieren. Man könnte sogar behaupten, er sei per Definition das Unerotischste überhaupt: keinen Sex zu haben. Bevor Sie mich jetzt für vollkommen verrückt halten, lassen Sie mich das kurz erklären: In jeder sexuellen Langzeitbeziehung kommt es immer wieder zu Situationen, in denen eine Person sich nach Sex sehnt, während das für die andere Person überhaupt nicht infrage kommt. Dafür muss sich ein Paar nicht einmal an weit entfernten Punkten der Landschaft des Begehrens verorten. Selbst wenn Sie sehr nahe beieinander begehren, lässt es sich nicht vermeiden, dass der Gedanke an Sex gelegentlich und immer wieder nur eine Person begeistert. Ratgeber für Liebespaare schlagen für diese Situationen häufig sogenannten »Wartungssex« vor. Wenn der Zeitraum ohne sexuelle Begegnung sich für die betroffene Person immer länger hinzieht und geradezu unerträglich wird, dann soll der sexdesinteressierte Herzensmensch schließlich über seinen Schatten springen und es einfach mal wieder versuchen. Dieser Ratschlag ist möglicherweise gut gemeint, aber dennoch sehr schlecht. Erstens verstößt er gegen die dritte Grundregel, dass Sex enthusiastisch-einvernehmlich zu sein hat. Betonung hier auf enthusiastisch. Zweitens lehnt er sich in seiner Formulierung an Nagoskis Konzept von responsivem Begehren an, obwohl es sich im Zweifelsfall um eine Person handelt, die unter gar keinen Umständen auf eine Party gehen will, sich über die Einladung nicht freut und am liebsten einfach nur in Ruhe gelassen werden möchte. Responsives Begehren ist aber nicht das Gleiche wie keinen Bock auf Sex zu haben. Es besteht ein deutlicher Unterschied zwischen »den Aufwand für eine Party scheuen« und »kein Interesse an einer Party haben«. Deshalb ist dieser Ratschlag auch so gefährlich. Er kommt daher wie ein gutes Konzept, wie Sie trotz Libidoungleichheit etwas für Ihre Partnerschaft tun könnten, bewirkt dann aber das Gegenteil. Und drittens vereinfacht er ein Problem, dass trotz seiner Komplexität gut lösbar ist. Wenn man sich nämlich etwas in die diversen Wartungssexratschläge vertieft, liest man schnell heraus, dass es nicht zwingend darum geht, unbedingt Sex zu haben, weil Sex für den Beziehungsmenschen sehr ansteht, sondern darum, ihn in seinen sexuellen Bedürfnissen nicht allein zu lassen. Letzteres ist eine ziemlich gute Idee. Wenn man die Forderung nach Wartungssex auseinandernimmt und in ihre Einzelteile zerlegt, lässt sich feststellen, dass es eigentlich um Strategien gegen Angst, Einsamkeit und ungestilltes Verlangen geht. Damit lässt sich umgehen. Die Ausgangslage ist Gleichberechtigung: Sex haben zu wollen ist genauso in Ordnung wie keinen Sex haben zu wollen. Ich bin kein schlechter Mensch, wenn ich nicht begehre. Ich bin kein schlechter Mensch, weil ich viel und oft begehre. Wie geht man von dort aus weiter? Wie soll es möglich sein, dass keinen Sex miteinander zu haben erotisch ist? Nun, in den meisten Fällen brechen wir an dieser Stelle einfach ab. Jemand hat versucht, Sex zu initiieren, die andere Person hat deutlich gemacht, dass sie daran kein Interesse hat. Entweder ziehen sich beide anschließend vom Thema zurück oder es wird noch eine Weile benörgelt und bestritten:

Wir haben überhaupt keinen Sex mehr miteinander.
Das stimmt doch gar nicht.
Das letzte Mal ist schon Monate her.
Führst du etwa Buch oder was?
Ja, weil du dauernd so tust, als würden wir ständig vögeln, obwohl wir es nie tun.
Du bedrängst mich immer – ist doch klar, dass ich da keine Lust auf Sex habe.

Bis zum nächsten Mal. Bis zum nächsten eisigen Anschweigen oder zum hitzigen Austausch sich wiederholender Vorwürfe. Aber wenn wir uns gleichberechtigt in Wohlwollen an die Fakten halten, gibt es eine Alternative. Fakt ist, dass Sex vom Tisch ist. Hören Sie auf, so zu tun, als wäre dem nicht so. Sex ist vom Tisch und er lässt sich auch nicht wieder draufreden. Sie können einen Streit darüber vom Zaun brechen und miteinander in den Konflikt über ihre Unzufriedenheit in Sachen Sex gehen. Aber dann sitzen Sie nicht mehr am gleichen Tisch. Fakt ist auch, dass Sie nicht zu schnell vom Stuhl aufspringen und den Tisch verlassen sollten, von dem der Sex gerade gewischt wurde. Auf dem Tisch liegt noch etwas, mit dem sich etwas anfangen lässt: Begehren. Lust. Sehnsucht. Was machen Sie damit? Müssen Sie das wirklich jedes Mal mit dem Sex vom Tisch wischen? Ich glaube, dass sich die meisten Betroffenen dazu veranlasst fühlen, Sex unmissverständlich vom Tisch zu wischen. Weil sie ihn schlicht und ergreifend nicht wollen. Wenn es aber einen Weg gäbe, dass beide ohne diese übertriebene Geste die Realität anerkennen, dann könnten sie sich um die anderen Gefühle kümmern. Gut, Sex ist vom Tisch, aber was mache ich mit meinem Begehren? Ich vermisse dich. Ich will dich. Mit diesen Dingen sollte man sehr behutsam und zärtlich umgehen und sie nicht etwa herunterspielen oder missachten. Andernfalls zerstört man sie und dann hätte man es mit einer Person zu tun, die einen nicht länger begehrt, vermisst und will. Ist das etwa das Ziel? Falls nicht, müssen wir einen besseren Umgang damit finden. Sex ist vom Tisch, aber ich verstehe, dass du mich vermisst. Ich sehe, dass du mich begehrst. Wie kann ich dem mit mehr Wertschätzung begegnen? Wie können wir deiner Sehnsucht Raum geben, ohne dass ich das Gefühl haben muss, mitten im Raum stünde der Elefant Sex? Diese Vorgehensweise löst natürlich nicht das Problem des mangelnden Sex für die betreffende Person. Aber sie bemüht sich wenigstens um einen wohlwollenden Umgang damit, indem wertschätzend auf Begehren, Lust und Sehnsucht eingegangen wird. Die meisten Beziehungen, die angeblich an mangelndem Sex gescheitert sind, scheitern daran, dass zu lange so getan wurde, als gäbe es überhaupt kein Problem. Dass eine Person bedrängt und eine andere Person allein gelassen wurde. Dass beide darüber in Sprachlosigkeit erkalten. Also sollten Sie sich um eine Erotik des Nicht-miteinander-Sex-Habens bemühen. Fragen. Zuhören. Anbieten. Anschauen. Wahrnehmen. Denn wenn es Sie nicht mehr interessiert, wie es Ihrem Herzensmenschen mit seinen sexuellen Bedürfnissen geht, dann interessieren Sie sich bald gar nicht mehr für ihn. Und er sich nicht für jemanden, der ihm mit so offensichtlichem Desinteresse begegnet.

SIEBEN

Elternschaft

»Niemand kann mit einem Kind um sich herum schreiben. Das funktioniert nicht. Man ärgert sich nur die ganze Zeit.«[1]

Doris Lessing

Falls es Ihnen auf den vorangegangenen Seiten noch nicht aufgefallen sein sollte: Auch dieses Kapitel wird Ihnen großflächig präsentiert von Nachtarbeit. Nachtarbeit – die Alternative zu Arbeitszeiten mit natürlicher Beleuchtung und der Möglichkeit, den diversen Biofunktionen des menschlichen Körpers gerecht werden zu können, ohne dabei Gefahr zu laufen, Familienmitglieder zu wecken. Nachtarbeit. Denn auch für Sie kann alles dunkler und ermüdender werden. Wir unterbrechen unsere Nachtarbeitswerbung für einen kurzen Realitätsabgleich mit dem Autor dieser Zeilen: Herr Pickert, was sagen Sie denn dazu?

Also ich hab mich einigermaßen daran gewöhnt und ich mag es tatsächlich ganz gern, wenn ich nachts in Ruhe vor mich hinarbeiten kann, ohne unterbrochen zu werden. Aber ehrlich gesagt würde ich es ohne Kinder nicht machen.

So, jetzt ist es raus. Obwohl ich schon mit Mitte 20 damit begonnen habe, meine Schreibarbeit in die Nacht zu verlegen und Jahre Zeit hatte, mich daran zu gewöhnen, bin ich nicht wirklich ein Fan. Verstehen Sie mich nicht falsch: Ich bin froh, dass mir Nachtarbeit als Option offensteht und ich mit einem Latte macchiato um 20 Uhr bis 1.30 Uhr komme. Ich mag es, wenn alles um mich herum still ist, meine Lebenskomplizin in meinem Rücken schläft und meine Gedanken Platz haben, um sich auszubreiten. Aber Tageslicht ist eine nicht zu unterschätzende Wohltat. Sich etwas kochen können. Jemanden anrufen, wenn man Fragen hat. Nicht andauernd gegen die eigene Müdigkeit ankämpfen zu müssen. Wobei: Streichen Sie den letzten Satz. Mit Kindern ist man fast immer müde – egal, zu welcher Zeit man seiner Erwerbsarbeit nachkommt. Das Geheimnis der Mitte 20 wäre damit auch gelöst: Mit Mitte 20 wurde ich Vater meiner ältesten Tochter. Seitdem ist mein Tagesablauf nicht mehr derselbe. Das ist auch der Grund, warum dieses Kapitel mit einem Zitat der Literaturnobelpreisträgerin Doris Lessing überschrieben ist. Denn eigentlich dürfte es dieses Buch gar nicht geben. Immerhin bin ich Vater von vier Kindern. Wenn ich Sie auf den vergangenen Seiten nicht nach Strich und Faden belogen habe und Gleichberechtigung auch nur halb so ernst nehme, wie ich sie laut meiner eigenen Aussagen nehmen sollte, dann hätte ich ziemlich viel zu tun und viel zu wenig Zeit dafür, ein Buch zu schreiben. Die hatte auch Doris Lessing. Mit 29 Jahren zog die frisch geschiedene Mutter dreier Kinder nach London, um sich ihren Lebensunterhalt als Schriftstellerin zu verdienen. Ihre ersten beiden Kinder hatte sie bei ihrem ersten Ehemann gelassen, den gemeinsamen Sohn aus zweiter Ehe nahm sie mit sich nach England. Sie lebte bis zu seinem Tod mit Peter zusammen, den sie mit über 90 Jahren noch wegen seiner schweren Diabeteserkrankung pflegte, bevor sie nur drei Wochen nach ihm verstarb. Sie schrieb also Bücher in der Unmöglichkeit ihres eigenen Zitats. Zeit ihres Lebens wurde Lessing vorgeworfen, sie habe ihre Karriere vor ihre Kinder gestellt. Weil sie Erfolg hatte. Weil sie es gewagt hatte, die Erziehung und das Kümmern um ihre beiden Kinder deren Vater zu überlassen. Und natürlich weil sie sich immer wieder dazu geäußert hat, wie schwierig es insbesondere für eine Frau ist, in Verantwortung für Kinder ein selbstbestimmtes Leben zu leben und die eigenen Karriereambitionen zu realisieren. Mit männlichen Autoren war und ist man bis auf den heutigen Tag weitaus gnädiger verfahren. Selbst mit Thomas Mann, der legendär zerrüttete Beziehungen zu seinen sechs Kindern hatte, die er »früh an Ungerechtigkeit gewöhnen«[2] wollte. Auch mit mir ist man sehr gnädig. Niemand findet, dass ich angesichts meiner Verantwortung für vier Kinder deutlich zu viele Karriereambitionen habe. Niemand kommt auf die Idee, dass ich sie vernachlässigen würde, wenn ich irgendwo in Deutschland einen entspannten Abend mit Lesung oder Vortrag und Gesprächen verbringe. Gleichzeitig traut mir kaum jemand zu, auch nur in annähernd gleichberechtigtem Maße Verantwortung für meine Kinder zu übernehmen. Also nicht nur die Aushilfskraft zu sein, die am Wochenende »auch mal die Kinder nimmt«, damit die Mutter was mit ihren Freundinnen unternehmen kann. Aber Augenringe seien meine Zeugen, die Nachtarbeit ist real. Ich bin für mein erstes Buch in die Nachtarbeit geflüchtet, weil meine Lebenskomplizin in einer anderen Stadt gerade die Probezeit für ihren neuen Job abriss und wir mit den Kindern nicht umziehen wollten, bevor alles in trockenen Tüchern ist. Als wir nach neun Monaten schließlich in Münster ankamen, wollte ich mich davon erholen und meine Arbeitszeiteinteilung deutlich umstellen. Ich verbrachte den Februar 2020 mit der Kitaeingewöhnung meiner beiden Jüngsten, mit Renovierungsarbeiten und Ankommen. Drei goldene Wochen lang hatte ich tagsüber sieben Stunden am Stück Zeit, um einfach nur zu arbeiten und mich nebenher um den Haushalt zu kümmern. Am 16. März 2020 beschloss die Bundesregierung den ersten Lockdown. Hallo Nachtarbeit, alte Freundin. Ich bin zurück. Lass es uns kurz machen: Ich brauch dich wieder.

Ich erzähle Ihnen das alles nicht, weil ich mir von Ihnen Applaus für meine ach so tolle Vaterschaft erhoffe. Ich tue, was nötig ist, ich mache einfach meinen Job. Ich will Ihnen nur von Anfang an klar machen, dass hier mit harten Bandagen geschrieben wird. Elternschaft bedeutet, dass man Verantwortung für einen anderen Menschen übernimmt. Je jünger und hilfloser dieser Mensch ist, desto umfassender die Verantwortung. Und diese Verantwortung wird großflächig von Frauen getragen. Frauen, die ebenfalls von Nachtarbeit berichten könnten. Von Vorkochen, Wäscheorgien und abendlichen Aufräumaktionen. Von Geldmangel wegen Schulmittelkosten, Tränenausbrüchen wegen völliger Erschöpfung. Von Sorgen und Liebe, Stress und Arbeit. »Ich möchte nicht überall nur halb sein. Sondern ganz«, schreibt die Autorin Mareice Kaiser in *Das Unwohlsein der modernen Mutter*[3] über die existenzielle Atemnot in der unglaublichen Flut an Anforderungen, mit der Mütter heutzutage eingedeckt werden. Gute Mutter sein und Haushalt schmeißen. Im Job alles geregelt kriegen, vorankommen, Geld verdienen. Organisieren, planen, andere nicht mit der eigenen Verzweiflung belästigen. Lieb sein, lächeln, sich jeden Morgen in die Präsentabilität restaurieren. Verführbarkeit ausstrahlen. Fickbar bleiben. An dieser Stelle gern der Disclaimer: Ja, das trifft nicht auf alle Frauen zu. Natürlich auch nicht auf alle Männer. Aber in einer Gesellschaft, die immer noch über geschlechterspezifische Begriffe wie »Familienvater« und »berufstätige Mutter« verfügt, brauchen wir uns wirklich nicht darüber zu unterhalten, ob es denn stimmt, dass Frauen qua Geschlecht zu unbezahlter Care-Arbeit herangezogen werden und Männer sich für ihre Karriere bereitzuhalten haben. Wie ich hoffentlich zeigen konnte, ist Liebe in Gleichberechtigung schon als Paar, das nur sich selbst verantwortlich ist, eine Mammutaufgabe. Eine erstrebenswerte, eine lösbare, aber eben eine Mammutaufgabe. Als Eltern wiederum haben Sie es mit einer ganzen Mammutherde zu tun. Das ist es übrigens, was Eltern tun, wenn sie abends nach sehr langen Tagen in ihren Betten liegen: Sie zählen nicht etwa Schafe, sondern Mammutaufgabenherden. Und wenn wir irgendwie mit denen zurechtkommen wollen, dann müssen wir sehr ehrlich abzählen, wer sich für wie viele Mammuts zuständig zu fühlen hat. Dazu wird auch gehören, dass wir uns die »Mach du das mal, du kannst mit diesem speziellen Mammut so viel besser umgehen als ich«-Ausrede ganz genau anschauen und uns fragen, wer sie häufiger benutzt. Und vor allen Dingen dürfen wir nicht auf Slogans hereinfallen. In den letzten Jahren wurde eine Flut von politischen Maßnahmen, Sharepics und Reden über uns ausgeschüttet, die alle irgendwie vermitteln sollten, dass wir Elternschaft mit dem System gleichberechtigt auf die Reihe bekommen können. Wir haben das Gute-Kita-Gesetz. Wir haben nette Bildchen in den sozialen Netzwerken vom Bundesfamilienministerium, in denen Mütter in lichtdurchfluteten Loftwohnungen unter Pandemiebedingungen Homeschooling machen. Und nicht zu vergessen 1001 Sonntagsreden über die Vereinbarkeit von Familie und Beruf. Das stimmt aber nicht. Gleichberechtigte Elternschaft kriegen Sie nur gegen das System hin. Gegen politische Entscheidungen, gegen die Nachbarschaft, gegen das Geflüster beim Kuchenbasar in der Schule. Wenn Sie Glück haben, werden Sie auf Menschen treffen, die Sie unterstützen. Aber ich würde Ihnen einen sehr schlechten Dienst erweisen, wenn ich an dieser Stelle behauptete, Sie müssten sich nur einigermaßen in diese Gleichberechtigungssache reinhängen und dann käme man Ihnen diesbezüglich entgegen. Nichts dergleichen wird passieren. Die gleichstellungspolitischen Maßnahmen in diesem Land sind nicht einmal ansatzweise genug, um wirklich etwas für Gleichberechtigung zu tun. Das liegt an der Gesamtschieflage. Patriarchat, Kapitalismus, Sie erinnern sich vielleicht. Die Prioritäten werden falsch gesetzt. Die Familie mit dem Beruf vereinbaren zu wollen ist in seiner Gewichtung ungefähr so sinnvoll und Erfolg versprechend, wie Lebensqualität mit der »autogerechten Stadt« zusammenzudenken. Wenn ich hier also darüber schreibe, wie Paare auch als Eltern gleichberechtigte Lebenskompliz♡innen auf Augenhöhe sein können, dann ist mir klar, was ich verlange. Die Voraussetzungen sind denkbar schlecht. Aber jeder Schritt in die richtige Richtung ist ein guter Schritt. Insbesondere vor dem Hintergrund der Tatsache, wie wenig wir alle auf Elternschaft als Zumutung für Gleichberechtigungsambitionen vorbereitet scheinen.

Wir waren mal Stars

Über die Sollbruchstelle zwischen Jugendliebe und der Liebesbeziehung zwischen Erwachsenen haben wir uns ja bereits verständigt. Was soll ich sagen: Den Übergang von Liebespaar ohne Kind zu »Elternpaar, das vollständig damit beschäftigt ist, den ausbrechenden Wahnsinn zwischen Kümmern, Hausarbeit, Job und ›Waren wir nicht irgendwann mal ein Paar?‹; zu bewältigen, ist mindestens genauso turbulent. Eben sitzen Sie noch entspannt in Ihrer Beziehungsmaschine. Weil Sie schon ein Weilchen zusammen sind, haben Sie die maximale Beziehungsflughöhe erreicht. Die Anschnallzeichen erlöschen, Sie entspannen sich und freuen sich auf einen kleinen Snack und die Zeitung. Und im nächsten Moment wackelt die ganze Maschine. Nicht dass wir uns missverstehen: Kinder sind großartig. Wenn sie es nicht wären, hätte ich nicht vier davon. Ich wollte immer mindestens zwei, maximal vier. Dass es vier geworden sind, sagt nicht nur etwas über meinen generellen Grundoptimismus aus, sondern auch darüber, dass sich Leben mit Kindern sehr, sehr gut anfühlen kann. Das ändert aber nichts daran, dass die Umstellung von Liebespaar auf Elternpaar sehr schwierig ist. Da wäre zunächst der Umstand, dass die neuen Aufgaben, Gefühle und Verantwortlichkeiten so überwältigend sind, dass die Liebe nicht nur sprachlich in den Hintergrund rückt. Ein Elternliebespaar zu sein ist keine Kleinigkeit. Schon gar nicht, wenn es sich um ein gleichberechtigtes Elternliebespaar handeln soll. Womit wir bei der Hauptturbulenz wären: Selbst wenn Sie zu den Paaren gehören sollten, die mit aller gebotenen Sorgfalt und Umsicht ihren Beziehungsvertrag erstellt haben und ihn gemeinsam im Auge behalten, sind Sie auf Elternschaft nicht vorbereitet. Selbst wenn Sie wohlwollend miteinander umgehen, Interesse aneinander haben, offen zu ihren Bedürfnissen stehen und die Möglichkeit eines Wandels nicht nur akzeptieren, sondern begrüßen, reicht es nicht. Es sind allenfalls gute Voraussetzungen. Denn egal mit wie vielen Gesprächen, Ratgebern und Dokumentationen Sie sich auf Ihre neue Rolle als Eltern vorbereiten, bleibt es doch eine Übung. Das soll nicht heißen, dass es klug wäre, darauf zu verzichten. Im Gegenteil: Es gibt durchaus Klauseln, die man vorab in Beziehungsverträge aufnehmen kann, um Elternschaft als Paar, aber eben auch in Bezug auf die Kinder möglichst gleichberechtigt anzugehen: Wertschätzend miteinander zu sprechen zum Beispiel. Gewaltverzicht. Verzicht auf Gefühlsnegierungen. Gerade letzteres fällt erwachsenen Menschen, die keine Erfahrung mit Kindern haben, unglaublich schwer. Wir neigen grundsätzlich dazu, ungute Emotionen zu begrenzen, kleinzureden und ihnen möglichst wenig Raum zu geben: Das ist doch alles nicht so schlimm, nimm es nicht so schwer. Leider verwechseln wir gerade im Umgang mit Kindern diese Strategie mit Trost. Es ist aber nicht tröstend, wenn Kinder auf der Stelle erklären müssen, was passiert ist und wieso sie weinen. Und noch weniger Trost ist es, darüber zu bestimmen, dass dieses oder jenes »doch kein Grund zum Weinen ist« und das Kind »jetzt wirklich lange genug geweint hat«. Natürlich trifft es zu, dass Trauer und Schmerz bei anderen Menschen umso schwerer auszuhalten sind, je mehr man mit ihnen verbunden ist. Je stärker man liebt. Gleichzeitig ist es gerade Ausweis einer gleichberechtigten Liebe, diese Gefühle an anderen zuzulassen und sie nicht wegzudiskutieren. Wenn Sie und ich Schmerzen haben, Trauer oder Verzweiflung empfinden, dann wollen wir, dass sich jemand damit liebevoll und mitfühlend befasst. Dass wir in diesen Situationen Verständnis und Trost brauchen, finden wir selbsterklärend. Mit einer Stoppuhrtröstung würden wir uns niemals zufriedengeben. So, kurz noch weinen, dann ist aber genug. Reiß dich zusammen jetzt! Und doch werden Kinder genau so behandelt. Ein gutes Beispiel auf Elternebene ist das der temporären Loyalität. Stellen Sie sich vor, Sie sind in einem Meeting, in dem Sie gemeinsam mit einem Kollegen oder einer Kollegin ein Projekt vorstellen. Sie haben das Projekt gemeinsam gründlich durchgesprochen und erarbeitet. Während Sie referieren, fängt das andere Mitglied Ihres Teams an, unruhig auf seinem Stuhl herumzurutschen. Schließlich platzt es aus ihm heraus: Nein, das stimmt nicht, den und den Punkt haben wir ganz anders gemeint, eigentlich gilt das und das. Als Eltern sind Sie dauerhaft in einem solchen Meeting. Es gibt einen ganzen Katalog aus Regeln, Ansagen und Gewohnheiten, die unmittelbaren Einfluss auf Ihren Familienalltag nehmen. Und Sie werden über kurz oder lang auf jeden Fall, ich wiederhole: auf jeden Fall und ausnahmslos, in Situationen geraten, in denen Sie eine andere Ansicht als Ihre Partnerin oder Ihr Partner vertreten. Und wenn Sie das Bedürfnis haben, von Ihrem Co-Erziehenden nicht vor den Kindern wegen Kleinigkeiten in die Pfanne gehauen zu werden, dann steht ihm auch dieses Recht zu. Mit Kleinigkeiten meine ich alltagsbezogenen Sachen, die im Gesamtbild keine Rollen spielen. Wenn Sie Ihrem Kind erlauben, an einem sonnigen Ferientag eine Stunde länger aufzubleiben; und dabei leider vergessen haben, dass eigentlich Elternabsprache war, das Kind heute pünktlich ins Bett zu bringen, dann ist das so ein Fall. Dafür würden Sie vermutlich nicht vor dem Kind zur Rede gestellt werden wollen, das ließe sich später deutlich besser besprechen: Wir hatten doch vereinbart, das

Kind heute pünktlich ins Bett zu bringen, was ist passiert? Sorry, du hast recht, jetzt erinnere ich mich. Das Wetter war so schön, da dachte ich, das wäre eine gute Idee. Morgen achte ich mehr darauf. Zweifellos gibt es auch Momente, in denen das nicht möglich ist. In denen spontane Zu- oder Absagen von solcher Tragweite gemacht werden sollen, dass mögliche Differenzen auch vor und mit dem Kind ausgetragen werden müssen. Aber Sie werden feststellen, dass die Anzahl dieser Fälle erstaunlich gering ist und dass das, was ich temporäre Loyalität nenne, im Grunde darauf beruht, wie loyal man sich generell zueinander verhält. Ich wähle dieses Beispiel gern, weil es eins der wenigen Beziehungsvertragsklauseln zu Elternschaft ist, die meine Lebenskomplizin und ich vor der Geburt unserer ersten Tochter aufgesetzt haben und die immer noch hält. Ich könnte gar nicht mehr rekonstruieren, wie wir darauf gekommen sind. Und rückblickend betrachtet hätte ich niemals gedacht, dass eine so unscheinbare Vereinbarung so viel zu gleichberechtigter Elternschaft beitragen würde. Aber gerade das ist der springende Punkt: Wir hatten uns als angehende Eltern viel vorgenommen. Wir waren davon überzeugt, eine sehr gleichberechtigte Beziehung zu leben, aus der sich zwangsläufig auch eine gleichberechtigte Elternschaft ergeben würde. Mit anderen Worten: Auf einer Skala von 1 bis 10 waren wir in dieser Sache wie die meisten anderen auch mindestens 17 naiv. Nicht, dass es uns mit Gleichberechtigung nicht ernst gewesen wäre. Aber es hat eine gewisse Eitelkeit, wenn man wie wir glaubt, Gleichberechtigungsvereinbarungen einfach nur hochskalieren und um einen anderen Menschen erweitern zu können. So schwierig es auch sein mag, als Liebespaar ohne Kind eine Lebenskompliz♡innenschaft zu schmieden, so risikolos nimmt sich dieses Unterfangen gegenüber dem Versuch aus, das als Elternliebespaar zu versuchen. »Wir waren mal Gleichberechtigungsstars« reicht da nicht. Zu Lebenskompliz♡innenschaft verpflichtet man sich nicht einmal, um dann zu erwarten, dass sie einen in den Sonnenuntergang geleitet. Das klappt schon deshalb nicht, weil es die Komponente des Wandels entweder unterschätzt oder verneint. Elternschaft ist kein Prozess allmählicher Veränderung in mehr Verantwortung. Vielmehr ist auf einen Schlag alles verwandelt: Sie, Ihr Herzensmensch, Ihr Verantwortungsbereich, Ihre Freundschaften, Ihre Zukunftsaussichten. Alles. Es klappt auch deshalb nicht, weil ganz ähnlich wie bei der Jugendliebe viele Ihrer Pläne und Vereinbarungen zuvor nicht der Extremsituation Elternschaft ausgesetzt waren. Dass man sich darum bemüht, sein eigenes Wohlbefinden nicht über das des anderen zu stellen, ist ein wirklich schönes Vorhaben. Aber wie viel davon übrig bleibt, wenn Sie beide über Tage und Wochen an Schlafmangel leiden und zum Millionsten Mal die gleichen nervigen Tätigkeiten durchführen müssen, steht auf einem anderen Blatt. Der Inhalt dieses Blattes bestimmt maßgeblich, was für eine Beziehung Sie führen. Ein letztes, nur ein letztes Beispiel noch, bevor wir weitergehen. Oder halt, nein: Zuerst noch einmal die erneute Versicherung, dass ich Ihnen nicht ausreden will, Kinder zu bekommen. Ich möchte nur so wahrhaftig wie möglich sein. Meine vier Kinder sind gemeinsam mit meiner Lebenskomplizin wahrhaftig das Beste, was mir je passiert ist. Und ich glaube wahrhaftig nicht, dass Sie als Elternteil zwingend vor genau den gleichen Herausforderungen stehen wie wir und die gleichen richtigen oder falschen Entscheidungen treffen. Aber beantworten Sie mir bitte in diesem Zusammenhang noch eine Frage: Wie oft werden und wurden Sie in Ihrem Erwachsenenleben ohne Kinder angeschrien? Also vorausgesetzt; Sie leisten nicht gerade Ihren Militärdienst oder halten sich in toxischen Arbeits- beziehungsweise Liebesbeziehungen auf, wo Schreien zur Standardübergriffigkeit gehört. Wie oft brüllt man Sie an? Wissen Sie, wie es Ihnen damit geht, wie Sie reagieren, wenn man Sie wiederholt über einen längeren Zeitraum anbrüllt? Denn auch das ist Elternschaft. Vor allem in den ersten Monaten und Jahren. Sie werden aus Leibeskräften angeschrien. Immer wieder. Deshalb ist es richtig und wichtig, vorab robuste Beziehungsvereinbarungen auszuhandeln, die einem im besten Fall ermöglichen, Konflikte und Extremsituationen besser zu lösen als ohne sie. Aber Sie werden nicht umhinkommen, in diesem Gebrüll neu zu verhandeln. Sie werden Ihr eigenes Wort nicht verstehen. Sie werden Dinge sofort brauchen und erst Wochen später bekommen. Wenn überhaupt. Sie werden sich selbst nicht wiedererkennen und müssen doch umso besser wissen, wer Sie sind, damit Sie gut verhandeln und sich nicht verlieren. Es ist schwer, sich in dieser Elternzone zu verzeihen. Wenn Wohlwollen Ihrem Herzensmenschen gegenüber unter gewöhnlichen Umständen ein Gewicht hat, dann katapultiert Sie Elternschaft auf einen Planeten mit vielfacher Schwerkraft. Wohlwollen ist dort für Sie kaum noch zu stemmen. Woher also die Kraft nehmen?

50/50

Es gibt keine 50/50 Lösung. Ja, Sie haben gerade richtig gelesen. Ich, der Befürworter und Verfechter von Gleichberechtigung sage, dass das unmöglich ist. Ein echtes 50/50-Prinzip würde nicht nur bedeuten, dass man unterschiedliche Leben vollständig synchronisiert, sondern auch, dass äußere Einflüsse entweder gleichgeschaltet oder ausradiert werden. Das wird niemals passieren. Egal, wie ausgefeilt Ihr Beziehungsvertrag ist, egal, wie wohlwollend Sie sich lieben. Sie werden niemals jeden Bereich Ihres Paarlebens so aufteilen können, dass wirklich immer beide zur Hälfte daran beteiligt sind. Nun mag man daraus schließen, dass man es dann ja auch gleich sein lassen könnte. Wenn eine faire 50/50-Aufteilung nicht möglich ist, warum dann der ganze Stress? Wieso ersparen wir uns nicht die ganze Arbeit, lieben uns einfach und schauen, was passiert? Das wiederum wäre mit Blick auf meine Beziehungsvertragstheorie noch absurder. Mit der Begründung, sich nicht vollständig absichern zu können, überhaupt keine Sicherheitsvorkehrungen zu treffen, gar nicht mehr zu planen und keine Beziehungsregeln aufzustellen ist keine Alternative. Nach dieser Logik müssten wir alle Sicherheitsmaßnahmen einstellen, weil Leben immer gefährdet ist und tödlich endet. Lieber gar keine statt ein bisschen Entlastung macht nicht wirklich Sinn. Also versuchen wir es. Wir versuchen es und stellen dabei fest, dass eine gleichberechtigte Beziehung nicht daraus besteht, in allen Bereichen das exakt Gleiche zu leisten. Es geht nicht darum, dass beide die gleiche Anzahl von Mahlzeiten zubereiten, gleich oft putzen, gleich viele Windeln wechseln oder die Kinder gleich häufig ins Bett bringen. Das würde ja bedeuten, es gleichzumachen, nicht gleich zu berechtigen. Eine Lebenskompliz♡innenschaft versucht nicht, es gleichzumachen. Sie verschwört sich vielmehr gegen die Umstände, die gerade das verunmöglichen, und operiert mit Gleichwertigkeit. Und selbst wenn es möglich ist: Wer sagt, dass gleichmachen unbedingt erwünscht ist? Sie erinnern sich doch noch, dass ich vor der Corona-Pandemie meine vier Kinder neun Monate lang allein betreut habe? In einem »Windel um Windel, Betreuungszeit um Betreuungszeit«-Szenario wäre jetzt also meine Lebenskomplizin dran. Ich will die nächsten neun Monate aber gar nicht ohne sie und ohne meine Kinder verbringen! Auch nicht in naher Zukunft. Das war alles schon anstrengend und ätzend genug, ich möchte möglichst viel Zeit mit ihnen haben. Trotzdem habe ich diese Betreuung innerhalb unserer Beziehung für unsere gemeinsame Familie geleistet. Es hat mich viel Zeit, Kraft und Nachtarbeit gekostet. Ich brauche dafür eine Form der Wertschätzung. Andernfalls würde ich bei möglicher Wiederholung einer solchen Situation darüber verbittern, dass mein Beitrag nicht gesehen und/oder für selbstverständlich genommen wird. Die Art der Wertschätzung ist wie so vieles Aushandlungssache. Sie muss darüber hinaus multidimensional sein. Das heißt, sie darf nicht nur den nackten Wert meines Einsatzes bemessen, sondern muss sich an den Personen orientieren. Was zum Beispiel überhaupt noch nicht in die Wertschätzungserwägung mit einbezogen wurde, ist der Umstand, dass dieselbe Leistung uns beiden unterschiedlich viel abverlangt. Um es kurz zu machen: Ich würde eingehen, wenn ich so lange von meinen Kindern getrennt wäre. Ich bin ein gluckiger Sorgenbär, der lieber einmal zu viel in das Zimmer der Kleinen guckt, wenn lange keine Geräusche mehr zu hören waren, als einmal zu wenig. Und auch wenn meine Lebenskomplizin das deutlich besser kann als ich, leistet sie trotzdem Familienarbeit, indem sie in der für sie auch schmerzlichen Abwesenheit ihrer Kinder es schafft, eine berufliche Existenz aufzubauen. Weder simples Aufwiegen funktioniert noch die eher leistungsbezogene einseitige Betrachtung des Aufwands. Die Frage ist also weniger, was man verdient, sondern was man braucht, um sich in seinem Einsatz für die Familie gesehen und wertgeschätzt zu fühlen. Ob nun am Arbeitsplatz, in der zeitweisen Kinderbetreuung in Fernbeziehung oder beim alltäglichen Kümmern und Haushaltschmeißen. Selbst wenn Sie einander sehr gut kennen, können Sie niemals ganz absehen, wo der oder die andere kräftemäßig steht. Wenn jemand von Ihnen besonders gut und gern kocht, dann mag es sein, dass diese Person das freiwillig übernimmt und Spaß daran hat. Das bedeutet nicht, dass es nicht auch anstrengende Arbeit ist. Und vielleicht hat man irgendwann auch die Schnauze voll davon, durchgehend für andere zu kochen. Dass man gern selbst kocht, heißt ja nicht zwangsläufig, dass man nicht hin und wieder auch gern bekocht würde. Sie sind also mehr denn je auf gegenseitiges Wohlwollen und daraus resultierende Fairness angewiesen. Aber zum einen ist Wohlwollen eine knappe Ressource. Und zum anderen haben sich, wie bereits erwähnt, die Umstände derart verändert, dass die gleiche Menge Wohlwollen nicht mehr ausreicht, um ihre Liebesbeziehung zu tragen. Und wenn wir hier schon einmal unter uns sind, kann ich es ja sagen: Es ist sogar noch ein bisschen schlimmer. Denn die Wahrscheinlichkeit ist hoch, dass Sie im Laufe Ihrer Elternschaft irgendwann so miteinander umgehen, als hätten Sie sich gegenseitig betrogen. Sprich: vorsätzlich den Beziehungsvertrag verletzt. Und im Prinzip tun Sie das als Eltern auch. Sie betrügen sich beide willentlich und wissentlich um das Paar, dass Sie ohne Kinder wären. Um die Zeit, die Sie miteinander hätten. Um das Geld, das Ihnen zur Verfügung stünde. Um die Urlaube, die sexuellen Begegnungen, die Momente intimer Zweisamkeit. Um den verdammten Schlaf! Früher oder später werden Sie an den Punkt kommen, an dem Sie jemandem dafür die Schuld geben wollen. Wie kommen Sie da raus? Wie kann man sich verzeihen, wenn doch klar ist, dass niemand etwas falsch gemacht hat? Die Antwort, die Sie meistens auf diese Fragen erhalten, stimmt leider nicht. Mit der wird versucht, nett zu Ihnen zu sein und Sie zu schonen. Mit dem Ergebnis, dass am Ende alles noch viel gemeiner ist. Der Ratschlag, den Sie sich an sehr vielen Stellen holen können, lautet für gewöhnlich, dass Sie in Ihrer Elternschaft Inseln für Ihre Paarbeziehung schaffen sollen, um nicht vollkommen durchzudrehen. Andernfalls fangen Sie an, sich nach und nach gegenseitig alles vorzuwerfen, was es überhaupt nur vorzuwerfen gibt. Wie gesagt: Nett, aber funktioniert nicht. So viele Inseln können Sie gar nicht erschaffen, wie Sie in Ihrer Elternschaft nach Ihrer Paarbeziehung brauchen werden. Und groß genug sind sie auch nicht.

Mein Vorschlag ist ein anderer: Akzeptieren Sie den Wandel. Sie sind ab dem ersten Kind für alle Zeit unwiederbringlich ein Elternpaar. Das gilt auch, wenn Sie sich trennen. Das gilt selbst dann, wenn Ihr Kind sterben sollte. Erschaffen Sie Ihre Liebesbeziehung neu als Elternliebesbeziehung. Andernfalls werden Sie irgendwann auf einer dieser kostbaren Inseln stehen, auf das Chaos der Elternschaft blicken und es verfluchen. Sie werden nicht mehr dorthin zurückwollen und stattdessen immer wieder zu dem Gefühl zurückkehren, dass Sie sich mit Ihrer gemeinsamen Elternschaft gegenseitig und ohne Not um Ihre Existenz als Liebespaar betrogen haben. Dass diese kleine Insel kein adäquater Ersatz für Ihre Liebesbeziehung ist, weil Sie so viel mehr brauchen als das. Schließlich stehen Sie nicht einmal mehr gemeinsam als Paar auf einer dieser Inseln, sondern allein. Und am Ende stiehlt sich jemand aus diesem Archipel der einstigen Liebesbeziehung davon. Die Alternative ist, sich alltäglich zu lieben. Sich in Gewöhnlichkeiten zu küssen. Die Banalität des Zusammenlebens so zu gestalten, dass sie sich meistens ziemlich gut anfühlt. Die Alternative ist, gemeinsam bei dem Satz anzukommen: Ich liebe es, an deiner Seite für unsere Familie zu schuften. Das gelingt Ihnen nur, wenn Sie aufeinander achtgeben, sich nicht übervorteilen und Bedürfnisse weder schauspielern noch ignorieren. Wenn Sie wie ich eine Form der Wertschätzung für neun Monate Kinderbetreuung oder etwas anderes wollen, dann sagen Sie es. Warten Sie nicht darauf, dass Ihr Beziehungsmensch Ihre Gedanken lesen kann. Das wäre nämlich doch eher ungewöhnlich. Und wir wollten es doch zur Abwechslung mal mit dem Gewöhnlichen versuchen. Formulieren Sie, was Sie brauchen: Dankbarkeit. Nähe. Zeit für sich. Flirtsituationen. Mehr Engagement des oder der anderen im Haushalt und bei der Kinderbetreuung. Sex. Nie wieder Elternabende. Ein Jahr ohne Messengernachrichten mit »lustigen« Weihnachtselchen und »niedlichen« Osterhäschen aus der Klassengruppe. Versuchen Sie, die Anforderungen an Sie als Elternliebespaar fair aufzuteilen und nicht kleinlich zu sein:

»Stimmt, du bringst immer den Müll raus. Aber dafür mache ich den Kindern jeden Morgen das Essen für die Kita und die Schule.«
»Ist mir gar nicht aufgefallen, hast du recht. Mein Problem ist nicht der Aufwand, sondern dass es einfach eklig ist.«
»Gibt es sonst etwas, worauf du keinen Bock hast?«
»Spiegelputzen nervt. Die Kleinen sprühen beim Zähneputzen dauernd ihren Zahnpastaregen darauf.«
»Gut, dann mach ich das ab jetzt für eine Weile allein. Wenn es zu schlimm wird, schreie ich um Hilfe und du kommst mich retten. Versprochen?«
»Versprochen.«

Inmitten des Gewöhnlichen ist eine Elternliebesbeziehung etwas sehr Besonderes. Sie ermöglicht es, dass Sie sich nicht trotz der banalen Alltäglichkeiten als Liebespaar sehen, sondern in ihnen. In den nervigen Putzeinsätzen. In den gemeinsamen Abendmahlzeiten. In diesen unglaublichen Momenten, in denen man sich am Freitagabend nach einer unfassbar anstrengenden Woche kurz nach Mitternacht müde in die Augen schaut und sich selbst oder den Herzensmenschen die sechs Worte sagen hört, die alle Eltern hören wollen: Morgen bist du mit Ausschlafen dran.

Preisausschreiben

Moment, Moment, wir sind noch nicht fertig. Jetzt haben ich Ihnen zwar eine Kurzanleitung für eine Elternliebesbeziehung gegeben, aber zugleich auch eine Handreichung für den Niedergang ihrer Beziehung. »50/50 funktioniert nicht« ist nämlich genau die Deckung, hinter der insbesondere Männer Schutz suchen, die meinen sich an Care-Tätigkeiten nicht in gleichwertiger Weise zu ihren Partnerinnen beteiligen zu müssen. Wenn ich also schreibe, dass »Windel um Windel und Betreuungszeit um Betreuungszeit« keine Lösung ist, dann ist das zwar einerseits richtig, kann aber andererseits auf gar keinen Fall so stehen gelassen werden. Denn viel zu lange schon werden Frauen über solche Aussagen emotional erpresst und an den Haushalt gebunden. Sie sind zu unbezahlter Arbeit zwangsverpflichtet, die man an ihre Geschlechtsidentität und die kollektiven Rollenerwartungen koppelt. Zu Liebesarbeit. Immer wenn Frauen versuchen, Preisschilder an ihre Tätigkeiten zu hängen, um aufzuzeigen, wie sehr sie im patriarchal-sexistischen System übervorteilt werden, kommt man ihnen mit Frausein und mit Muttergefühlen. Plötzlich sollen pflegerische Tätigkeiten, Fahrdienste, Essenszubereitung, Unterrichtseinheiten und Notfallrufbereitschaft keinen Preis mehr haben. Sie ist Frau und Mutter, das sind ihr Partner und ihre Kinder – also hat das alles in Liebe aufzugehen. Wertigkeit entsteht durch ein weder quantifiziertes noch qualifiziertes Gefühl der Zuneigung, das alles abzugelten hat, was Frau und Mutter tut. Dafür gibt es dann schon mal ein Küsschen. Blumen zum Muttertag: Ich hab dich lieb, Mama, merci, dass es dich gibt. Besonders bemerkenswert dabei ist auch, wie eine andernfalls völlig unkritische Kapitalismushörigkeit als Munition verwendet wird, um Frauen mit einem Streufeuer der Gewissensbisse einzudecken. Plötzlich gibt man sich enttäuscht darüber, dass frau bei Liebesarbeit an schnödem Mammon interessiert ist. Auf einmal ist es illegitim, wenn Mutter wissen will, ob die ganze unbezahlt geleistete Care-Arbeit auf ihre Altersvorsorge angerechnet wird. Im Hintergrund läuft *Börse vor acht*, aber wenn sie sich beim Esstisch erkundigt, warum er so wenig Elternzeit zu nehmen gedenkt, dann ist sie kaltherzig und unweiblich. So etwas macht frau nicht. Tatsächlich ist das Einpreisen seiner eigenen Tätigkeiten nicht »plötzlich kapitalistisch« und sind Frauen auch nicht unerwartet »geldgierig«. Frauen leisten in Deutschland pro Tag 4,5 Stunden mehr unbezahlte Arbeit in Haushalt und bei der Kinderbetreuung.[4] Die Frechheit besteht nicht darin, dass sie irgendwann fragen, wann denn mal Zahltag ist, sondern mit welcher Selbstverständlichkeit hierfür ihre Gefühle ausgebeutet werden. Das ist das eigentliche kapitalistische Prinzip: »Aber du liebst doch die Kinder. Ich dachte, Frauen machen das gern. Meine Mutter hat für uns ja immer …«

Der Begriff »Mutterliebe« ist ein Kampfbegriff. Er wird mit Gefühlen und Verbindlichkeiten aufgeladen, und egal, wie viel frau als Mutter leistet: Damit soll es das alles wert gewesen sein. Nicht umsonst hat der Duden bis zum Jahr 2016 den Begriff Mutterliebe als »fürsorgliche, opferbereite Liebe einer Mutter zu ihrem Kind« definiert, Vaterliebe hingegen schlicht und einfach als »Liebe eines Vaters zu seinem Kind«. Die Leistungen von Frauen werden in der Mutterliebe so weit sakralisiert, dass es ein Frevel, um nicht zu sagen eine Sünde wäre, nach konkreten Gegenwerten zu fragen. Care-Arbeit löst sich in Fürsorge auf, Dienstleistung in einem Opfer. Dafür bezahlt man nicht, dafür ist man dankbar. Wenn man also wie ich herausstellt, dass 50/50 grundsätzlich gar nicht möglich ist, dann lädt man die üblichen Verdächtigen dazu ein, einen ziemlich unerträglichen, weil sexistisch-ausbeuterischen Status quo nicht nur zu belassen, wie er ist, sondern auch noch zu rechtfertigen. Wenn es doch in der Natur von Frauen liegt, sich zu kümmern und Kinder besser zu betreuen, warum sollen wir die Ärmste dann vom Herd wegzerren? Und wenn sie wegen ihres Geschlechts so viel Freude daran empfindet, wäre es dann nicht eine Beleidigung, sie dafür zu bezahlen? Die tatsächliche Beleidigung besteht darin, Frauen für dumm zu verkaufen und sie dafür zu bestrafen, wenn sie das nicht mit sich machen lassen. Es ist übrigens auch eine Beleidigung für Männer, auch wenn viele es immer noch nicht so sehen mögen. Die immer wieder kolportierte Behauptung, dass Sie als Vater qua Geschlecht nicht dazu in der Lage sein sollen, fürsorglich und opferbereit zu lieben, macht Sie zur inkompetenten Aushilfskraft in Ihrem eigenen Leben. Wenn Mutti gut mit Kind und Küche sein muss und Vati es nicht sein darf, sind beide auf geschlechtsspezifische Rollen fixiert, die ihnen womöglich gar nicht entsprechen. Von denen sie aber durchaus profitieren, was insbesondere auf Männer zutrifft. Natürlich gibt es auch Situationen, in denen die Zwangsverpflichtung zu fürsorglicher, opferbereiter Mutterliebe Frauen zum Vorteil gereichen kann. In Sorgerechtsstreitigkeiten zum Beispiel, wenn implizit davon ausgegangen wird, dass Kinder bei der Mutter besser aufgehoben sind, obwohl der Vater das womöglich genauso gut oder besser macht. Die Kehrseite dieser Medaille ist dann allerdings, dass Väter sich einfacher verdrücken können und die Gesellschaft ihnen das durchgehen lässt. Immerhin spielt sich das im Rahmen unserer Erwartungen ab. Schließlich darf man ja davon ausgehen, dass bei den Vätern keine fürsorglichen, opferbereiten Gefühle vorhanden sind, die dadurch verletzt werden könnten. Daher auch die Zahlen: Von 1,5 Millionen Alleinerziehenden in Deutschland sind 1,34 Millionen Frauen. Sie sind überdurchschnittlich hoch von Armut und Krankheit bedroht. Obwohl sie mehrheitlich über berufsqualifizierende Abschlüsse verfügen und gern einer Erwerbsarbeit nachgehen wollen, sind sie deutlich häufiger von Arbeitslosigkeit betroffen. Wie gesagt: Solange wir unter Vereinbarkeit von Familie und Beruf verstehen, die familiären Verpflichtungen und Beziehungen dem Primat der Erwerbstätigkeit unterzuordnen, sollten wir aufhören, uns den Slogan »Vereinbarkeit« in die Tasche zu lügen.

Also lassen Sie sich nicht übers Ohr hauen. Schon gar nicht von mir. Wenn die Behauptung, 50/50 sei aus den verschiedensten Gründen unmöglich, nicht den Auftakt zu einem Plädoyer für mehr Gleichberechtigung und konkreter Wertschätzung bildet, dann sollte man ihr nicht trauen. Mit Sätzen wie:

»Sie macht das so viel besser als ich«,
»Mich stört der Dreck nicht so«,
»Die Kinder sind bei ihr einfach viel ruhiger«,
»Ich muss halt morgens früh zur Arbeit, ich brauche meinen Schlaf«,
»Ich bin gerade in einer sehr kritischen Phase meiner Karriere«.

wird nämlich ebenfalls angezeigt, dass 50/50 nicht realisierbar ist und man mittel- bis langfristig schon irgendwie zu einem Ausgleich kommen wird. »Sieh mal, Schatz, ich verdiene ja auch mehr Geld als du. Das besprechen wir später, ja?« Nur kommt später irgendwie nie. Und egal, wann man fragt und worum es geht: Die Karriere ist immer in einer sehr kritischen Phase. Die falschen Fünfziger erkennen Sie also daran, dass sie es sich auf Ihre Kosten bequem machen wollen. Falsche Fünfziger sprechen ihre mangelnde Wertschätzung und etwaige Beziehungsvertragsklauseln nicht an, weil sie aktiv von Ungleichberechtigung profitieren. Bei echten Fünfzigern führt die Feststellung der Unmöglichkeit, sich Haushalt und Kinder exakt zu teilen, zu einem größeren Bemühen um Gleichberechtigung. Gerade weil sich nicht jeder einzelne Moment und jeder Arbeitsschritt aufrechnen lassen, behalten sie die Kosten für alle Beteiligten im Auge. Falsche Fünfziger nennen den unfairen Lauf der Dinge fair oder schade und schicken sich dann an, das für sie Beste daraus zu machen. Echte Fünfziger versuchen der Ungerechtigkeit des Lebens ein Mehr an Fairness in ihrer Beziehung entgegenzuhalten. Lebenskompliz♡innen eben: Sie verschwören sich gegen die Umstände, die ihnen selbst, dem Herzensmenschen und der gemeinsamen Beziehung schaden können. Frauen werden permanent auf Äußerlichkeiten reduziert, zu fürsorglicher Aufopferung verpflichtet und für ihre Ambitionen »kritisiert« – wie können wir beide damit umgehen und das auffangen? Männer haben sich für ihre Karriere zur Verfügung zu halten, sind in der Kinderbetreuung eher so mittelmäßig und müssen Dauergeilheit bei gleichzeitiger emotionaler Beschränktheit performen – was können wir tun, um damit klarzukommen? Das heißt nicht, dass es Ihre Aufgabe ist, als quasi ein Paarorganismus alle systematischen Ungerechtigkeiten zu verstoffwechseln und auf persönlicher Ebene gegen jede Wahrscheinlichkeit die perfekte Beziehung zu leben. Die alte Erkenntnis, dass das Private politisch ist, wurde von der bereits erwähnten Autorin Şeyda Kurt in ihrem Buch *Radikale Zärtlichkeit* 2021 sehr scharfsinnig präzisiert: Liebe ist politisch. Es geht also nicht darum, ein patriarchal-sexistisches System, das Ihre kindlichen Bedürfnisse kapitalisiert, einfach so mit seinen Ungeheuerlichkeiten davonkommen zu lassen. Oder noch schlimmer: Ihnen die Schuld daran zu geben, dass Sie sich dagegen nicht erfolgreich zur Wehr setzen können. Sondern um die Erkenntnis, dass es am Ende eben doch um Sie und Ihre Beziehung geht. Die schiere Menge an gesellschaftlichen Schieflagen sorgt dafür, dass wir in unseren Liebesbeziehungen ins Straucheln kommen, stolpern und fallen. Ich hatte es in der Paarungsakte III angesprochen: Sie können damit Ihren Frieden machen und mit der größtmöglichen Wahrscheinlichkeit leben, dass Sie als Personifizierungen der gesellschaftlichen Schieflagen aneinander abrutschen und sich nicht in Liebe werden halten können. Sie können dem System auch den Krieg erklären und mit dem Resultat leben, dass Sie für den Kampf gegen die Ungerechtigkeit des großen Ganzen Ihre Liebesbeziehungen suspendieren. Oder Sie wählen einen Mittelweg. Einen Weg, der Ihnen erlaubt, sich miteinander in Liebe gegen systemische Ungerechtigkeit zu verschwören und diese zugleich nach Möglichkeit zu bekämpfen. Ich kann Ihnen nicht versprechen, dass das funktioniert. Für Bedingungslosigkeit bin ich nicht zu haben. Ich kann Ihnen noch nicht einmal versprechen, dass es nicht mein vom Kapitalismus verdorbenes Herz ist, das mir einredet, ein zumindest besseres Leben sei im falschen möglich. Vielleicht inszeniere ich gleichberechtigte Liebe nur als individuelles Bollwerk gegen eine lieblose, schiefe Gesellschaft und nehme dabei in Kauf, dass auch andere gegen ihren Willen für den Bau meines Bollwerks bezahlen. Aber mehr habe ich nicht. Meine Lebenszeit und meine Kraft sind begrenzt. Die Sehnsucht nach nachhaltiger gegenseitiger Beheimatung viel zu übermächtig. Ich will mich nicht länger der Ungleichberechtigung andienen. Ich kann keine Proklamation der Freiheit sein. Irgendwo dazwischen führe ich mit meiner Lebenskomplizin eine Elternliebesbeziehung. Sie ist eine vertraglich gut abgesicherte 4-W-Beziehung mit tollen Kindern und wärmendem gegenseitigen Begehren. Zugleich ist sie – und könnte niemals etwas anderes sein – ein Provisorium.

Mental Load

Als wäre das alles in Kombination mit meinen Selbstzweifeln nicht schlimm genug, um die Autorität meiner Forderung nach Gleichberechtigung zu untergraben, gibt es noch jede Menge verdeckt ablaufender Dinge, die in die ohne sie schon nicht aufzulösende Gleichung mit einfließen. Während ich also verkaufsstrategisch mit Blick auf diese, spätestens jetzt aber mal wirklich mit der Patentlösung rausrücken sollte, wie eine gleichberechtigte Liebesbeziehung für alle Eltern ohne viel Aufwand, bis das der Tod sie scheidet, aussieht, gehe ich einen weiteren Schritt in die entgegengesetzte Richtung.

Kurze Ortsbestimmung, damit wir wissen, wo wir gerade stehen: Elternschaft kann wunderschön sein und wird eine Zumutung für Ihre Liebespaarbeziehung sein. Die meisten Dinge, die Sie sich vorher als modernes, aufgeschlossenes Paar für eine gleichberechtigte Beziehung ausgedacht haben, sind für ein Fundament als Elternliebespaar nicht tragend genug. Es ist niemand da, dem Sie dafür effektiv die Schuld geben können, außer Ihnen selbst, Ihrem Herzensmenschen und den Kindern. Der Ratschlag, sich in Ihrer Elternschaft Inseln der präelterlichen Liebespaarigkeit zu schaffen, funktioniert nicht. 50/50 ist nicht möglich. Wer behauptet, 50/50 sei nicht möglich, und keine konkreten Angebote zur konkreten Kompliz♡innenschaft gegen widrige Umstände macht, denkt nicht an Sie oder die gemeinsame Beziehung, sondern nur an sich. Ohne das ausgesprochen unromantische Einpreisen von Tätigkeiten funktioniert eine gleichberechtigte Beziehung nicht. Darauf zu bestehen, dass Liebesarbeit aus Liebe geschieht, ist nicht liebevoll. Und womöglich sind alle Liebesbeziehungen nur die immer gleichen vorläufigen Versuche, Leid zu vermeiden – koste es, wen es wolle. Nette Gegend habe ich uns da ausgesucht. Aber da Sie mir schon einmal hierher gefolgt sind, kommen wir ja vielleicht gemeinsam noch ein kleines Stück weiter. Ich schlage vor, dass ich Sie nicht verbal ein paar Schritte vom Abgrund weg beschwichtige, sondern Sie im Gegenteil mit mir noch einen Schritt darauf zu gehen, um sich dort einen festen Stand zu suchen. Schwindelerregend, ich weiß. Aber weiter hinten ist alles so schief glitschig, da wird Ihnen auch schlecht von. Ohne dass Sie sehen, was ist. Also werfen Sie mit mir lieber einen Blick auf den Mental Load. Wobei ich ziemlich erschöpft bin. Vielleicht sollte ich mich zuvor noch etwas stärken. Wissen Sie zufällig, ob noch Butter im Kühlschrank ist? Ah, und wo es mir gerade einfällt: Was soll es heute Abend eigentlich zu essen geben? Ich kann natürlich auch kochen, aber ich habe im Moment echt keinen Plan, was noch da ist. Wann genau muss ich die Kleine noch mal aus der Kita holen? Hatte ich Ihnen erzählt, dass ich erst heute früh den Aushang in der Kita gesehen habe, dass morgen Schließtag ist – das hätten sie mir ruhig früher sagen können. Sind die Sachen schon aus der Reinigung zurück? Nicht? Tja, dann muss es noch mal das schwarze Hemd sein. Das hatten Sie ja schon gewaschen, oder? Wann kommen die Großen heute aus der Schule? Wie, die bringen vielleicht Freunde mit! Sind die geimpft? Schon gut, ich geh ja jetzt die Kleine holen und dann geht es hier auch gleich weiter. Wenn Sie mir schnell sagen, wo meine FFP2-Maske und der Schlüssel für das Fahrradschloss sind, dann bin ich auch schon weg. Was soll ich denn mit einer Bildermappe? Was soll das heißen: »Heute Abschluss Kunstprojekt«? Wie kriege ich das ganze Geraffel denn jetzt transportiert?!

So, ich bin wieder da. Sorry wegen eben. Worüber wollten wir noch mal sprechen? Ah ja: Mental Load. Mental Load bezeichnet die mentale Belastung, die durch die permanente Zuständigkeit und das Organisieren von Alltäglichkeiten entsteht. Eine Belastung also, die über die Summe der einzelnen Tätigkeiten hinausgeht, über deren Aufteilung man sich als Paar verständigt hat. Sie ergibt sich aus der beiläufigen, fast immer geschlechtsspezifischen Zwangszuständigkeit für einen ganzen Tätigkeitsbereich. Das Konzept des Mental Loads ist nicht neu. Er wurde bereits in den 70er-Jahren in Zusammenhang mit den Erkrankungswahrscheinlichkeiten verschiedener Berufsgruppen verwendet und in den 90er-Jahren durch mehrere Studien präzisiert. Wenn wir heute von Mental Load sprechen, beziehen wir uns zumeist auf das, was die französische Zeichnerin Emma 2018 in einem Comic und Autorinnen wie Patricia Cammarata und Laura Fröhlich 2020 in entsprechenden Büchern dargelegt haben[5]:

Mental Load ist das, was in der Nichtabsprache heterosexueller Beziehungen hauptsächlich von Frauen geleistet wird und sie belastet. Doppelt belastet wohlgemerkt. Erstens durch den Stress der permanenten gedanklichen Arbeit, die eben vornehmlich Frauen leisten, damit der Familienalltag nicht auseinanderfliegt. Und zweitens durch die fehlende Wertschätzung. Durch das Abtun als Kinkerlitzchen, die im Kopf zu haben nun wirklich keine Arbeit ist. Es geht dabei vor allem um Beispiele wie die, die ich Ihnen gerade übergeholfen habe: Wo sind die Hausschlüssel? Wann müssen die Kinder abgeholt werden? Wo bewahren wir die Versichertenkarten auf? Wann sind die Kinder mit wem verabredet und wie wird das geregelt? Was gibt es in den nächsten Tagen zu essen? Welche Geburtstage stehen als Nächstes an und was für Geschenke sind zu besorgen? Eltern waten an sich schon hüfthoch in den Fremdbedürfnissen ihrer Kinder. Insbesondere Müttern reichen sie aber oftmals bis zum Hals, weil die Organisation dieser Fremdbedürfnisse, das Abspeichern, Abwägen und Priorisieren noch oben draufkommen. Und das alles bei fehlender Anerkennung und Wertschätzung. All die genannten Beispiele mögen für sich Kleinigkeiten sein. Aber nehmen Sie einfach nur einmal die Situation, in die ich mich gerade fiktiv mit Ihnen begeben habe. Stellen Sie sich vor, ich wüsste all diese Dinge wirklich nicht und könnte sie auch nicht in Erfahrung bringen. Entweder weil Sie nicht da sind oder sich weigern, sie mir zu sagen. Das wäre das absolute Chaos. Nichts von dem, was normalerweise dafür sorgt, dass der Familienablauf einigermaßen reibungslos funktioniert, würde dann greifen. Ich wäre in kurzer Zeit gezwungen, mir unter Stress genau die Informationen zu beschaffen, die ich seit sehr langer Zeit ignoriere. Denn um bei mir als Beispiel zu bleiben: Ich bin nicht erst seit gestern Vater. All diese Dinge hätte ich nicht nur längst wissen können, sondern wissen müssen. Ich habe mich aber bewusst oder unbewusst der Zuständigkeit entzogen und rechtfertige in der Rückschau meinen Mangel an Einsatz als Nebensächlichkeit. Männer verweisen an dieser Stelle dann gern darauf, dass es auch Bereiche gibt, in denen ihnen ohne Absprachen Mental Load zugeschoben wird. Das stimmt nicht nur, sondern deckt sich auch mit meiner persönlichen Erfahrung. Ich bin einer dieser Väter, die ständig im Haus ihre Kreise ziehen, um Glühbirnen zu wechseln, kaputte Geräte zu reparieren, die digitalen Endgeräte der Familienmitglieder zu warten und die Recherche für notwendige technische Neuanschaffungen zu übernehmen. Das alles auf dem Plan zu haben ist mentale Belastung. Die Ähnlichkeit zu den bereits genannten Beispielen geht sogar so weit, dass mir die Selbstverständlichkeit auffällt, mit der mich meine Lebenskomplizin in diesen Bereichen in Anspruch nimmt. Sie ist einfach nur froh, dass es gemacht wird, und interessiert sich nicht wirklich für den konkreten Aufwand, der mit diesen Aspekten der Familienwahrnehmung verbunden ist. Die Nichtwertschätzung von Mental Load ist also weniger böser Absicht als mehr der Ignoranz geschuldet. Trotzdem gibt es deutliche Unterschiede in den Inhalten der mentalen Belastung, die Mütter und Väter zu stemmen haben. Auch wenn ich meine Runden drehe, geht es um punktuelle Familienwartungsarbeiten. In den meisten Fällen habe ich noch Zeit, von einer Sache zur nächsten zu laufen. Der Mental Load, der gemeinhin Müttern aufgehalst wird, erlaubt keine gemächlich gedrehten Runden, sondern erfordert ihre dauerhafte Rotation. Mütter drehen sich hierhin und dorthin: Welche Schuhgröße hat das Kind gerade? Ist der Schwimmkurs schon bezahlt? Wann ist die Spielverabredung morgen Nachmittag? Ist meine Lieblingshose aus der Wäsche, welches Buch lesen wir als Nächstes vor, hast du schon neues Shampoo gekauft, wann war noch mal Elternabend?

Und übrigens: Die Matschklamotten in der Kita sind zu klein, aaaaaaaaaahhhh!! Sie sind erschöpft, ihnen ist schwindelig und der Mental Load belastet sie bis in den Schlaf hinein. Da wirkt die Nachfrage »Schatz, du wirkst so angespannt, was ist denn los?« wie der Gipfel der Niedertracht. Was los ist? WAS LOS IST?! Ich bin seit Jahren dein verdammtes Außengehirn und der Ablageplatz für die Bedürfnisse meiner Familie, während du hier ab und zu ein bisschen an der Waschmaschine herumschraubst. Das ist los! Für ihn sieht es aber gar nicht so aus. Weil wir grundsätzlich eher dazu neigen, auf Ausnahmesituationen zu achten und die Funktionsweise dessen nicht hinterfragen, was wir als Normalität begreifen. Für sie ist es eine unfassbare Belastung, diese Normalität herzustellen und zu gewährleisten. Für ihn ist es selbstverständlich, weil normal. Keine außergewöhnlichen Vorkommnisse.

Familien sind aber immer außergewöhnliche Vorkommnisse. Ein Elternliebespaar ergibt sich nicht einfach so. Selbst im sichtbaren Aufgabenbereich sind die meisten an der Belastungsgrenze. Mangelnde Wertschätzung, fehlende Zeit und Erschöpfung fressen sie auf. Die vertraute Menge Wohlwollen gegenüber dem Herzensmenschen reicht bei Weitem nicht aus und fühlt sich unendlich viel schwerer als früher an. Wundermittel gibt es nicht. Nur beinhartes Training, um unter buchstäblich erschwerten Bedingungen mehr Wohlwollen stemmen zu können. Mitgefühl und Geduld mit sich selbst und dem Herzensmenschen. Radikale Ehrlichkeit beim Einpreisen von Tätigkeiten und Mentalbelastungen. Beziehungsvertragsaktualisierungen. Und Gleichberechtigung, immer wieder Gleichberechtigung. Verschwörungstheorien darüber, wie man sich gemeinsam gegen den Wahnsinn stellt und sich dabei in Liebe hält. Wir verschwören uns miteinander. Wir bilden eine Lebenskompliz♡innenschaft. Du und ich, das ist immer noch der Plan.

Paarungsakte VII

Mutti & Vati

Mutti und Vati hießen früher einmal anders. Aber das ist so lange her, dass sich niemand mehr daran erinnern kann. Als Mutti und Vati sich kennenlernten, fanden sie sich auf Anhieb so sympathisch und verliebten sich wenig später so heftig ineinander, dass sie sich ziemlich gut vorstellen konnten, sehr bald Mutti und Vati zu werden. Mutti wollte schon als ganz kleines Mädchen eine Mutti sein, weil man ihr erklärt hatte, dass es nun einmal das sei, was Frauen am besten könnten: Mutti sein. Vati hatte zwar in den letzten Jahren höllisch gut aufgepasst (einmal leider jedoch nicht ganz so gut), dass er nicht aus Versehen Vati wird, aber als er Mutti unter ihrem anderen Namen kennenlernte, war ihm klargeworden, dass er mit ihr gern Vati werden würden. Vati wollte gern Vati von »dem Kind« werden. Mutti zu dem Zeitpunkt bereits von »den Kindern«. Nachdem sie eine Weile herumprobiert hatten, Mutti und Vati von dem Kind zu werden, klappte es schließlich. Und wie es klappte: Praktisch über Nacht waren aus ihnen so sehr Mutti und Vati geworden, dass sie sich gar nicht vorstellen mochten, jemals etwas anderes zu sein. Und nach wenigen Monaten ging es ihnen nicht mehr in den Kopf, jemals etwas anderes zu sein. Dem Kind ging es gut. Dafür sorgte Mutti. Vati auch ein bisschen, aber meistens war er unterwegs, um zu arbeiten oder seinen Freunden davon zu erzählen, wie toll es ist, Vati zu sein. Mutti musste auch arbeiten, aber irgendwie war das nicht so wichtig. Mutti hätte auch gern ihren Freundinnen erzählt, wie toll es ist, eine Mutti zu sein. Leider hatte Mutti keine Zeit dafür. Wenn sie aus der Wohnung kam, dann traf sie sich mit anderen Muttis und tauschte Informationen zu dem Kind aus. Zwar ging es dem Kind gut, aber damit es ihm gut ging, musste Mutti unheimlich viel tun. Sie tat es gern, weil sie wusste, dass es das ist, was Frauen nun einmal am besten können. Und Mutti war eine Frau. Immer häufiger hatte sie allerdings das Gefühl, gar nichts am besten zu können. Dem Kind gefiel es, nur auf ihrem Bauch zu schlafen. Wenn dem Kind beim Trinken langweilig wurde, dann biss es in ihre Brustwarzen. Vati wollte auch mal wieder spielerisch in Muttis Brustwarze beißen, um die Sache mit den Kindern anzuschieben. Aber Muttis Brustwarzen waren zerbissen, Muttis Körper tat weh. Dem Kind war nicht durch gutes Zureden, sondern nur durch Tragen zu helfen. Mutti half dem Kind und trug es. Mutti machte sich Sorgen wegen Vati, weil er schließlich nicht mehr nur die Sache mit den Kindern anschieben, sondern wieder mal seinen Penis in sie hineinschieben wollte. So zum Spaß. Vati war erst verwirrt, dann traurig, dann wütend, als Mutti ihm immer wieder sagte, dass es ihr noch keinen Spaß machen würde, seinen Penis in sich hineingeschoben zu bekommen. Vati beschwerte sich. Seit Mutti eine Mutti war, hatte er noch nie seinen Penis in sie hineingeschoben. Er wusste überhaupt nicht, wie das ist, seinen Penis in eine Mutti hineinzuschieben. Mutti verstand das natürlich. Aber ihr Körper tat weh, ihr Brustwarzen waren zerbissen und dem Kind ging es nur gut, wenn Mutti ihm sehr dabei half. Vati war eingeschnappt. Wenn Vati eingeschnappt war, hatte er große Ähnlichkeit mit dem Kind. Das machte die Dinge für Mutti noch schwerer. Denn offenbar ging es auch Vati nur gut, wenn Mutti ihm sehr dabei half. Manchmal half Mutti Vati abends zwischen Wickeln und Aufräumen ein bisschen mit der Hand. Dann freute sich Vati. Aber nur ein bisschen, weil Mutti ihm ja auch nur ein bisschen half. Vati wollte sich gern noch mehr freuen. Wenn er auf dem Weg von der Arbeit nach Hause manchmal am Spielplatz vorbeilief, sah er sich andere Muttis an und überlegte, wie sehr er sich wohl darüber freuen würde, wenn er seinen Penis in sie hineinstecken dürfte. Darüber was Mutti freuen würde, dachte er nicht nach. Vati wusste es. Mutti hatte jeden Tag genug Freude mit dem Kind. Denn Kinder sind ja das, was Frauen am besten konnten, und Mutti war ja nun einmal eine Frau. »Wobei«, dachte Vati zum ersten Mal und stieg die Treppen zur Wohnung hoch, um Mutti mit dem Kind zu helfen. Mutti bemühte sich, Freude mit dem Kind zu haben. Sie erklärte Vati, dass sie wieder Freude mit ihm haben könnte, wenn er sich so wie sie mehr an dem Kind freuen würde. Sie erklärte Vati genau, wie das ging: sich beim Windelwechseln an dem Kind freuen. Beim Füttern an dem Kind freuen. Bei der Vorsorgeuntersuchung an dem Kind freuen. Beim nachts Aufstehen und Beruhigen an dem Kind freuen. Beim Tragen an dem Kind freuen. Vati fand, dass er sich zwar an dem Kind freute, aber so sehr nun auch wieder nicht. Immerhin war er ein Mann und Vatisein nicht das, was Männer am besten können. Aber Vati bemühte sich. Er freute sich ein bisschen beim Staubsaugen an dem Kind. Er freute sich ein bisschen beim Breikochen an dem Kind. Nachts hörte er nichts von dem Kind, also brauchte er sich nicht darüber zu freuen. Mutti merkte, dass Vati versuchte, sich ein bisschen mehr an dem Kind zu freuen. Mutti beschloss, Vati dafür sehr zu belohnen, damit er sich bei nächster Gelegenheit noch viel mehr an dem Kind freut. Ein Vativorschuss auf Mutti. Es klappte nicht besonders gut, war aber auch nicht so schlimm. Vati freute sich nicht so sehr über Mutti, wie er vorher gedacht hatte, aber immer noch genug, um Mutti beinahe jeden Tag daran zu erinnern, dass es für ihn ein verschwendeter Tag sei, wenn er nicht seinen Penis in die Mutti hineinstecken dürfe. Mutti freute sich gar nicht so wenig, wie sie befürchtet hatte, aber immer noch wenig genug, um Vati so lange wie möglich daran zu hindern, seinen Penis in sie hineinzustecken. Aber bald war das alles gar nicht mehr so wichtig, weil Mutti und Vati nun Mutti und Vati von den Kindern waren. Ganz so, wie Mutti es immer gewollt hatte. Mutti weinte fast vor Glück. Also sie weinte sehr, aber sie war dabei fast glücklich. Vati schrie fast vor Freude. Also er schrie sehr und empfand dabei fast Freude.

ACHT

Ermüdungsbrüche

»Liebe stirbt niemals eines natürlichen Todes.
Sie stirbt, weil wir nicht wissen, wie man ihre Quelle auffrischt, sie stirbt an Blindheit, Verfehlungen und Vertrauensbrüchen. Sie stirbt an Krankheiten und Wunden, sie stirbt an Müdigkeit, an Austrocknung und Beschmutzung, aber nie eines natürlichen Todes.«[1]

Anaïs Nin

Ich hoffe, ich habe Sie bis zu diesem Kapitel nicht zu oft mit meinem Mantra gequält, wie anstrengend gleichberechtigte Liebe ist. Wie viel Kraft, Aufmerksamkeit und Durchhaltewillen erforderlich ist, um sich immer wieder auf Augenhöhe zu bringen, Bedürfnisse gleich zu berechtigen und nicht in eine der zahlreich ausgelegten Fallen zu tappen. Aber wenn dem nicht so wäre, dann bräuchte es dieses Buch nicht. Wenn es einfache, erprobte Wege in gleichberechtigte Liebesbeziehungen gäbe, wäre diese Nabelschau des Paarseins nicht notwendig. Und ein Konzept wie Lebenskompliz♡innenschaft insofern überflüssig, als es ja gerade zur gemeinschaftlichen Abgrenzung von und Verschwörung gegen widrige, liebesgefährdende Umstände einladen soll. Über die Auswirkungen einiger dieser Umstände möchte ich auf den nächsten Seiten schreiben. Denn auch wenn die halbe Welt ein Riesentrara um romantische Liebesbeziehung macht mit Filmen, Blumen, Büchern, Aphrodisiaka und romantischen Pärchenwochenenden in Hotel XY, sind funktionierende Liebesbeziehungen eigentlich immer suspekt. Sie genügen sich viel zu sehr selbst. Der Prozess der gegenseitigen Beheimatung verdirbt den Charakter von Menschen zu sehr zum Positiven. Heimatlose Menschen oder Paare, die sich haargenau an die Regieanweisungen für Liebespaare im patriarchal-sexistischen neoliberalen Spätkapitalismus halten, sind viel leichter auszurechnen und zu manipulieren. Sie lassen sich viel eher dazu anhalten, zu fühlen, was sie fühlen müssen, um zu kaufen, was sie kaufen sollen.

Gesellschaften sind keine Unterstützerinnen von Liebespaaren, auch wenn sie das in einem nicht enden wollenden Strom von Beteuerungen behaupten. Sie sind gleichermaßen misstrauisch wie besessen von ihnen. Gesellschaften schieben ständig irgendeinen Grund oder Menschen vor, um herauszufinden, was genau in Liebespaarbeziehungen eigentlich vorgeht und ob diese den Normierungsansprüchen genügen. Eine Lebenskompliz♡innenschaft ist verdächtig – und das nicht ohne Grund: Das in ihr enthaltende Element der Verschwörung gegen die in den letzten Kapiteln benannten widrigen Umstände birgt viel Transformationspotenzial und enorme gesellschaftliche Sprengkraft. Stellen Sie sich nur mal vor, wie anders unsere Welt aussähe, wenn die Dogmen der Geschlechtsreligion nicht mehr unhinterfragt angenommen würden, sondern sich vor der Realität des individuellen Geschlechts zu verantworten hätten – und nicht umgekehrt. Oder was wirtschaftspolitisch los wäre, wenn Menschen ihre angeblichen Defizite nicht mehr durch Konsum stopfen würden. Wenn wir Gefühle nicht länger durch Waren ausdrückten und Waren kein Geschlecht mehr zugesprochen werden könnte. Wie würden wir leben? Was würden wir anstreben? Wen würden wir wählen? Gleichberechtigte Liebesbeziehungen sind wie bereits erwähnt nicht die Weltrevolution. Mit der Erkenntnis, dass es kein richtiges Leben im falschen gibt, schließen sie zwar keinen Frieden, aber es gereicht auch nicht zu einer Kriegserklärung. Sie suchen das bessere Leben im falschen. Eine Lebenskompliz♡innenschaft ist dementsprechend keine Widerstandszelle gegen übergriffige Pärchenmythen und sich realisierenden Gesellschaftsdystopien. Dafür fehlen ihr sowohl die Intention als auch die Letztkonsequenz. Ein Paar, das sich im Krieg mit den herrschenden Zuständen befindet, wäre entweder kein Liebespaar oder müsste immer bereit sein, seine Liebe für den Kampf zu opfern. Wenn überhaupt, wollen Liebespaare aber die Welt nur »auch« verändern. Ihr Hauptanliegen ist es, sich in Liebe aufeinander beziehen zu können. Weil sie dabei feststellen müssen, wie umfassend dieses Anliegen sabotiert wird, wappnen und wehren sie sich dagegen. Liebe ist, um noch einmal mit Şeyda Kurt zu sprechen, zutiefst politisch. Sie möchte aber auch auf eine möglichst individuelle Art unpolitisch und einzigartig sein. Genau diese Zerrissenheit bildet das Einfallstor für gesellschaftsgefällige Normen und Dogmen, die nicht dem Liebespaar zum Vorteil gereichen, sondern den Status Quo erhalten. Immer da, wo Liebespaare sich einreden, ihre Art der gegenseitigen Beheimatung, ihr Konsum und ihre Rituale seien ungewöhnlich und einzigartig, sind sie besonders anfällig für die Suggestionen der überindividuellen, an ihnen als Einzelpersonen überhaupt nicht interessierten romantischen Liebe. Das gilt auch für gleichberechtigte Liebespaare. Auch Lebenskompliz♡innen können nicht grundsätzlich unterscheiden, wer oder was aus ihnen spricht, begehrt und liebt. Die Grenzen zwischen Avatar und Individuum sind immer fließend. Lebenskompliz♡innen bemühen sich nur um mehr Umsicht und Wohlwollen, um die Art Politisierung ihrer Beziehung aus dem Weg zu räumen, die für sie beziehungsgefährdend ist. Eigentlich ist mit Lebenskompliz♡innen immer noch ein Staat zu machen. Sie folgen mehr dem Impuls, in Ruhe gelassen zu werden, damit sie sich ungestört ineinander beheimaten können, als dem, alles radikal umzustürzen, damit es für alle einfacher wird, sich in Zärtlichkeit, Liebe, Mitgefühl und Freundschaft zu begegnen. Liebe ist das Verschweißen zweier Egoismen zu einem egoistischen Wir, in dem sich der beziehungsweise die Einzelne kaum halten kann, ohne Schaden zu nehmen. Gleichberechtigte Liebe geht eine flexiblere und zugleich festere Bindung in ein ebenfalls egoistisches Wir ein, dessen zerstörerische Rückkopplung auf die jeweiligen Lebenskompliz♡innen durch Wohlwollen, Wahrhaftigkeit, Wandelbarkeit und Wissbegier in Schach gehalten werden soll. Aber beides sind selbstsüchtige Vorgehensweisen. Sie sind süchtig nach einem romantisierten Wir-Selbst oder süchtig nach einem aufgeklärten Wir-Selbst. Niemand sollte sich darüber hinwegtäuschen: Gleichberechtigte Liebe auf Augenhöhe ist kein Dienst an der Menschheit. Noch nicht mal an der Nachbarschaft, dem Bekanntenkreis oder der Familie. Gleichberechtigte Liebe will sich selbst genügen und ist unzufrieden damit, wie sehr sie dabei sabotiert wird. Also ergreift sie Gegenmaßnahmen. Sie verzichtet beispielsweise darauf, den Herzensmenschen für Gedankenverbrechen zu bestrafen. Sie erarbeitet detaillierte und faire Beziehungsverträge. Sie tut alles in ihrer Macht Stehende, um nach Möglichkeit nicht das Schlechteste über den Herzensmenschen anzunehmen. Das klingt und ist eigentlich nicht besonders revolutionär. Umso bemerkenswerter ist, mit wie viel Ablehnung und Härte diesen Beziehungsmodellen begegnet wird. Es wirkt fast ein bisschen so, als würde gleichberechtigte Liebe wie eine Art Einstiegsdroge behandelt, bei der man davon ausgeht, dass sie zu deutlich drastischeren Umsturztendenzen führt als nur zu zwei emanzipierten Ichs in einem Liebes-Wir, die die Schnauze voll von der permanenten Beziehungssabotage haben. Womöglich könnte Emanzipation ja ansteckend sein. Nachher sehen das andere und fangen auch an, sich von Geschlechtszurichtungen und Pärchenlügen zu emanzipieren. Wo soll das alles noch hinführen?! Am Ende womöglich sogar in die Freiheit. Nein, nein, das muss dringend unterbunden werden. Also nutzt man Mittel und Wege, sich emanzipierende Liebespaare zu verunsichern und an ihrem Vorhaben zweifeln zu lassen. Und auf Nachfragen der Betroffenen verweist man auf eine der wirkmächtigste Gesellschaftslügen, die es gibt: die gespielte Begeisterung über Liebespaare. Wir finden es doch super, dass ihr euch ineinander verliebt habt, hurra, Liebespaare, worüber regt ihr euch denn so auf? Spoileralarm: Nur heteronormative Liebespaare werden abgefeiert. Solange man sich weitestgehend zu Statistinnen und Statisten der eigenen Beziehung degradieren lässt und sich an die üblichen Regieanweisungen hält, ist alles ganz, ganz toll. Eieiei, was sehen wir da, ein verliebtes Ehepaar. Sobald man aber anfängt, sein eigenes Stück zu inszenieren, wird es ausgesprochen ungemütlich. Wie gesagt: Sie werden belauert, begafft, und wenn Sie scheitern, werden Sie immer an der »Unnatürlichkeit« Ihres Gleichberechtigungsanspruchs gescheitert sein. An dieser Stelle muss ich die ganze Absurdität dieses Buches eingestehen: Ich versuche, Ihnen hier Möglichkeiten aufzuzeigen, wie Sie sich durch Gleichberechtigung in Liebe auf Augenhöhe halten können. Gleichzeitig sage ich Ihnen aber, dass man Sie und Ihre Liebe für genau diesen Versuch angehen und nichts unversucht lassen wird, Sie zu Fall zu bringen. Das lässt sich auf folgende Formel bringen: Man will Ihnen Ihre schöne Liebe kaputt machen, ergreifen Sie Gegenmaßnahmen A, B, und C. Sollten Sie jedoch entsprechende Gegenmaßnahmen ergreifen, werden Sie dafür aller Wahrscheinlichkeit nach angefeindet und ausgegrenzt, was sich wiederum als ausgesprochen beziehungsgefährdend erweisen kann. Es steht nicht in meiner Macht, die Verhältnisse für Sie radikal zu verändern. Ich versuche im Rahmen meiner Arbeit so viel zu tun, wie ich kann, aber mein Wirkungsgrad und mein Erfolg sind sehr bescheiden, meine Zeit begrenzt. Und selbst wenn ich mehr Macht hätte, würde ich nicht mehr tun als jetzt. Ich hätte vielleicht mehr Wirkung und Erfolg, aber ich nähme mir nicht mehr Zeit dafür. Was haben Sie erwartet: Ich bin verliebt. Wenn ich die

Wahl habe, mich in der Fremde dafür stark zu machen, dass Sie sich erfolgreicher ineinander beheimaten können, oder mich in der Heimat, die mir meine Lebenskomplizin ist, angenommen, aufgehoben und geliebt zu fühlen, werde ich mich ultimativ immer für Letzteres entscheiden. Das ist nicht romantisch, die ganz, ganz große Liebe oder »awwww, wie süß« – das ist einfach nur informiert eigennützig. Mehr als ein Awareness- und Resilienztraining kann ich Ihnen hier nicht anbieten. Sie sind mir nicht wichtig genug, als dass ich für die sehr unsichere Möglichkeit auf positive Rückmeldung mehr in Sie statt in meine Beziehung investiere. Sie sind mir zugleich als Lesende, als Liebende und als Menschen wichtig genug, dass ich Sie hier darüber nicht belüge. Wenn ich für die Liebe meines Lebens nicht bereit bin, alles zu geben, dann ganz sicher auch nicht für Sie. Dass Sie womöglich ein leichtes Unbehagen dabei verspüren, wenn ich so reserviert über meine Lebenskomplizin spreche, liegt an unserer Neigung, große Liebe zu oft mit größenwahnsinniger Liebe zu verwechseln. Sie ist aber meine große Liebe und nicht – oder sagen wir besser: nur noch sehr selten – meine größenwahnsinnige Liebe. Größenwahnsinnige Liebe behauptet Grenzenlosigkeit. Große Liebe ist niemals grenzenlos.

Ihre Größe erwächst aus ihrem Zentrum und erweist sich in ihren Grenzgebieten. Sie überwindet auch nicht den Tod, sondern gestaltet sich mit Blick auf ihre begrenzte Lebenszeit und ihre Sterblichkeit. Große Liebe versichert sich. Große Liebe trifft Risikoabwägungen, weil sie nicht scheitern will, anstatt sich größenwahnsinnig darauf zu verlassen, dass sie »too big to fail« ist. Große Liebe verlangt nicht nach der Bereitschaft, alles füreinander aufzugeben. Sie weiß, dass das im Zweifelsfall hieße, den geliebten Menschen vollständig zu entkernen und zu entpersonalisieren. Wenn mein Herzensmensch bereit ist, alles für mich aufzugeben: Wen liebe ich, wenn er es tut? Und was genau soll liebevoll daran sein, diese Totalaufgabe zu fordern oder zu leisten? Das ist nur wieder der ebenso nachvollziehbare wie vorhersehbare Wunsch, mit einer einzigen Geste eine unzerstörbare Liebe zu installieren, weil man es nicht so mit den Liebesmühen in der Ebene hat. Liebe geht anders. Jede Beziehung ist sich selbst die nächste. Gleichzeitig misst sich jede, wirklich jede Beziehung an anderen Beziehungen. Welche Rituale haben andere miteinander, welche Kosenamen? Wie viel Geld geben sie wofür aus, wohin reisen sie, wie gehen sie mit ihren Kindern um? Machen sie womöglich einen glücklich gefickteren Eindruck als wir? Haben sie einen größeren Freundeskreis? Gehen sie häufiger miteinander essen? Wie kleiden sie sich? Wie und wie oft streiten sie miteinander? Wir sind Paare, die auf Paare starren. Und zwar nicht, weil wir dazulernen wollen. Selbst Neugier ist nicht die Hauptmotivation. Wir wollen einfach recht behalten. Wir möchten in unseren Lebens- und Liebesentwürfen einzigartig richtig liegen. Die Autorin Charlotte Roche hat das in einer der ersten Folgen ihres Podcasts *Paardiologie* mit ihrem Ehemann Martin Keß-Roche schonungslos und sehr ehrlich offengelegt: Man schaut sich andere Langzeitpaare an und erfreut sich an ihren Trennungen. Am Scheitern ihrer Liebe. Nicht aus Boshaftigkeit oder Missgunst. Es ist auch nicht so, dass man kein Mitgefühl aufbringen würde. Gerade wenn es sich um ein befreundetes Paar handelt, betreffen die Auswirkungen ja oftmals auch einen selbst – und zwar auf durchaus unangenehme Weise.

Aber wenn andere Paare offensichtlich ihr Mindesthaltbarkeitsdatum überschritten haben und auseinanderfallen, dann dient uns das als Referenzpunkt für die Richtigkeit und die Wertigkeit des eigenen Tuns. Charlotte Roche ist diesbezüglich (nicht für sie, aber für das Thema) ungewöhnlich deutlich geworden: Wir wollen eine externe Bestätigung dafür, dass sich die ganze Scheiße irgendwie lohnt. Der Ärger, die Langeweile, die unbefriedigten Bedürfnisse. Die Jahre, die Falten, die Sorgen, der manchmal bis oftmals schlechte Sex. Ja, okay, man liebt sich, aber so richtig glamourös ist das nicht mehr. Dafür ist alles viel zu anstrengend. Also heißt es: wir gegen die. Guck mal, die haben es verkackt und uns gibt es noch. Anscheinend müssen wir etwas richtig machen, auch wenn es sich oft nicht so anfühlt. Wir sind müde und fertig, aber noch nicht zerbrochen. Noch ist Zeit für uns. Noch haben wir eine Zukunft. Gleichberechtigte Beziehungen bilden da keine Ausnahme, sie unterscheiden sich nur in ihrer Schwerpunktsetzung. Sie haben weniger Interesse, sich an anderen Beziehungen zu orientieren, weil Gleichberechtigung kein besonders verbreitetes Konzept ist. Ihnen ist unwohler dabei, sich derartig am Zerfall anderer Liebespaare hochzuziehen, weil das ein Beleg dafür ist, dass es ihnen ganz grundsätzlich an Wohlwollen mangelt, sie aber um die Bedeutung von Wohlwollen wissen. Zugleich werden sie von anderen Paaren umso mehr als Referenzpaar eingebunden. Je weniger ein Paar auf Augenhöhe daran interessiert zu sein scheint, sich mit abfälligen Blicken auf scheiternde Paare den eigenen Erfolg zu bestätigen, umso mehr ist sein eigenes Scheitern von Interesse. Ich will Ihnen nichts vormachen: Es existiert eine regelrechte Sehnsucht danach, Paare mit einem Gleichberechtigungsanspruch scheitern zu sehen. Und zwar so krachend wie möglich. Eine derartige Liebe soll spektakulär sterben, damit die romantischen Liebesvorstellungen in uns allen weiterleben können. Sie muss am Ende sein, damit wir uns nicht den Vorwurf gefallen lassen müssen, mit einem womöglich besseren Liebesmodell nicht einmal angefangen zu haben.

Paarvermessung

Arrogant. Nervig. Selbstgerecht. Das sind die häufigsten Begriffe, die laut einer Studie wem zugeschrieben werden? Genau: Menschen, die sich vegetarisch ernähren. Und zwar von Menschen, die Fleisch essen. Es sind aber auch die Begriffe, mit denen Sie bedacht werden, wenn Sie sich um Emanzipation und eine gleichberechtigte Beziehung bemühen. Ob man sie Ihnen ins Gesicht sagt, hinter Ihrem Rücken murmelt oder in Ihrer Abwesenheit lästert, ist dabei nebensächlich. So oder so wird man abfällig über Sie denken und sprechen. Und zwar aus ähnlichen Gründen wie die Fleischfraktion über die Pflanzenfraktion. Natürlich kann es vorkommen, dass sich vegetarisch oder vegan ernährende Menschen sich über andere erheben und sich für etwas Besseres halten. Hauptsächlich tut das die Fleischfraktion allerdings, weil sie ihren Fleischkonsum tatsächlich selbst für moralisch fragwürdig hält, diese Problematik aber ausblenden kann, solange niemand im Raum ist, der ihr das durch sein Essverhalten vor Augen führt. Für den Eindruck, vegetarische oder vegane Menschen fühlten sich moralisch überlegen, braucht es demzufolge nur einen Anlass. Der Grund ist längst vorhanden und befindet sich in den Köpfen derjenigen, die Fleisch verzehren: das Fleisch-Paradoxon. Menschen, die Fleisch essen, betrachten sich nicht als Tierfeinde oder ignorante Personen, die ungerührt Schlachtungsaufträge erteilen und Kadaver verzehren. Sie sind gut zu Tieren. Sie freuen sich, sie zu sehen, sie gehen in Zoos und viele haben sogar Haustiere. Sie dissoziieren die Tatsache, dass ein Lebewesen für ihre Mahlzeit umgebracht wurde, und flüchten sich in moralische Vernebelungsaktionen: gar nicht so viel Fleisch, nur von glücklichen Kühen, total bio, ich kannte das Schwein persönlich. Sie moralisieren sogar selbst gegen andere Fleisch Verzehrende. Wenn Inuit Tausende Wale, Delfine und Robben töten, dann ist das schon bedauerlich. Sind ja auch so schöne, seltene und intelligente Tiere. Die Tatsache, dass allein in Deutschland jeden Tag über zwei Millionen Tiere geschlachtet werden, wird hingegen bemerkenswerterweise als nicht so dramatisch empfunden. Das ändert sich, sobald man die Fleischfraktion mit Menschen konfrontiert sieht, die Fleischkonsum für sich ablehnen. Die Betonung liegt hierbei auf dem Wort »Konfrontation«. Also essen Veganer meinem Essen das Essen weg, höhöhö. Sie sind genussfeindlich. Sie sollen zu Tisch kommen, denn das Essen wird welk. Brüller einfach. Und genauso wird es Ihnen als gleichberechtigungsinteressiertem Paar gehen. Ihre Anwesenheit wird genügen, um andere Paare zu verunsichern. Sie brauchen nicht herablassend zu sein, um herablassend zu wirken:

Arrogant. Nervig. Selbstgerecht. Das schaffen Sie, ohne es auch nur ein bisschen darauf anzulegen. Weil Ihr Bemühen, auf Augenhöhe zu lieben, auf das Gleichberechtigungs-Paradox einzahlt. Viele Menschen ahnen oder wissen, dass gleichberechtigte Beziehungen Sinn machen. Dass es richtig und wichtig wäre, sich um Fairness und Wohlwollen zu bemühen. Dass Liebe nicht ewig hält und man gut daran tut, sich selbst und die Bedürfnisse des Beziehungsmenschen nicht aus dem Blick und dem Herzen zu verlieren. Aber sie tun es nicht. Die Geschlechtsreligion ist zu stark. Die Wurzeln kaum zu behandeln. Die Kapitalisierung der eigenen Gefühle fühlt sich zwar vielleicht falsch, aber immer noch ausreichend gut an. Anstrengend ist das Ganze auch noch. Wenig erfolgversprechend außerdem. Irgendwie unnatürlich. Und jetzt die gute Nachricht: Die Tatsache, dass Paare in vorgeblich romantischer Liebe so auf gleichberechtigte Liebe reagieren, spricht dafür, dass zumindest der Versuch, mehr Gleichberechtigung zu wagen, für alle Beteiligten möglich ist. Um nicht zu sagen wünschenswert. Auch für diejenigen, die ihn so heftig ablehnen. Sonst würden sie es gar nicht tun. Wenn das von mir vorgeschlagene Beziehungsmodell keine Strahlkraft hätte und keine Option wäre, wo liegt dann die Gefahr? Wozu die ganze Aufregung? Wenn das alles unnützer Quatsch ist, warum wird sich dann so stark dazu verhalten? Man wird Ihnen vorwerfen, herablassend zu sein. Angeberisch. Ihre Liebe zueinander nur zu spielen. Weil sich ja niemand ernsthaft nach so vielen Jahren so miteinander verhält. Man wird Ihnen vorwerfen, »zu symbiotisch« zu sein, und damit meinen, dass Sie sich als Lebenskompliz♡innen zu gleich verhalten. Das muss so sein. Andernfalls würde es ja bedeuten, dass Sie sich gerade wegen Ihrer Verschiedenheit gleich berechtigen. Also wird man Ihnen Gleichmacherei vorwerfen, damit es bloß nicht Gleichberechtigung ist. Sie werden »immer alles gemeinsam unternehmen«, obwohl Sie vermutlich beide auch eigene Leben haben. Einigkeit wird man als Fassade werten, denn niemand kann sich immer so einig sein, wie Sie es so demonstrativ und anmaßend sind. Ihre furchtbaren Streitigkeiten finden vermutlich hinter verschlossenen Türen statt. Die armen Kinder, die Sie mit Ihrem gefährlichen Schwachsinn indoktrinieren, trauen sich wahrscheinlich schon gar nicht mehr, etwas zu sagen. Sex haben Sie übrigens auch keinen. Und wenn, dann nur unregelmäßigen, sehr schlechten Sex. Gleichberechtigung muss immer unbefriedigend sein. Sonst liefe man ja Gefahr, etwas Wichtiges zu verpassen. Apropos, Sie sitzen mit Ihrem Genderkram nur einem überflüssigen Trend auf. Oma und Opa sind ja schließlich auch ihr Leben lang zusammengeblieben und haben überhaupt nichts von diesen neumodischen Marotten gehalten. Also hören Sie auf damit, Sie stören den reibungslosen Systemablauf der anderen. Übrigens nicht nur bei Paaren. Ihr Gesamteindruck ist auch problematisch. Wenn Sie sich als Frau eine Karriere aufbauen wollen und Ihrem Lebenskomplizen zutrauen, die gemeinsamen Kinder liebevoll und kompetent zu betreuen, sind Sie nicht nur eine anmaßende, schlechte Mutter, sondern auch schief gewickelt, weil das niemals funktionieren wird. Sie brauchen dann gar nicht bei nur einem der sechs jährlichen Kuchenverkäufe in der Schule vorbeikommen, auf denen Ihr Partner schräg angeschaut wird, weil er nicht Sie ist. Das nützt Ihnen dann auch nicht mehr. Und als Mann brauchen Sie sich auch nicht darüber zu beschweren, dass man nicht Sie, sondern Ihre Partnerin in Notfällen kontaktiert. Dachten Sie, man brät Ihnen als Beziehungsveganer eine Extrawurst, oder was?! Die wollen Sie doch offensichtlich gar nicht. Sie sind eine Zumutung für alle anderen. In Ihrem Unwillen, Stereotype und beziehungsgefährdende Liebesmythen unhinterfragt zu akzeptieren und als Paar zu inszenieren, machen Sie sich allen anderen verdächtig. Was tun Sie da und warum tun Sie es? Haben Sie vielleicht ein Geheimnis? Welche Leichen verbergen Sie bei sich im Keller? Denn dass es Ihnen »nur« um Gleichberechtigung geht, kann es ja nicht sein. Das könnte nämlich bedeuten, dass es anderen auch darum gehen sollte. Also zum letzten Mal: Was ist der wahre Grund für Ihr Gleichberechtigungsgehampel?!

Es wird niemals das letzte Mal sein. Die Fragen, die befremdeten Gesichter, die großen, kleinen und unwichtigen Ausgrenzungen werden nicht verschwinden. Wenn es gut für Sie läuft, dann werden Sie in Ihrem Bemühen auf Gleichgesinnte stoßen, mit denen Sie sich darüber austauschen können, was es bedeutet, eine gleichberechtigte Beziehung zu führen. Wenn Sie noch mehr Glück haben, treffen Sie auf Menschen oder sogar Paare, die kein Interesse daran haben, Sie aus Selbstschutz und Eigennützigkeit zu verurteilen. Halten Sie solche Menschen fest. Es gibt auf diesem Planeten nur wenige Exemplare der menschlichen Spezies, die in der Lage sind, andere Menschen so auszuhalten, wie sie sind.

Das größte Glück aber sind zwei Dinge. Wenn es Ihnen gelingt, sich im Widerstand gegen die ständige Paarvermessung nicht zu sehr als heldenhaftes Ausnahmeliebespaar zu feiern. Und wenn Sie es schaffen, diese Anwürfe, Sticheleien und Zumutungen weitestgehend aus Ihrer Beziehung herauszuhalten. Beides sind eigentlich Dinge der Unmöglichkeit. Irgendwann fängt man nämlich wirklich an, sich als Resistancekämpfer♡innen zu feiern, die es mit der ganzen so schmählich ungleichberechtigten Pärchenwelt aufnehmen. Es ist eine selbsterfüllende Prophezeiung: Man unterstellt Ihnen so lange, in Selbstgefälligkeit auf andere hinabzublicken, bis Sie es schließlich tun – unter anderem deshalb, weil man Ihnen so hartnäckig etwas Unzutreffendes unterstellt. Es ist schwer, dieser Versuchung nicht zu erliegen. Sich nicht davon berauschen zu lassen, wenn die eigenen Ideen davon, wie Gleichberechtigung funktionieren könnte, wirklich umsetzbar sind. Am Ende laufen Sie Gefahr, aus dem Wohlwollen anderen gegenüber zu fallen. Ich will damit nicht sagen, dass Sie es ihnen schulden. Aber Sie wissen so gut wie ich, dass es Ihnen besser zu Gesicht steht und Sie etwas verpassen, wenn Sie andere Menschen einfach abtun. Sich gegen das Lechzen nach dem eigenen Untergang zu wappnen und zugleich sensibel für andere Menschen zu bleiben, die mitfühlend, klug, gütig und lustig sind – egal ob und, wenn ja, in was für einer Beziehung sie stecken –, ist eine gewaltige Aufgabe. Die andere besteht darin, standzuhalten und nicht aufzugeben. Denn es wäre so einfach. Sie brauchen einander nur loszulassen und nicht mehr nachzufassen, dann wäre es vorbei. So einfach. Ich wünsche es Ihnen und ich wünsche es Ihnen nicht. Ich wünsche Ihnen eine gleichberechtigte Beziehung mit allem, was dazugehört. Ich wünsche es Ihnen nicht, weil Sie allen anderen immer Ihr Scheitern schuldig sein werden. Ihr vollständiges Versagen als Paar. Und das macht etwas mit einem, ob man nun will oder nicht. Sie werden es zuerst an Kleinigkeiten merken. Menschen werden Ihnen sagen, dass »Ihnen ja immer alles so leichtfällt«. Dass man Sie nie scheitern sieht und Sie kaum mit Schwierigkeiten konfrontiert sind. Zunächst werden Sie es vermutlich als Kompliment auffassen, weil es ja irgendwie auch eine Anerkennung dafür zu sein scheint, dass Sie sich als Paar wohlwollend begegnen und nicht gegenseitig an die Gurgel gehen. Aber dann werden Sie feststellen, dass Sie eine bestimmte Erwartungshaltung nicht erfüllen. Sie werden zurückdenken und sich erinnern, dass es einfach nicht stimmt: Gerade diesem oder jenem Menschen haben Sie Ihr Scheitern mehrfach anvertraut: Ihre Streitigkeiten, Ihre Geldsorgen, Ihren Ärger bei der Jobsuche. Den Stress mit den Kindern, den Sie in den letzten Monaten hatten. Die Krankheit der Eltern. Am Ende kann all das nicht Ihr Scheitern konstituieren. Alle Welt wartet darauf, dass Sie verdammt noch mal mit Ihrer für alle so anstrengenden gleichberechtigten Beziehung scheitern, also fangen Sie endlich damit an. Die anderen Dinge, die Ihnen nicht gelingen, Sie traurig machen und Ihnen Schmerzen bereiten, die sind nicht so wichtig. So scheitern andere Leute. Sie haben sich aber unwissentlich und ungewollt dazu verpflichtet, wenn, dann mit Ihrem Beziehungsmodell zu scheitern. Das ist es, was zählt. Es tut mir leid, Ihnen das sagen zu müssen, aber Gleichberechtigung macht einsam. Sie isolieren sich damit freiwillig in ein nicht besonders verbreitetes und hochfragwürdiges Beziehungsmodell, von dem Sie (wenn es nach mir geht) auch noch sagen, dass es sich auf jeden Fall lohnt und all die Strapazen wert ist. Das wird Sie einiges kosten. Und zwar nicht nur Menschen, von denen Ihnen gute Freundinnen und Freunde sagen, dass sie es »dann sowieso nicht wert waren«. Doch, waren sie. Ihre gleichberechtigte Beziehung war Ihnen nur noch mehr wert. Ich bin hier, um Ihnen zu sagen, dass Sie nicht beides haben können. Und dass es noch schlimmer kommen kann.

Paarvermissung

Denn so ganz allmählich verliert man sich und die gemeinsamen Ziele über die Jahre aus den Augen. Der Beziehungsvertrag ist längst geschrieben und man hat das Gefühl, dass er nicht mehr wirklich aktualisiert werden müsse. Im Alltag, für den man sich mal sehr gefeiert hat, ist nicht nur der Lack ab. Er wirkt vielmehr wie die ewig gleiche Tretmühle, in der man sich als Paar überhaupt nicht mehr zu Gesicht bekommt. Und über allem schwebt das Gefühl, dass es zu anstrengend ist. Dass es zu viel ist. Zu viel gewollt, zu viel Terz, zu viel Aufhebens um eine Sache, die doch eigentlich einfach sein sollte.

Die Absurdität der Anwürfe an das gewählte Beziehungsmodell ist in die Köpfe und Herzen eingesickert. Plötzlich weiß man nicht mehr so genau, wofür man das alles macht. Ist das wirklich nötig? Muss man sich ernsthaft ständig so furchtbar künstlich selbst überprüfen? Immer auf der Hut sein, immer wachsam darauf achten, dass man neben den eigenen ja auch die Bedürfnisse des Herzensmenschen ausreichend wertschätzt und gleichberechtigt? Sollte Liebe nicht leicht sein? Reichen wir uns etwa nicht, dass wir uns dieses monströse Beziehungsgestell erschaffen müssen, um uns darin lieben zu können? Was genau stimmt denn nicht mit uns? Alle anderen machen es sich doch leichter. Gut, viele scheitern und trennen sich. Aber sie versuchen wenigstens, den oder die Richtige für sich zu finden. Den Menschen, der für sie bestimmt ist und den sie bis ans Ende der Zeit lieben werden. In guten wie in schlechten Zeiten. In Gesundheit und Krankheit. In Reichtum und in Armut. Und hier schließt sich der Kreis, wie Sie vielleicht bemerkt haben. Was ich im lieblosen Vorwort noch so großspurig kurz und klein geschlagen habe, kehrt unweigerlich und mit voller Wucht zurück. Sie haben doch nicht wirklich geglaubt, die romantische Liebe ließe sich so leicht abschütteln oder gar zu Grabe tragen? Auf dass Sie darauf Ihre Version von gleichberechtigter Beziehung tanzen? Ich jedenfalls habe es geglaubt. Oder besser gesagt: Ich glaube es immer wieder, weil ich es glauben möchte. Aber in Wahrheit gibt es Situationen, in denen mir genau die Art von Liebe fehlt, von der ich weiß, dass sie eine Chimäre ist. Eine gemeine Falle, in der wir uns die Herzen brechen. Ein mieses Arschloch, das uns einredet, in seiner rauen Hülle stecke ein weicher, ganz wunderbarer Kern, der uns für alles entschädigt, was wir je erlitten haben. Uns alles gibt, was wir jemals brauchen könnten, und noch mehr. Ich vermisse also das Paar, dass wir nicht sind und von dem ich eigentlich will, dass wir es nie werden. Eigentlich. Denn wenn ich müde und erschöpft bin, will ich nur in Arme, die mich halten, und nicht danach fragen, ob der zu den Armen dazugehörige Mensch nicht womöglich auch gehalten werden will. Wenn ich vor Wut, Verzweiflung oder Trauer keine Worte mehr habe, dann will ich, dass die Gedanken meines überreizten Gehirns einfach verstanden werden und mir jeder Wunsch von den Augen abgelesen wird. Wenn ich mich alt fühle, dann wünsche ich mir eine Liebe, die mir unsinnigerweise ewige Jugend im Herzen verspricht. Wenn ich im hunderttausendsten Aufguss des immer gleichen Streits keine Argumente habe, die das Ganze zu meinen Gunsten drehen könnten, dann sehne ich mich danach, ein Machtwort sprechen zu können. Eines, das den Streit einfach beendet und ein für alle Mal klärt, dass ich Recht habe. Und diese Macht ist eindeutig an mein Geschlecht gekoppelt. So wie ich es gelernt habe. So, wie mir immer wieder erklärt wird, dass dies der natürliche Lauf der Dinge ist. So, wie es mir wieder und wieder angeboten wird. Warum nicht zugreifen? Es wäre doch so einfach. Ich bin ein Mann, sie ist eine Frau, ich weiß doch, was das bedeutet. Ich brauche einfach nur in den Schoß der Geschlechtsreligion zurückkehren. Man wird mich großmütig empfangen, mir die Absolution erteilen und meine Frau anweisen, mich so zu behandeln, wie ich es als Mann verdient habe. Man wird mir den Weg zur romantischen Liebe weisen, die ich so schmählich verleumdet und zurückgewiesen habe. Wer weiß, vielleicht gelingt sie uns ja. Unsere Chancen stehen nicht besser oder schlechter als die von anderen. Und wenn es mit uns nicht klappt, dann war sie eben nicht die Richtige. Es ist nie zu spät, nach der wahren Liebe zu suchen.

Nur damit das klar ist: Ich kokettiere hier nicht mit romantischen Anwandlungen, um meine Auferstehung als Phönix aus der Gleichberechtigungsasche vorzubereiten. Stattdessen zeige ich mich hier so ehrlich wie möglich, weil ich Ihnen Gleichberechtigung nicht einfach unterschieben will. Liebe auf Augenhöhe ist kein Taschenspielertrick, der sich aufschwatzen lässt, und ehe Sie sich versehen, hängen Sie schon drin und kommen nicht wieder heraus. Leider ist es andersherum. Romantische Liebe ist der Taschenspielertrick, in den wir uns reinquatschen lassen – und so gut wie niemand kommt jemals wieder raus. Also lassen wir die Spielchen und ich sage, wie es ist:

Manchmal wünsche ich mir meine Liebe so größenwahnsinnig wie nur irgend möglich. Ich will mich daran berauschen, mich in sie fallen lassen, mich nicht rückversichern. Ich will, dass sie einfach funktioniert. Nicht obwohl, sondern gerade weil ich weiß, dass nichts auf dieser Welt einfach so funktioniert. Ich wünsche mir die Art Liebe, vor der ich Sie hier seit über hundert Seiten warne. Denn die Feinjustierung gleichberechtigter Liebe ist ein Kraftakt sondergleichen, der ein beinahe unmenschliches Maß an Präzision erfordert. Sie können sich dem Ziel immer nur nähern. Gleichberechtigung ist kein Motor, den man nur einmal anzuwerfen braucht, damit er einen ans Ziel bringt. Und während ich Sie und mich mit Metaphern rund um Wandtattoosprüche wie »Der Weg ist das Ziel« abzuspeisen versuche, arbeitet da draußen eine gigantische Verschwörung gegen meinen winzig kleinen Paarverschwörungsversuch, um mich auf den rechten Pfad der romantischen Liebe zurückzuführen. Eine gigantische Verschwörung, die unangenehme Fragen stellt: Wenn 50/50 wirklich kein realisierbares Modell ist, wie willst du dann sicherstellen, dass ihr mittel- bis langfristig eine faire und ausgeglichene Beziehung lebt? Ist es nicht so, dass du in deinen Bemühungen um Gleichberechtigung viel zu weit gegangen bist? Machst du nicht längst den Großteil der Care-Arbeit und deinen Job, ohne dass deine von dir sogenannte Lebenskomplizin auch nur den Anschein erweckt, das ausgleichen, deinen Anstrengungen in Gleichberechtigung etwas Adäquates entgegenzusetzen zu wollen? Hat sie nicht schon lange eine hässliche schwarze Kiste, in der sie all die Male versenkt, bei denen sie zu genervt, zu desinteressiert, zu faul ist, deinen Einsatz ernsthaft wertzuschätzen, und es deshalb nicht einmal versucht? Weil sie dich obendrein auch noch für dumm verkauft und diese Nummer in der Hoffnung durchzieht, du würdest schon nichts merken, wenn sie einfach überhaupt nichts tut? Wenn sie es so aussehen lässt, als hättest du gar nicht mehr gemacht, dann erspart sie sich die Mühe, sich unzureichend aufzuraffen. Wo wir gerade dabei sind: Stimmt es womöglich, wenn alle anderen dir sagen, dass du viel mehr machst als sie und etwas Besseres verdient hast?

Und überhaupt: Wenn Gleichberechtigung eine ach so tolle Idee ist, müsste sie sich dann nicht irgendwann verselbstständigen, ohne dass ihr sie ständig zu befeuern braucht? Wann ist der Punkt, wo sie genug Geschwindigkeit aufgenommen hat, um abzuheben? Wann wird es genug sein? Es ist niemals genug. Ich weiß es. Es gibt kein richtiges Leben im falschen. Auch kein absolut gleichberechtigtes. Besser heißt nicht richtig. Besser heißt noch nicht mal sehr viel besser. Manchmal heißt besser gerade einmal ein winziges bisschen besser. So wenig, dass man es kaum spürt und sich umso drängender fragt, wofür man das alles eigentlich tut und ob das wirklich nötig ist. Je höher Ihr Anspruch an sich und Ihre Beziehung ist, umso mehr wird Sie diese Frage beschämen. Mich beschämt sie. Bislang gelingt es mir aber immer noch, mich von dieser Scham zu befreien, indem ich mich daran erinnere, was wichtig ist. Indem ich an den Ausgangspunkt zurückkehre und mir erneut darüber klar werde, wer ich bin, was ich tun will und wen ich warum liebe. Dann teile ich meine Gedanken. Ich mache mich lächerlich, wirke unsouverän und einigermaßen verzweifelt, aber ich erlaube mir damit bislang immer wieder, zu dem zurückzukehren, was wir sind. Was wir wirklich sind: Lebenskompliz♡innen. Liebespaar. Eltern. Verbündete. Verschworene. Beste Freund♡innen. Rotzfreche, kampferprobte Gleichberechtigungsaktivist♡innen. Verbrüdert und verschwestert gegen alles und alle. Wir haben Insiderjokes, die älter sind als manche Wahlberechtigte. Wir haben vier Kinder und die Nerven für vier Kinder. Wir sind einander Heimat. Aber vielleicht wird es ihr oder mir irgendwann nicht mehr gelingen, zu uns zurückzukehren. Vielleicht überwältigen sie oder mich schließlich die Scham und die Wut darüber, dass die Dinge nicht so einfach sind, wie sie ja vielleicht, ganz vielleicht, doch sein könnten. Dann werden es keine Fragen mehr sein, sondern Vorwürfe: Wieso bist du so? Warum bekomme ich von dir nichts? Weshalb bestehst du darauf, nicht das zu mögen, was ich mag? Nicht so zu sein, wie ich dich haben will? Und vor allem: Warum machst du es mir so schwer, dich zu lieben?!

Disruption

Dann halt nicht. Ich brauche dich nicht. So jedenfalls nicht. Alle anderen haben recht behalten, war ja klar. Was für eine Zeitverschwendung!

Paare, die die Phase der Disruption erreicht haben, fallen Stück für Stück auseinander und bewerfen sich mit den Überresten ihrer Beziehung. Sie munitionieren sich mit dem in ihrer gemeinsamen Zeit angehäuften Wissen übereinander. Mit all den Vertrautheiten und den kleinen Schwächen, die man dem geliebten Menschen zur sicheren Aufbewahrung anvertraut hat, damit niemand sonst einen Blick auf sie erhaschen kann. Wenn einst um Gleichberechtigung bemühte Beziehungen diese Phase erreichen, wissen sie zumeist mehr über den ehemaligen Herzensmenschen, als dies Paare tun, die sich kaum aus der Deckung hinter ihren Avataren getraut haben. Dementsprechend kann es sehr viel fieser werden. Der Beziehungsvertrag war sehr viel ausgefeilter, die Referenzen, über die man sich lustig machen kann, sind alle da und bestens vertraut. Und wer den Schaden hat, braucht für den Spott nicht zu sorgen. Wenn es Lebenskompliz♡innen nicht gelingt, sich in Gleichberechtigung zu trennen, ist die Fallhöhe geradezu halsbrecherisch hoch. Alles, was man sich einst mit der berechtigten Hoffnung auf Wohlwollen zur Ansicht vorgelegt hat, kann jetzt gegen sie und ihn verwendet werden. Ein solches Paar in Disruption übernimmt unwillkürlich die Positionen, die zeit seiner Existenz gegen ihre Liebe ins Feld geführt wurden. Gleichberechtigte Beziehungen haben ein Schwarzgeldkonto, auf dem all die Mutmaßungen, Anwürfe, Beschimpfungen und Verletzungen liegen, die man versucht hat, ihnen zuzufügen. In der disruptiven Phase ist Zahltag und es wird abgehoben, was das Konto hergibt. Dann war die Beziehung schon immer so und du hast nie … All die Male, in denen man sich zu Wohlwollen, Wahrhaftigkeit, Wissbegier und Wandelbarkeit im Schweiße des Angesichts aufgerafft hat, fallen jetzt wie Hyänen über das geschwächte Paar her, dem doch eine möglichst schmerzfreie Trennung zu wünschen wäre: Du wünschst mir alles Schlechte. Du hast mich immer nur belogen. Du interessierst dich überhaupt nicht für mich und hast keine Ahnung, wer ich bin. Du hast dich kein Stückchen verändert/ich erkenne dich überhaupt nicht wieder. Liebe auf Augenhöhe heißt auch, sich verletzbarer zu machen, als für eine romantische Liebesbeziehung nötig wäre. Das bedeutet, dass wir gerade in dem Moment, in dem wir alle Vereinbarungen und Wertschätzungen von uns werfen wollen, weil die Liebe zerfällt, mehr denn je auf Gleichberechtigung angewiesen sind. Auf einen Menschen, der uns ein Leben nach dieser Liebe gönnt. Auf jemanden, der gerade und selbst dann nicht das Schlechteste von uns annimmt, wenn er nicht mehr das bekommen kann, wonach ihm verlangt. Also schreiben Sie es sich so fett wie möglich in den Beziehungsvertrag. Ich weiß, wie das klingt: Wer denkt in solchen Momenten schon an Vereinbarungen, die man mal vor Jahren getroffen hat, als man sich noch Heimat war und in Liebe halten konnte. Aber je genauer Liebespaare Ausstiegsszenarien planen, je konkreter sie Gesten des Respekts benennen, Besitz markieren und sich als Individuen die Abgrenzung voneinander gestatten, umso größer die Wahrscheinlichkeit, dass eine Trennung nicht in einer Katastrophe enden muss. Flankieren Sie Ihren womöglich nur virtuellen Beziehungsvertrag so umfassend wie möglich mit tatsächlichen Verträgen: Ehevertrag, gemeinsame Sorgerechtserklärung, Erbschaftsvereinbarung. Werden Sie konkret, wo es geht. Und seien Sie so deutlich wie möglich, wo es nicht gehen sollte: Wer kümmert sich um das Haustier? Wie gehen wir mit unseren gemeinsamen Freunden um? Wie sieht es mit der Beziehung zu den Schwiegereltern aus? Wie können wir uns weiterhin begegnen?

All das ist keine Versicherung gegen den Beziehungscrash mit Totalschaden. Es sind nur Anschnallgurte für Ihre Sicherheit. Und egal, wer Ihnen gesagt hat, dass es überhaupt nicht cool ist, unromantisch, spießig und der letzte Dreck: Schnallen Sie sich an. Die Fahrt ist holprig genug. Sorgen Sie für die Trennung vor, von der Sie glauben, dass Ihr Herzensmensch sie in dem Moment verdient hat, in dem Sie ihn am meisten lieben. Gute Trennungen haben mit Liebe zu tun. Mit dem wehmütigen Echo dessen, was man sich einst war, weil man es sich sein wollte. Disruptive Trennungen sind der verzerrte Schrei über all das, was nie gewesen oder falsch gelaufen ist – ohne sich noch dafür interessieren zu können, ob man es tatsächlich gewollt hätte oder es wirklich hätte besser laufen können. In einer gelingenden Trennung blitzen ab und zu noch die Menschen auf, die sich Heimat waren und sich auch im Prozess der Entheimatung noch ein Stück Heimat sein können. Über einer disruptiven Trennung liegt der Schatten all dessen, was während der Beziehung nicht sein brauchte und jetzt offenbar sein muss. Man bekotzt sich gegenseitig mit der Dunkelheit einer gescheiterten Liebe, bis man das Gegenüber nicht einmal mehr schemenhaft erkennen kann und sich in völliger Finsternis der jeweiligen Heimat entreißt.

Also lassen Sie einander ein kleines Licht an. Ich weiß, dass das schwer ist. Das Leuchten ist fort. Aber wenn Sie schon nicht mehr in der Lage sind, gemeinsam zu strahlen, dann lassen Sie es wenigstens ein bisschen hell, damit niemand unwiederbringlich verloren geht.

Paarungsakte VIII

NTARS & Stresstest

Wenn die Liebe niemals eines natürlichen Todes stirbt, sondern an »Müdigkeit, Austrocknung und Beschmutzung«, wie Anaïs Nin schreibt, dann stellt sich die Frage, wie man damit umgeht. Besteht die Möglichkeit, innerhalb von Liebesbeziehungen »schlafende Hunde zu wecken«, Situationen und Probleme zu überanalysieren und die Dinge zu verschlimmbessern? Falls ja, spräche das dafür, Beziehungen nach dem NTARS-Modell zu führen: Never touch a running system – Greifen Sie nie in ein System ein, das funktioniert und bereits am Laufen ist. Andernfalls wird das nur dazu führen, dass durch Ihr Eingreifen irgendetwas nicht mehr funktioniert und Sie trotz aller guter Absichten am Ende mit leereren Händen dastehen als zuvor. Auf der anderen Seite könnte es sich als sinnvoll erweisen, die Beziehung einem regelmäßigen Stresstest zu unterziehen. Denn was sind und wie lieben wir, wenn unsere Beziehung nicht mal einer gewöhnlichen Problembelastung standhält? Wie können wir uns weiterentwickeln und dem Aspekt der Wandelbarkeit gerecht werden, wenn wir das Betriebssystem unserer Liebesbeziehung nicht dauerhaft und regelmäßig auf Bugs untersuchen und Updates einspielen? Gerade das Verfahren eines Beziehungsvertrags entspricht ja genau diesem Modell. Damit ein solcher Vertrag wirkt und von beiden eine möglichst hohe Anerkennung und Zustimmung erfährt, muss er in der Lage sein, alle Beteiligten maximal zu repräsentieren. Das klappt nur, wenn der Beziehungsvertrag mit der Beziehung und mehr noch mit der Entwicklung der Individuen innerhalb dieser Beziehung Schritt hält. Und falls Ihnen diese Frage zu spitzfindig sein sollte, können wir es auch ganz einfach machen: Müssen Paare wirklich jedes Problem ausdiskutieren oder kann man es nicht einfach auch mal gut sein lassen? Wie so oft ist es ein bisschen was von beidem. Es fällt mir nicht leicht, das zu schreiben, da ich von meiner Grundaufstellung ein notorischer Problembequatscher bin. In Konfliktsituationen habe ich instinktiv den Eindruck, sie ließen sich besser beheben, wenn wir noch einmal darüber sprechen, mitfühlender miteinander reden und aufmerksamer zuhören. Sich mit mir zu streiten kann eine sehr ermüdende, stundenlange Angelegenheit sein, in der ich mir zu sehr darin gefalle, die Dinge in einer weiteren Streitschleife noch präziser zu formulieren – angeblich mit dem Ziel, das Problem dadurch besser lösen zu können. Tatsächlich aber wohl hauptsächlich, weil ich mich gern reden höre und es mir in Stresssituationen ein gutes Gefühl gibt, über mein Nachdenken und Sprechen so etwas wie Kontrolle zu gewinnen. Meine Lebenskomplizin ist diesbezüglich das genaue Gegenteil von mir. Sie vermeidet ausufernde Konflikte und begründet das für sich damit, dass viele Dinge nicht so heiß gegessen werden, wie sie gekocht werden. Allerdings sorgt diese Strategie dafür, dass sie in dieses Schema auch Probleme einordnet, die sich nicht so einfach wegmoderieren lassen, indem »man mal eine Nacht darüber schläft« oder »die Sache morgen schon wieder ganz anders aussieht«. Manche Dinge sehen morgen schlimmer aus, wenn man sie heute nicht angeht. Ehrlicherweise müsste man sogar sagen, dass man sie besser schon vor Wochen hätte anpacken sollen, aber heute wäre zumindest eine bessere Gelegenheit als morgen. Es ist eine Mischkalkulation. Nach meiner persönlichen Erfahrung von über 20 Jahren Paarstreitigkeiten würde ich sagen, dass es etwa 70 Prozent der Fälle besser getan hätte, sie ein paar Tage liegen zu lassen, anstatt ihretwegen sofort in eine Auseinandersetzung zu gehen. Manchmal gibt es Situationen, in denen man sich durch verquere Entwicklungen schlagartig aus dem Wohlwollen des anderen geworfen sieht, obwohl das faktisch nicht der Fall ist und auch nicht der Fall sein kann: Wir lieben uns, wir schätzen uns wert. Wir gehen auf Augenhöhe miteinander um, ich weiß, dass du mir nicht absichtlich schaden würdest. Nur ist man in diesen Momenten sehr fern von dieser wohlwollenden Einschätzung, fühlt sich missverstanden, ungeliebt, gedemütigt oder einfach nur verarscht. Dann kann es wirklich sehr hilfreich sein, sich die Zeit zu geben, später noch einmal mit ein bisschen Abstand auf den Konflikt zu gucken: War ich womöglich einfach müde oder von etwas ganz anderem angefressen? Und wie sind wir überhaupt in diesen ganzen Schlamassel reingeraten? Hinzu kommt, dass Auseinandersetzungen Kraft kosten. Wählen Sie Ihre Streitigkeiten also weise. Stellen Sie sich vor, Sie hätten pro Monat nur die Kapazitäten für fünf heftige Auseinandersetzungen: Welche sind es? Welche Themen brennen Ihnen so auf den Nägeln, dass Sie sie unbedingt ansprechen und bestenfalls im Streit miteinander auflösen können? Denn auch das gehört zur Wahrheit. Es wird immer Konflikte geben und produktiver Streit ist eine sinnvolle Methode, um diese Konflikte aus dem Weg zu räumen. Nicht alle Kämpfe sind vermeidbar. Wenn sich jemand nicht an die beziehungsvertraglichen Vereinbarungen hält und die Beziehung vorsätzlich oder unbewusst sabotiert, muss das angesprochen werden. Das lässt sich nicht aussitzen. Erlittene Kränkungen, Schmerz und das Gefühl, nicht richtig gesehen zu werden, werden nicht dadurch besser, dass man sie liegen lässt, sich die Finger in die Ohren steckt und »Lalala, wir sind ein tolles Liebespaar« singt. Wer das tut, arbeitet in Wahrheit schon an der Gesangseinlage für das Begräbnis der eigenen Beziehung.

Aber wie können wir unterscheiden? Wie ist es möglich, die Situationen, in denen Auseinandersetzungen eine vermeidbare Belastung darstellen, von denen zu unterscheiden, in denen das Austragen von Konflikten unbedingt erforderlich, weil beziehungserhaltend ist. Wann gilt NTARS und wann ist ein Stresstest angebracht? Leider lässt sich diese Frage nicht mitten in einem Konflikt beantworten. Es wäre wunderbar einfach, wenn es eine Art Lackmustest gäbe, mit dem sich mitten in der Auseinandersetzung prüfen ließe, ob sie den Aufwand und die Gefahr der möglichen Verletzungen wirklich wert ist. Das funktioniert aber nicht. Dafür müssten Sie ja ruhig und entspannt sein und es ist nun gerade Merkmal von Liebespaarstreitigkeiten, dass sie hochemotional geführt werden. Es sind eben keine sachlichen Erwägungen von Für und Wider, sondern existenzielle Liebesbefragungen, die einem im Zweifelsfall die Luft zum Atmen nehmen, wenn man sie nicht herausschreit. Ihnen für diese Situation den Ratschlag zu erteilen, sich doch einfach mal zu beruhigen und dann zu überlegen, ob sich die ganze Sache lohnt, wäre nicht nur billig, sondern sogar kontraproduktiv. Denn ganz unabhängig davon und entgegen dem, was uns klassische Beziehungsmythen weismachen wollen: Weder sind streitarme Beziehungen konfliktfrei, noch ist es ein Qualitätsmerkmal von Liebesbeziehungen, sich wenig zu streiten. Sich kaum oder gar nicht zu streiten kann auch Indiz dafür sein, dass Beziehung nicht funktioniert. Mit diesem leider doch sehr gebräuchlichen Ratschlag kommen wir daher nicht weiter. Aber nach dem Streit ist vor dem Streit. Was furchtbar ernüchternd klingt, bietet bei näherer Betrachtung eine gute Chance. Wenn Sie also gut miteinander streiten wollen, liegt der Schlüssel in der Nachbereitung Ihres letzten Streits zur Vorbereitung Ihres nächsten. Nehmen wir an, Sie sind aus Ihrem letzten Streit beide einigermaßen unbeschadet herausgekommen, die Luft ist gereinigt, die Dinge wurden angesprochen, das Problem behoben. Alles ist so weit klar. Dann, genau dann ist der Moment, ein Metagespräch über Streit zu führen. Wie streiten wir? Warum verhalten wir uns so, wie wir es tun? In einer Phase der Konfliktversöhnung sind Paare wohlwollender als im Streit, aber zumeist auch wohlwollender als zu normalen Beziehungszeiten. Dieses Wohlwollen sollten Sie zu Ihrem Vorteil nutzen, um die Regeln und

Erwartungen an den nächsten Streit abzustecken – der mit an Sicherheit grenzender Wahrscheinlichkeit kommen wird. Es ist hilfreich, sich Ihre Art, miteinander zu streiten, zu diesem Zweck wie eine dritte Person vorzustellen – in gewisser Weise ist Streit das nämlich auch: Er gehört uns nie ganz, er hat ein Eigenleben, und wenn wir nicht höllisch aufpassen, zieht er uns über den Tisch und macht uns fertig. Aber jetzt gerade ist Streit ganz friedlich und offen für Ihre Anliegen. Jetzt kann man mit ihm sprechen. Stellen Sie sich Streit also als eine Person vor, die Sie fragt, was sie für Sie tun kann. Was wollen Sie von Streit? Was erwarten Sie sich von ihm? Was muss Streit leisten, was darf er auf keinen Fall tun? Ich kann Ihnen nicht versprechen, dass Streit sich beim nächsten Mal so verhalten wird, wie Sie beide es ihm gesagt haben. Die Gefühle kochen hoch, die Situation ist hitzig, man ist sauer, genervt und frustriert. Wie gesagt: Das kann keine Debatte sein, bei der beide immer auf einen fairen Umgang miteinander achten und sich ausreden lassen. Aber mit antizyklischer Ansprache in Momenten, in denen man sehr gut miteinander ist, und ein wenig Glück, wird sich Ihr Streit in das transformieren, was Sie von ihm brauchen. Wenn das bedeutet, dass Sie ein bisschen rumbrüllen und sich dann in den Arm nehmen, um später noch mal in Ruhe über alles zu sprechen, dann wird er das sein. Und wenn Sie Abstand voneinander brauchen und tagelang nur über Sprachnachrichten kommunizieren können, dann eben das. In der Gefahr der Abwärtsspirale von Paarvermessung über Paarvermissung zu Disruption kommt der Streitkultur von Paaren eine zentrale Bedeutung zu. Sich also nicht nur versprechen, dass man sich nach Kräften bemüht, gut zueinander zu sein, sondern auch daran arbeiten, wie man gleichberechtigt ätzend zueinander sein kann. Das ist die Art Stresstest, die sich nicht vermeiden lässt. Und wenn Sie vor der nicht zurückschrecken, dann haben Sie sehr viel mehr Luft dafür, Dinge auch mal laufen zu lassen und sich anzuschauen, wohin sie sich entwickeln.

NEUN

Happy End

»In einer Welt voller Zerstörung muss man an den Fragmenten der Liebe festhalten, die es gibt. Denn manchmal ist ein Mosaik schöner als ein ungebrochenes Muster.«[1]

Dawn Powell

Gibt es ein Happy End für die Liebe? Das ist die Frage, die mir am häufigsten gestellt wurde, als ich begann, darüber zu sprechen, worüber ich mein nächstes Buch schreiben möchte. Ich muss wohl schon von Anfang an so ausgesehen haben, als wolle ich kein gutes Haar an der romantischen Liebe lassen. Zudem war mein Umfeld einigermaßen verwirrt: Dass ich mich für Gleichberechtigung engagiere, ist für die meisten keine Neuigkeit und akzeptabel. Wieso ich damit aber ausgerechnet gegen die Liebe ins Feld ziehen will, konnte zunächst kaum jemand nachvollziehen. Meine Lebenskomplizin und ich sehen aus wie romantische Liebe. Wir sehen aus wie Happy End für romantische Liebe. Dass wir gerade das nicht sind, war mir zwar schon vorher bewusst, wurde aber beim Schreiben immer deutlicher und verkomplizierte den Entstehungsprozess. Ich hatte mir eigentlich vorgenommen, diesmal etwas unpersönlicher zu bleiben als in meinem vorigen Buch *Prinzessinnenjungs*, bei dem ich mich stellenweise sehr weit aus dem Fenster gelehnt habe, um übergriffige Männlichkeitskonzepte auch an mir selbst zu veranschaulichen. Ich hatte mir das nicht zuletzt deshalb vorgenommen, weil ich trotz der Öffentlichkeit, die ich mit meinen Büchern und Texten, mit Vorträgen und Workshops suche, ein eher privater

Mensch bin. Das hat etwas mit dem Thema des Buches zu tun: Ich stecke bis über beide Ohren in einer Lebenskompliz♡innenschaft. Ich bin in Liebe. Da überlegt man sich sehr genau, ob es sich lohnen würde, nach draußen zu treten oder die Außenwelt hereinzubitten. Aber hereingebeten habe ich sie. Hereinbitten musste ich sie. Aus meinem Plan, meine persönliche Beziehung auf das Kapitel Offenlegung zu beschränken, ist nicht viel geworden. Meine Art, eine Liebesbeziehung zu führen, und meine persönliche Einschätzung davon, was Gleichberechtigung ausmacht, sind über das ganze Buch verstreut. Das hier ist keine Enzyklopädie der gleichberechtigten Beziehung. Dafür existiert einfach zu wenig Anschauungsmaterial. Es ist auch kein Interviewbuch geworden, in dem ich mit verschiedenen Menschen darüber spreche, was gleichberechtigte Beziehung für sie ausmacht. Stattdessen wollte ich ganz grundsätzlich über Liebe nachdenken. Nicht zuletzt auch über meine Liebe. Und über mein wachsendes Unbehagen mit der Frage, ob es ein Happy End für die Liebe gibt. Ich habe sehr lang gegen meinen ersten Antwortimpuls auf diese Frage angekämpft. Aber je mehr ich mich mit Liebe beschäftige, je intensiver ich mir Liebesbeziehungen zwischen Menschen anschaue, umso fetter unterstreiche ich meine Initialreaktion: LIEBE, dieses Romantikmonster, das vorbuchstabieren will, wie Liebe zu leben sei, verdient überhaupt kein Happy End. Wer oder was ist die Liebe, dass sie ein Happy End verdienen würde? Und wer müsste was leisten, um ihr zu diesem Happy End zu verhelfen? Lassen Sie mich diesen Gedanken noch radikaler formulieren: Wenn es ein Happy End für Ihre Liebe geben soll, dann darf es kein Happy End für die LIEBE geben. Denn das Standardkonzept LIEBE weiß nichts von Ihnen, es interessiert sich nicht für Ihre Belange. Es ist ein sozial konstruierter Parasit, der bindungsbedürftige Menschen befällt, die auf vielfältige Art dazu ermahnt werden, sich nicht gegen diese Invasion ihrer Selbst zu wehren. Menschen sind, wie ich eingangs erwähnte, zutiefst darauf angewiesen, mit anderen in Kontakt zu treten. Wir brauchen Bindung, wir brauchen Intimität, Vertrauen, Herzlichkeit und Güte, weil wir in existenzieller Vereinzelung nicht sein können. Wir verkorken Flaschenpostsendungen mit unseren Ängsten, Hoffnungen und Bedürfnissen und schicken sie in die Weite, auf dass das Unerreichbare in der Gestalt eines lächelnden Menschen näher an uns heranrückt. Wir schlagen Brücken ins Nichts in der Hoffnung, damit etwas zu erreichen. Wenn es so etwas wie ein dauerhaftes Prinzip des Menschen gibt, dann ist es das. Das und die Tatsache, dass wir daran wie in all unseren Bemühungen scheitern können. Sosehr wir darauf angewiesen sind, zu anderen Menschen eine Verbindung aufzubauen und ihren Verbindungsversuch mit uns als solchen zu erkennen, so unbeholfen und tollpatschig gehen wir die Sache an. Liebe bildet da keine Ausnahme. Und obendrein haben wir Menschen uns auch noch alle miteinander darauf verständigt, Liebe als Pars pro Toto für das dahinterliegende existenzielle Prinzip zu verwenden. Mittlerweile sprechen wir aber schon so lang, und so erfolgreich vom Teil als dem Ganzen, dass wir vergessen haben, wie und warum Liebe eben nur ein Teilstück ist. Wenn Sie das der Liebe zugrunde liegende Prinzip wie ich Beheimatung nennen oder auch Bindung, Verständnis, Zärtlichkeit, dann wäre über das, was uns im Kern ausmacht, deutlich mehr gesagt und verstanden als mit dem Begriff Liebe. Also: Nein! Die LIEBE, die die meisten von uns meinen, wenn sie von Liebe sprechen, verdient kein Happy End. Und ich hoffe für Sie und mich, dass sie auch keines kriegt. Denn der Preis dafür waren und sind wir. Es geht uns nicht besser, wenn wir romantisch lieben und romantisch geliebt werden. Es geht uns besser, wenn wir uns ineinander beheimaten, eine positive Bindung aufbauen, zärtlich zueinander sind, mitfühlen und Verständnis etablieren. Wir müssen Brücken schlagen können. Sie brauchen nicht mit

Rosenblütenblättern bestreut werden und an ihren Geländern müssen auch keine Vorhängeschlösser mit eingeritzten Herzen allmählich vor sich hin rosten. Auf ihr sollen sich einfach nur Menschen begegnen können und zueinanderfinden. Deshalb ist auch nicht nur überflüssig, sondern geradezu schädlich, eine Art Brückenkodex zu erschaffen, der genau festlegt, wie das ganze Setting auszusehen hat. Wer darf sich treffen? Was wird dabei getragen und von wem? Welche Musik spielt im Hintergrund? Welche Zeit haben wir? Abend- oder Morgenrot? Pflastersteinbrücke oder mit Sand bestreut, damit wir barfüßig sehnsuchtsvoll aufeinander zulaufen können? Wer darf das erste Wort sprechen? Wer muss herzerschüttert zu Boden blicken? Wer hat Blumen in der Hand? Wann muss von wem das erste Mal Sex angesprochen? Wie wird er vollzogen, wie oft, wie lang, mit welchen Gedanken? Und als wäre das alles nicht schon schwierig genug, haben wir LIEBE als Brückenkodex auch noch mit einem Rückkopplungsmechanismus ausgestattet. Unser Konzept von romantischer Liebe bewertet unsere Brückenbegegnung und fällt ein Verdikt darüber, ob diese Brücke etwas taugt und uns der Übertritt gestattet ist. Was bildet sich LIEBE eigentlich ein? Dass wir sie zu einem ewigen, ja göttlichen Prinzip erhoben haben, das bereits vor den Menschen existiert hat und auch noch nach uns existieren wird, ist ihr offensichtlich zu Kopf gestiegen: Hier fehlen die Rosenblütenblätter. Ihr steht nun schon seit sechs Jahren hier rum, ihr müsst jetzt Nachwuchs zeugen. Es ist internationaler Brückenkodex-Tag, ihr nennt ihn Valentinstag, also kauf ihr gefälligst einen Blumenstrauß. Kein Happy End für diese LIEBE. Gegen diese angeblich bruchlose, totale LIEBE müssen wir aufbegehren und sie durch Behutsamkeit gegenüber unserer realen fragmentarischen Liebe ersetzen. Gebrochene, unvollständige, menschliche Liebe ist die einzige Liebe, die wir haben. In all ihrer Unvollkommenheit ist sie die Liebe, zu der unvollkommene Menschen eben fähig sind.

Was wir brauchen, ist eine Brückenwissenschaft. Untersuchungen darüber, wie sich Brücken am besten schlagen lassen und wie wir sie sicher betreten. Wie wir uns darauf begegnen und gegebenenfalls einrichten können. Wie sich die Brückenstatik unter der Last unserer Sorgen, Erwartungen und Bedürfnisse verändert. Wie wir die Brücke wieder verlassen können, ohne sie dabei in Schutt und Asche zu legen und uns und andere dabei so zu verletzen, dass die Brückenbaufähigkeiten aller Beteiligten beeinträchtigt werden. Also nein, nein, dreimal nein: Kein Happy End für die LIEBE auf Kosten eines möglichen Happy Ends für Ihre und meine Liebe. Und wenn es kein Happy End für unsere Lieben geben kann, dann womöglich für uns. Oder wenigstens ein Ab-und-zu-Happy in doch meistens unhappy Zuständen. Ab und zu glücklich und meistens zufrieden in Bindungen. In Freundschaften. In Herzensgüte. In Nähe. In Zärtlichkeit. In Sex. Prinzipien verdienen kein Happy End. Sie sind dazu da, dass man sich an sie hält oder sie verwirft, wenn sie untauglich erscheinen. Das gilt auch für Gleichberechtigung. Auch dieses Prinzip ist nicht ewig. Es soll uns dienen und nicht wir ihm. Nur, im Unterschied zum Brückenkodex romantischer Liebe ist Gleichberechtigung ein Teilgebiet der notwendigen Brückenwissenschaften, um einander zu halten und zu lösen, ohne uns dabei zu schaden oder gar zu zerstören. Also warum nenne ich es immer noch Liebe? Ich war nämlich wirklich kurz davor, den Begriff allen Kontexten außer den mir sehr angebracht erscheinenden Liebesbeschimpfungen zu entreißen und mit anderen Worten auf das zugrunde liegende Prinzip zu verweisen. Liebe ist so bürgerlich. Liebe ist so spießig, so kapitalistisch, so arschlochsystemstabilisierend. Warum und für wen sollten wir diesen Begriff retten? Nun, vielleicht für uns. Für unsere Sehnsucht nach gegenseitiger Beheimatung, die wir seit Jahrhunderten auch und gerade in diesen Begriff gießen. Dafür, was Liebe sein könnte –

gegen das, was LIEBE zu sein hat. Auf die Gefahr hin, nach seitenlangen Verbalschlägen gegen die romantische Liebe wie ein hoffnungsloser Romantiker zu klingen: Ich lasse mir meine Liebe nicht von der LIEBE kaputt machen. Und Ihre auch nicht.

Lieben, was ist

Ich schlage also vor, dass wir uns zur Abwechslung mal nicht damit beschäftigen, wie wir mit anderen dem Ideal der romantischen Liebe genügen können, sondern unter welchen Bedingungen Liebe uns genügt. Wie muss Liebe sein, damit wir gern in Liebe sind? In welcher Liebe fühlen wir uns aufgehoben und gesehen? Welche Liebe lässt sich am besten in Wertschätzung übersetzen? In welcher Liebe finde ich das für mich richtige Verhältnis zwischen Nähe und Distanz? Welche Liebe ist flexibel genug, um dem Element der Wandelbarkeit ausreichend Spielraum zu bieten? Ich schreibe an dieser Stelle Liebe, auch wenn die Fragen bereits die konkrete Ausgestaltung von Liebesbeziehungen berühren. Ich könnte also genauso gut fragen, in welchem Liebesbeziehungsmodell wir uns am meisten aufgehoben, gesehen und wertgeschätzt fühlen. Aber das würde den Fokus zu sehr auf die praktische Umsetzung der vier W für gleichberechtigte Beziehungen setzen. Wenn wir uns schon mit der Frage nach der Machbarkeit eines Happy Ends beschäftigen, dann müssen wir auch auf die Beginnings schauen. Auf den Anfang. Und erkennen, dass es uns fast immer darum geht, wie und wann romantische Liebe in uns anfängt, statt darum, wie wir Liebe anfangen wollen. Also was suchen wir, wenn wir Liebe suchen? Was haben wir, wenn wir in Liebe sind? Was beenden wir, wenn wir Liebe verlassen? Gleichberechtigte Liebe in einer Lebenskompliz♡innenschaft bedeutet nicht nur, sich von übergriffigen Geschlechtszuweisungen zu emanzipieren, sondern auch von der Liebe selbst. Wir sind die Liebenden. Wir bestimmen, wie Liebe für jeden und jede von uns zu sein hat. Nicht andersherum. In Anlehnung an Emily Nagoskis »Come As You Are« könnte man hier »Love As You Are« formulieren. Liebt eure Liebe so, wie sie für euch ist. Oder wie es der Paartherapeut Michael Mary formuliert: »Lebt die Liebe, die ihr habt.«[2] Nicht die Liebe, die ihr haben solltet. Versucht nicht, hohlen Ansprüchen zu genügen, die mit euch und euren Bedürfnissen nichts zu tun haben. Also: Warten Sie nicht auf Lebenslangerschicksalsschatz. Richten Sie sich und Ihr Leben nicht darauf zu, dass ein imaginärer Lebenslangerschicksalsschatz Sie als seinesgleichen erkennt und mit Ihnen glücklich und zufrieden lebenslang schicksalsschatzt. Auf diesen einen Menschen, der alles von Ihnen weiß und zugleich so neugierig auf Sie bleibt, als wüsste er nichts von Ihnen. Der zugleich unersättlich und leicht zu befriedigen ist. Der Ihr Wohl über seines stellt und sich dabei selbst nicht aus den Augen verliert. Stellen Sie sich nicht vor die unmögliche Aufgabe, diese absolut widersprüchliche Auffassung zum Besten aller Beteiligten einzulösen. Sie werden daran scheitern. Nicht weil Sie wie alle Menschen in allem scheitern können, sondern weil eine solche Liebesvorstellung derart menschenfeindlich ist, dass Sie scheitern müssen.

Verzichten Sie auf Bestimmung und bestimmen Sie sich füreinander, solange es Ihnen möglich ist. Sie haben eine Brücke geschlagen, die nicht ins Leere gegangen ist. Jemand hat in Ihren Versuch eine eigene Brücke geschlagen und jetzt ragt das Gebilde über den Abgrund. In diesem Buch ging es um zwei Dinge: Welche Ansprüche stellen wir an diese Brücke und die Brückenbegegnung? Und wie sichern wir sie ab? Mein Eindruck von romantischer Liebe ist, dass sie sich nicht um Tragfähigkeit und die tatsächliche Qualität der Begegnungen schert. Sie scheint mehr daran interessiert zu sein, tolle Bilder von uns zu produzieren, die sie anderen Paaren vorzeigen kann, um sie für sich zu begeistern. Wir sollen die Beziehungsschnappschüsse liefern, mit denen sich romantische Liebe bei anderen bewerben kann: Guckt mal, wie gut ich diesem Pärchen stehe. Sehen die beiden nicht glücklich aus? Wollt ihr das nicht auch? Klar wollen wir das. Es sieht einfach auch unverschämt gut aus. Aber Sie erinnern sich vielleicht noch daran, wie die Familienbilder zustande gekommen sind, die heute bei Ihnen an der Wand hängen: Bitte lächeln, nein nicht so, nicht blinzeln, einmal hierher schauen, so geht das nicht, mehr in die Mitte, wo ist das Vögelchen, Lächeln nicht vergessen, alle lächeln und schön in die Kamera blicken. Das ist ja schon als Momentaufnahme anstrengend. Aber als Dauerzustand ist es einfach unerträglich. Romantische Liebe ist das Instagram unserer Bindungssehnsucht. Mit all ihren hotten Filtereinstellungen, fancy Bildbearbeitungsmöglichkeiten und customizable Sinnspruchkacheln ist sie darauf ausgerichtet, dass wir unsere Liebe als larger than love empfinden. Größer, schöner, weiter. Aber was wird aus unserer Liebe, wenn sie in all ihrem Wirken und Tun für uns auf eine überdimensionierte Unmöglichkeit hochskaliert wird und sich daran messen lassen muss? Liebe ist nicht alles. Liebe ist nicht unser Planet. Liebe, das sind du und ich auf dieser wackeligen Brücke über dem Bindungsnichts. Was wird aus uns?

Wir verschwören uns. Du und ich. Gleichberechtigt. Wir verschwören uns gegen diesen Liebeswahnsinn und machen etwas daraus, womit wir etwas anfangen können. Das wir benutzen können. Keine Merchandising-Produkte eines romantischen Liebesideals, sondern Sachen, die uns guttun: Wohlwollen. Wahrhaftigkeit. Wissbegier. Wandelbarkeit. Und dann fangen wir an, diese Brücke mit allem zu stabilisieren, was wir haben, damit sie uns möglichst lang trägt. Wir setzen keine Filter ein, wir sortieren nicht aus nach Romantiktauglichkeit. Wir erlauben uns, zu lieben, was ist. Wir nehmen den Augenblick, in dem du einen schlechten Witz gemacht hast und ich mir vor Lachen in die Hose gepinkelt habe. Das Sofa hat gestunken, die Bezüge waren nicht abwaschbar, den Witz habe ich vergessen. Ich liebe, wie sehr du mich manchmal zum Lachen bringst. Wir nehmen die Situation, als ich dir sagte, dass wir wegen des Geldes werden umziehen müssen und du drei Wochen lang am Rad gedreht hast, weil du Angst hattest, dass dir der Boden unter den Füßen weggerissen wird. Am Ende hast du mir gesagt, dass du mitkommst, weil du mir vertraust. Es war ein Fehler, wir hatten eine ätzende Zeit. Aber ich habe gemerkt, wie sehr du dich bemüht hast, mir das nicht vorzuwerfen. Ich liebe, wie sehr du mir vertraust. Wir nehmen den Streit, bei dem wir beide uns so furchtbar verletzt haben, dass wir uns nicht mehr sehen konnten. Und uns irgendwann wieder getextet haben, weil es uns so scheiße ging, dass wir mit jemandem reden mussten, der uns gut kennt. Und dafür eigentlich nur wir infrage kamen. Ich liebe, wie sehr du weißt, wie ich zu trösten und zu verletzen bin.

Lieben, was ist, heißt, sich die Erlaubnis zu geben, sich bei der Beheimatung die Hände schmutzig zu machen. Pausen einzulegen. Sich die Fingernägel abzubrechen. Laut zu fluchen, durchzudrehen und dann weiterzumachen. Gleichberechtigt lieben, was ist, heißt, dem Herzensmenschen das Gleiche zuzugestehen. Sich darum zu bemühen, ihn wirklich und wahrhaftig als gleichwertig zu betrachten. Wir reden zwar andauernd davon, wie wichtig es ist, andere Menschen gleich zu berechtigen, weigern uns aber standhaft, selbst die elementarsten Grundvoraussetzungen dafür zur Kenntnis zu nehmen, warum uns das nicht gelingt. Gleichberechtigung entspricht nicht unserem Naturzustand. Es geht nicht darum, einige Hindernisse aus dem Weg zu räumen, die uns die Rückkehr zu unserem wahren Selbst versperren. Wir sind allein. Wir sind einzig. Wir sind Kreaturen mit einem solipsistischen Bewusstsein, das in der Abgeschiedenheit seines Gehirns instinktiv davon ausgehen muss, dass alles andere nur in ihm existiert. Alles, was außerhalb unserer selbst stattfindet, wird über unsere Sinne in uns hineinkommuniziert. Wie kann also jemand, der nicht als Person an sich, sondern lediglich als Person für uns existiert, die gleichen Rechte wie wir haben? Gleich an Würde sein? Wie soll es möglich sein, dass der Schmerz dieses Menschen unserem gleichgestellt wird, wenn wir nur den eigenen Schmerz fühlen, den fremden Schmerz über die Kommunikation in uns selbst aber maximal mitfühlen können? Wir sind nur uns selbst unmittelbar. Alles und alle jenseits unserer selbst ist mittelbar und vermittelt sich über unsere Sinne in unsere Wahrnehmung. Der/die/das Andere ist immer weniger echt, als wir es uns selbst sind. Immer fragwürdiger, unwichtiger und unbedeutender.

Das, um das hier nur nebenbei zu bemerken, ist auch die Grundmechanik von Sexismus, die Simone de Beauvoir in *Das andere Geschlecht*[3] beschrieb: Entlang der existenziellen Unmittelbarkeit des einzelnen Menschen wurde eine sexistische Unmittelbarkeit des männlichen Geschlechts geschaffen. Sich unmittelbare Männer betrachten Frauen als das mittelbare Geschlecht. Die Bedürfnisse von Frauen erscheinen ihnen so fern ihrer eigenen Realität, so fiktiv, dass sie sich herausnehmen, sie hemmungslos zu fiktionalisieren und ihren eigenen Bedürfnissen untertan zu machen. Dieses Prinzip gilt für jede Form der Diskriminierung. Die goldene Regel, dass wir andere stets so behandeln sollen, wie wir selbst behandelt werden wollen, kann nur dann Anwendung finden, wenn wir anderen ein Selbst gleich unserem zugestehen. Das ist weniger ein erkenntnistheoretisches Problem als eine Frage konstanter Disziplinierung. Wir müssen akzeptieren, dass wir niemals mehr sein können als uns selbst die Nächsten, und uns zugleich dazu anhalten, den für uns nur mittelbaren Nächsten die gleiche Ausgangslage zuzugestehen. Zwei Menschen, die sich vorsichtig nach Beheimatungsmöglichkeiten abtasten, können also nur sich selbst für voll nehmen und fühlen sich dabei doch nicht vollständig. Sie sehnen sich nach Validierung durch eine für sie unwahrscheinlichere Person, die sie sich selbst noch wahrscheinlicher macht. Romantische Liebe verspricht uns, unwahrscheinlich schön zu sein. Sie bietet uns die endgültige Befreiung aus der existenziellen solipsistischen Vereinzelung an, indem sie auf ihre Kraft verweist, zwei sich selbst wahrscheinliche Menschen zu einem unwahrscheinlichen Liebespaar zu verschmelzen. Tatsächlich verstärkt romantische Liebe unser Vereinzelungsgefühl. Diese Art der Verschmelzung wird es nicht geben. Niemals. Alles, was wir damit erreichen, ist, dass wir einander unwahrscheinlicher werden. Gleichberechtigte Liebe hingegen versucht zumindest Wahrscheinlichkeitsrechnung. Wahrscheinlich geht es dir wie mir. Wahrscheinlich hast du den gleichen Anspruch auf Zufriedenheit und Entspannung wie ich in dieser Beziehung. Wahrscheinlich leidest du auch. Wahrscheinlich bist auch du dir der beziehungsweise die Nächste, und damit müssen wir leben. Das ist alles, worin wir lieben können. Der französische Dichter Arthur Rimbaud entwarf in den 70er-Jahren des 19. Jahrhunderts für seine Dichtung in seinen sogenannten Seher-Briefen ein radikales Konzept: Ich ist ein anderer. Um wirklich groß dichten zu können, wollte er alles in sich aufnehmen. Jeder Lust nachgehen, jedes Bedürfnis befriedigen und jedes Leben leben. Für Rimbaud war es falsch, zu sagen »Ich denke«. Für ihn musste es durch die Entgrenzung seiner selbst zu »Es denkt mich« werden.[4] Der Dichter als Brennglas für den Rausch der gesamten Schöpfung. Mit Gleichberechtigung wiederum vollzieht sich die genaue Gegenbewegung: Ein anderer ist ich. Nicht in dem Sinne, dass eine andere Person absolut identisch mit mir ist, aber gleich wahrscheinlich. Gleichberechtigung ist die anhaltende Disziplinierung des vereinzelten Ichs zur Anerkennung der Ichhaftigkeit des anderen. Und von dort aus kann sich ineinander beheimaten, wer sich ineinander beheimaten will. Von dort an Liebe in all ihren Formen und Varianten. Liebe, die so kleinlich sein kann, dass sie sich über eine nicht vollständig ausgedrückte Zahnpastatube aufregt, und so großzügig, dass sie sogar Verrat oder Betrug verzeiht. Liebe, die so lange dauert, dass man nicht einmal mehr sagen kann, wie genau sie einmal begonnen hat. Oder so kurz ist, dass man glatt vergessen hat, herauszufinden, ob es sich nicht womöglich gelohnt hätte, gemeinsam noch ein Stück des Weges zu gehen. Liebe, die einen manchmal tonnenschwer bedrückt, um dann wieder federleicht zu erscheinen. Gleichberechtigung ist Aufforderung und Anleitung zugleich, zu lieben, was ist. Liebe deinen Nächsten als ein Selbst. Ein Selbst, das in eurer Liebesbeziehung den gleichen Anspruch auf Zuneigung, Trost, Wärme und Verständnis hat wie dein Selbst. Ein Selbst, das wie du selbst ständig Gefahr läuft, fehlzugehen, sich zu verirren und zu scheitern. Also gilt es, sich zu disziplinieren, das Gegenüber als gleichwertiges Ich zu sehen. Und sich durch Wohlwollen für die Momente sensibel zu halten, in denen man sich aus der Anerkennung des Gegenübers als gleichwertig zurückzieht. Wenn wir uns Möglichkeiten schaffen, immer wieder zu dem Punkt zurückzukehren, an dem unser Herzensmensch mit allem, was ihn ausmacht, genauso wahrscheinlich ist, wie wir es uns sind, kann gleichberechtigte Liebe gelingen. Und selbst wenn sie uns irgendwann nicht mehr gelingen sollte, hätten wir immer noch die Anerkennung des anderen als Selbst, von dem es sich so zu trennen gilt, wie man selbst eine Trennung von sich am erträglichsten fände.

Nicht lieben, was ist

Sie lieben sich. Wirklich. Aber dann ist es vorbei. Auch die gleichberechtigtste Liebe aller Zeiten ist nicht davor gefeit, dass sie irgendwann unseren Umarmungen entwunden und unseren Küssen entzogen wird. Die Heimat fühlt sich fremd an. Die gemeinsame Verschwörung funktioniert nicht mehr. Früher sind Sie in Momenten des Begehrens übereinander her- und in Momenten der Erschöpfung ineinandergefallen. Jetzt gefällt es Ihnen nicht mehr. Früher haben Sie sich in Liebe gehalten. Jetzt sind Sie haltlos.

Die Lebenskompliz♡innenschaft zerbricht. Es ist eine Katastrophe. Um zu veranschaulichen, wie katastrophal das ist, werde ich mir etwas vorstellen, von dem ich schon mehrmals in meinem Leben gesagt habe, dass ich genau das nicht möchte. Ja, mir nicht einmal vorstellen kann. Aber hier ist der richtige Ort dafür. Meine Lebenskomplizin liebt mich nicht mehr und will die Beziehung beenden. Es fühlt sich schon länger nicht mehr richtig für sie an. Sie kann sich nicht mehr an meiner Seite alt werden sehen. Am Ende bin ich doch immer gleich und wir zu verschieden. Sie hat sich an mir satt geliebt. Eltern werden wir natürlich bleiben, klar. Aber mit uns ist Schluss. Ich erspare Ihnen und mir die hässlichen Szenen, die ich womöglich, und das Heulgesicht, das ich definitiv machen werde, und springe gleich dazu, was das für mich bedeutet. Ich würde die Liebe meines Lebens verlieren. Meine Lebenskomplizin. Meine beste Freundin. Meine Sexpartnerin. Den Menschen, der mich neben meinen Blutsverwandten am längsten kennt und mit dem ich in meinem Leben mit Abstand die meiste Zeit verbracht habe. Die unumstrittene Nils-Koryphäe. Die Autorität meiner Lebenslügen und Erfolge. Die letzte Zeugin all meiner bescheuerten Jugendfrisuren. Die größte Herausforderung und die sicherste Bank, die ich je hatte. Meine Erstleserin. Meine gnädigste und unbarmherzigste Kritikerin. Meine Trösterin. Meine Duellpartnerin. Meine Reisegefährtin. Die Frau, die als Mädchen mein zerbrochenes Sprechen wieder zusammengefügt hat, indem sie mir stundenlang mit aufmerksam-interessiertem Gesicht dabei zuhörte, wie ich mich stotternd durch Texte quälte. Die Frau, die mir verziehen hat und der ich verziehen habe. Die Frau, die mich an der Geburt meiner Kinder teilhaben ließ. Sie würde sich nicht nur von mir trennen. Mit der Trennung müsste ich meinen kompletten Lebensentwurf zu Grabe tragen. Ich wäre vollkommen orientierungslos und in all den von mir genannten Dingen und noch mehr verlassen. Wie würde ich wollen, dass unsere Trennung vonstattengeht, wenn ich sie schließlich akzeptiert hätte? Welchen Wunsch hätte ich, nachdem ich mir eine Million Mal gewünscht habe, dass all das nicht passiert? Ich würde mir wünschen, dass wir so auseinandergehen, wie wir zusammen waren. Dass es uns irgendwie in all dem Chaos und meiner Verzweiflung gelänge, die gemeinsame Brücke zu verlassen, ohne dass wir sie dabei in die Luft sprengen oder ich für den Rest meines Lebens auf meiner Seite der Brücke über dem Nichts stehe, während sie ihre längst abgebaut hat und meine allmählich zerfällt. Dass wir wirklich ein Elternteam blieben wie die wenigen Paare, die wir kennen, denen das nach der Trennung gelungen ist. Nicht wie all die anderen, die es leider nicht geschafft haben.

Und weil das alles ziemlich viel verlangt, um nicht zu sagen geradezu unmöglich ist, scheint mir jede Form von Katastrophenschutz, den wir zuvor zusammen aufgebaut haben, ein wertvolles Hilfsmittel zu sein – egal, wie es ausgeht. Es ist möglich, dass keine von unseren Absicherungsklauseln in unserem Beziehungsvertrag greift. Dass wir uns in Vernichtungsfantasien ergehen, die Kinder instrumentalisieren, uns verleumden, denunzieren und verraten. Es ist möglich, dass wir nicht aufhören können, einander Löcher zu schaufeln, damit wir einander darin abgrundtief hassen können. Dass unsere ach so hehren Ideale von Gleichberechtigung diesen Ernstfall nicht überstehen und wir uns all die Jahre gegenseitig über ihre Wirkmächtigkeit getäuscht haben, weil wir uns besser fühlen wollten. Gerade deshalb sollten wir alles tun, um die Wahrscheinlichkeit zu erhöhen, dass unser Ende nicht so aussieht. Wir sollten alles daransetzen, dass wir einander wahrscheinlich bleiben, auch wenn es unfassbar schmerzt. Das kann nur gelingen, wenn wir das Ende unserer Beziehung nicht kategorisch ausschließen, sondern als Möglichkeit begreifen. Und es kann nur gelingen, wenn wir jetzt das tun und sind, von dem wir behaupten, dass wir es tun und sind. Wenn wir jetzt so viel wie möglich Wohlwollen aufbringen, ist am Ende vielleicht sogar noch ein bisschen etwas davon übrig. Wenn wir so oft wie möglich üben zu akzeptieren, dass unser Gegenüber ein Selbst ist, wie ich ein Selbst bin, und darum auf Basis dieser angenommenen existenziellen Gleichheit in seiner ganzen Verschiedenheit gleich berechtigt werden sollte, dann gelingt es uns vielleicht auch unter erschwerten Bedingungen. Ich will an dieser Stelle gar nicht von Konzepten wie der »spirituellen Scheidung« des Autors Habib Sadeghi oder des »bewussten Entpaarens« der Schauspielerin Gwyneth Paltrow anfangen. Das geht zum einen deutlich über meinen atheistischen Horizont und fühlt sich zum anderen ein bisschen wie Selbstbetrug an – für mich zumindest. Es klingt mir zu sehr danach, in einer warmen, gemütlichen Schiffskabine damit zu prahlen, wie weit ich im Notfall in eiskalter See schwimmen könnte. Ich weiß es nicht. Aber ich kann ja schwimmen üben. Das könnte mir womöglich in dieser Situation helfen. Und selbst wenn nicht. Selbst wenn mich die Kälte sofort bewegungsunfähig macht und ich nach wenigen Augenblicken sinke: Schwimmen zu üben ist nie verkehrt.

Ich hoffe, ich konnte Ihnen deutlich machen, worum es mir geht. Ich will mir nicht anmaßen, meine mögliche Trennung, von der ich nicht weiß, wie sie ablaufen würde, mit Ihren zukünftigen oder vergangenen Trennungen zu vergleichen. Darum verzichte ich an dieser Stelle auf konkretere Ratschläge, obwohl ich Ihnen und mir wirklich gern, welche geben würde. Jetzt, wo ich mir diese

Trennung ausgemalt habe, hätte ich dafür wirklich jede Menge hilfreiche Ratschläge. Nur für den Fall. Aber ich sehe nicht, wie sich der Prozess der Entheimatung im Vorfeld so ordnen und absichern ließe, dass es auf jeden Fall so abläuft wie geplant. Ich habe mir wirklich viele »Wie trenne ich mich richtig«-Ratgeber angeschaut. Wann immer es mir anschließend gelungen ist, wirklich ehrlich mit mir zu sein, fand ich die Vorstellung meiner Person unter Trennungsbedingungen so grotesk und unvorhersehbar, dass es mir müßig erschien, hier in diesem Buch so zu tun, als wüsste ich was passiert. Als wäre ich in der Lage, vorauszusehen und zu fühlen, wie mir dann geschieht. Außerdem fand ich die meisten dermaßen widersprüchlich, dass ich sie hier nicht anpreisen wollte: Stehen Sie zu Ihren Gefühlen. Bleiben Sie sachlich und vermeiden Sie Anschuldigung. Ähm, ok. Ich stelle mir kurz vor, dass ich meine Exkomplizin hasse, mich um meinen Anteil an unserem gemeinsamen Lebensentwurf betrogen sehe und mich verraten fühle. Vermeide aber gleichzeitig Anschuldigungen. Was für ein »interessanter« Vorschlag. Nicht, dass ich ihn falsch fände. Ich bin mir sicher, beide sind für sich genommen gute Ratschläge. Aber im Zusammenspiel wird dann doch überdeutlich, wie kompliziert das alles ist. An dieser Stelle bin ich also vermutlich genauso unberechenbar und verwundbar wie Sie alle. Ich weiß nicht, wie ich reagieren würde und wie weit ich käme, wenn ich in kalten Gewässern zu ertrinken drohe. Aber ich weiß, dass Schwimmen immer eine gute Idee ist und dass ich nach allem greifen würde, was sich neben mir befindet und so aussieht, als könnte es mich zumindest eine Weile tragen.

Wobei halt: Einen Ratschlag, der über das eben genannte hinausgeht, würde ich Ihnen und mir vielleicht doch mitgeben. Ich habe ihn in diesem Buch auch schon genannt. Sie erinnern sich vielleicht: Sie sitzen mit Shakespeare am Pokertisch, die Einsätze sind enorm hoch. Shakespeare hat gerade um eine Summe erhöht, die Ihrem gesamten noch nicht eingesetzten Vermögen entspricht. Und nun überlegen Sie. Eigentlich ist Ihnen klar, dass Sie das nicht gewinnen können. Ihre Karten sind miserabel bis passabel, Sie haben sich irgendwie in die ganze Sache reinquatschen lassen und jetzt geht es um alles. Shakespeare spielt, als hätte er das Blatt seines Lebens. Er könnte jedoch auch bluffen. Das wissen Sie aber nicht. Was Sie wissen, ist, dass Sie auf jeden Fall nicht das Blatt Ihres Lebens haben. Shakespeares Geld ist Ihnen mittlerweile ziemlich egal, jetzt geht es nur noch darum, dass schmerzhaft viel von Ihrem Geld im Pot liegt und Sie sich fragen, ob Sie den Rest nicht auch noch zahlen sollten. Nur um zu sehen, was passiert. Vielleicht hat Shakespeare ja geblufft. Vielleicht geschieht ja ein Wunder. Ich würde vorschlagen, dass Sie sich von Ihrem Geld verabschieden, Ihre Karten zusammenwerfen und mit dem bisschen Geld, was Ihnen noch übrig bleibt irgendwo anders ein neues Spiel wagen. Je länger ich darüber nachdenke, umso mehr bin ich davon überzeugt, dass ich den Ratschlag auch meiner Lebenskomplizin geben würde. Wenn sie sich tatsächlich von mir trennen wollte, würde ich nicht wollen, dass sie aufgrund all der Gefühle, Zeit und Dinge, die sie über die Jahre in unsere gemeinsame Beziehung gesteckt hat, davon absieht. Ich würde wollen, dass sie das nimmt, was ihr bleibt, und frei ist, zu gehen, Nicht zuletzt auch deshalb, weil ich mir das für mich selbst wünschen würde. Ich glaube, ich kann mit Fug und Recht davon ausgehen, dass unser beider versunkene Kosten sich auf eine ähnliche Höhe beziffern. Zu hoch, um sie einfach liegen zu lassen und zu gehen. Gerade deshalb würde ich wollen, dass es möglich ist. Wenn eine/-r von uns beiden dann nach vermutlich über drei Jahrzehnten mit allem, was ich bereits aufgezählt habe, diese Beziehung nicht mehr möchte, dann muss es sehr ernst sein. Dann sollten Mittel und Wege gefunden werden, das auch zu realisieren. Ich kann, wie gesagt, nicht beschwören, dass ich mich in der realen Trennungssituation so vernünftig und abwägend verhalten würde, wie es die Umsetzung dieses Ratschlags erfordert. Tatsächlich wäre ich eher bereit, zu beschwören, mich dann nicht vernünftig und abwägend zu verhalten. Aber hier und jetzt kann ich uns in Liebe wünschen, dass wir beide im Fall der Fälle den Mut und die Kraft aufbringen würden, aufzulesen, was von uns übrig ist, und einen Neuanfang zu wagen.

Neuanfänge

Wie erholt man sich nach so einer Trennung? Wie geht es weiter, was fängt man mit sich an? In meinem Fall müsste ich die Elternschaft für unsere gemeinsamen Kinder mit meiner Exkomplizin neu organisieren und regeln. Wir müssten vermeiden, so zu tun, als könnte unsere Elternschaft dieselbe bleiben, und gemeinsam daran arbeiten, sie neu zu definieren, obwohl uns womöglich beiden nicht danach ist. Wir müssten den Umgang miteinander ertragen. Wir wären zwei Menschen, die übereinander so viel wissen, dass sie, ganz vollgestopft von diesem Wissen, nun überhaupt keine Idee mehr davon haben, was sie damit anfangen sollen. Wir wären angefüllt mit Myriaden von Insiderwitzen und Detailinformationen übereinander, die uns dann nichts mehr nützen, sondern lediglich ein merkwürdiges Gefühl des befremdeten Schämens erzeugen, weil man sich des Eindrucks nicht erwehren kann, sich unerlaubt im Intimbereich der anderen Person aufzuhalten. Zumindest stelle ich es mir so vor: Ich kenne deine Schwäche für Schokoriegel am Freitagabend nach 23 Uhr und deine Vorliebe für die TV-Serie *Buffy*. Ich habe gesehen, wie du bitterlich geweint und dich diebisch gefreut hast. Ich weiß, wie du nackt aussiehst und was du für ein Gesicht machst, wenn du kommst. Wenn ich ehrlich bin, habe ich überhaupt keine Lust, das alles zu vergessen.

Tja, das klingt nicht gerade nach den besten Voraussetzungen für einen Neuanfang. Und ganz sicher hört es sich nicht nach einem Happy End an.

Aber immerhin ist es ein Ende, das auch ein Anfang sein kann. Und das allein wäre schon eine ziemlich glückliche Fügung.

Ich habe Sie hierher an das fiktive Ende meiner Beziehung geführt, weil ich Ihnen auch den Anfang gezeigt habe. Ich wollte Ihnen mit beidem und allem, was dazwischen passiert ist, weder bewusst gefallen noch Sie absichtlich verstören. Ich hatte lediglich vor, mich für meine Thesen über gleichberechtigte Liebesbeziehungen haftbar zu machen. Und zwar in einer Weise, die hoffentlich auch dann noch Bestand hat, wenn meine Beziehung nicht mehr existieren sollte, um mein »erfolgreiches Bemühen« zu belegen. Das Happy End dieses Buches ist die Erkenntnis, dass Ihre Beziehung nicht so wie meine sein muss und meine nicht wie Ihre. Weder um zu gelingen, noch um zu scheitern. Lebenskompliz♡innen müssen sich nicht als Teenager kennenlernen, vier Kinder haben und die Jahrzehnte überdauern. Sie müssen weder so beschissen noch so erfolgreich streiten wie wir. Sie brauchen nicht weniger oder mehr Sex, als wir miteinander zu haben. Sie müssen sich keine Kosenamen geben, sie brauchen nicht die gleichen Orte bereisen wollen oder sich für die gleiche Musik interessieren. Lebenskompliz♡innen beheimaten sich ineinander, so gut es ihnen eben möglich ist. Mit allem, was ihnen dafür an Mitteln zu Verfügung steht. Sie beheimaten sich in polyamourösen oder in monogamen Beziehungen. In gemeinsamen oder getrennten Wohnungen. Mit viel Sex, wenig oder gar keinem. Mit Menschen des anderen oder des gleichen Geschlechts. Sie alle bekommen die gleichen heteronormativen Geschichten übergestülpt über Männer und Frauen, die sich romantisch lieben, einander ihr ein und alles sind und diesen Unfug auch noch bis an ihr Lebensende und darüber hinaus durchziehen werden. Sie alle spüren, dass sie aufgrund ihrer Wurzeln nicht frei genug sind, auf ihren Herzensmenschen so zuzugehen, wie es für beide am besten wäre. Sie alle ächzen unter den Dogmen der Geschlechtsreligion. Und viele stöhnen früher oder später unter der Last der zahlreichen Fremdbedürfnisse ihrer Kinder, die die eigenen vollständig zu verdecken drohen. Lebenskompliz♡innen haben kein Geheimwissen und auch keine Liebe, die viel besser, reiner und unzerstörbarer sind als alle anderen Beziehungen. Lebenskompliz♡innen lieben, was ist, und trennen sich, wenn sie das, was daraus geworden ist, nicht mehr lieben können oder wollen. Lebenskompliz♡innen versuchen, auf Augenhöhe zu bleiben und sich genau so, Aug in Aug, in Liebe zu halten. Manchmal müssen sie dabei weinen. Manchmal wird ihnen entsetzlich langweilig dabei. Manchmal kämpfen sie mit ihrer inneren Unsicherheit darüber, ob sich das alles wirklich lohnt. Aber sie finden einen Weg zurück. Sie finden zurück, weil sie erkennen, dass »an deiner Seite« etwas völlig anderes heißt als über oder unter dir. An deiner Seite ist eine liebevolle Verschwörung gegen alles möglich, das uns weißmachen will, wir wären es nicht wert, gleichberechtigt behandelt zu werden. An deiner Seite ist genug Platz, um sich so nahe wie möglich zu kommen und so weit auf Distanz wie nötig zu gehen. An deiner Seite gelingt es mir inmitten all der Unwahrscheinlichkeiten, mit denen ich dich lieben soll, dich nicht aus den Augen zu verlieren und wahrscheinlich glücklich zu sein. Ich weiß nicht, ob Sie so ein Ende happy nennen würden. Ich jedenfalls tue es. Aus den genannten Gründen. Es ist spät geworden. Es wird Sie vermutlich kaum überraschen, aber ich beende dieses Kapitel wieder einmal mitten in der Nacht. Es ist Zeit, endlich ins Bett zu gehen. An ihre Seite.

Paarungsakte IX

Noch einmal Maria & Nils

Maria und Nils sind immer noch ein ziemlich gewöhnliches Paar mit ein paar ungewöhnlichen Voraussetzungen und Ansichten. Sie lieben, was sie sind. Sie erinnern sich liebevoll an das, was sie einmal waren. Sie freuen sich auf die vielen Neunfänge, die ihnen miteinander noch bevorstehen. Manchmal fragen sie sich, ob sie womöglich schon in einem Happy End sind, obwohl sie überhaupt nicht an ein Happy End glauben. Sie nennen es ihren Epilog. Maria und Nils haben den Eindruck, dass sie die meisten schwerwiegenden Entscheidungen schon getroffen und die meisten typischen Paarkrisen schon bewältigt haben. Sie sind nicht zu stolz, wenn Langzeitpaare neben ihnen auseinanderfallen, und wirken nicht zu angegriffen, wenn jemand sie mit Geschlechtsreligion und Pärchenlügen belästigt und ihre Verschwörung aufdecken will. Maria und Nils sind mit Ende 30 und Anfang 40 in einem Alter, in dem man vieles schon erledigt haben kann und gleichzeitig noch genug bei Kräften ist, um alles gemeinsam anzupacken. Maria und Nils glauben nicht an die ewige Liebe. Sie glauben an ihre Liebe. Und weil sie wirklich sehr daran glauben, ertappen sie sich manchmal beim Gedanken daran, dass es immer so bleibt, wie es ist: Es sind immer Kinder im Haus. Alle können Unterstützung gebrauchen, aber niemand braucht Pflege. Es ist genug Geld da, um sich im Alltag keine Sorgen darüber zu machen. Es ist genug Begehren vorhanden, um sexuell nicht zu verzweifeln. Und Liebe gibt es sowieso reichlich. Der Planet brennt nicht, sondern kann – natürlich ökologisch korrekt – bereist werden. Das Mittelmeer ist ein Urlaubsort, an dem man entspannte Abendgespräche führt, und kein Massengrab, in dem zu viele Stimmen liegen. Die eigenen Eltern werden sehr, sehr alt, bleiben bei Kräften und fallen jenseits der 90 irgendwann einfach um. Die eigenen Kinder werden natürlich niemals neoliberale Waffenschieber, weil ihnen lang genug eingetrichtert wurde, für wie verachtenswert man das hält. Außerdem wurden sie konsequent mit dem beschallt, was Maria und Nils als Punkmusik bezeichnen und Punkmusikbegeisterte »na ja, Deutschpop halt« nennen. Maria und Nils haben die Illusionen um die romantische Liebe mit anderen Illusionen rund um ihre Beziehung ersetzt. Sie verklären Zufall zu häufig als Leistung. Glück zu oft als Ergebnis richtiger Entscheidungen. Sie halten sich für gute Eltern, aber das sagen sie nicht laut, weil sie den Eindruck erwecken möchten, ihnen wäre klar, dass sie in dieser Sache nicht das letzte Wort haben. Maria und Nils glauben häufig, dass sie in dieser Sache das letzte Wort haben. Sie wollen den Kapitalismus nicht umarmen, aber in letzter Zeit fühlt er sich einfach verdammt gut an. Sie wollen die Umwelt nicht zerstören, aber guckt euch doch bitte mal an, was die anderen da machen. Maria und Nils müssen aufpassen, dass sie nicht ein bisschen so werden wie Thérèse und Jean-Jacques. Dass sie eine gleichberechtigte Beziehung um ihrer selbst willen inszenieren, weil sie mittlerweile dafür nicht nur verbale Prügel kassieren, sondern immer häufiger gelobt werden. Maria gefällt sich darin, wie sehr sie alles unter einen Hut bekommen hat, was eigentlich unmöglich unter einen Hut zu bekommen ist – ohne sich allzu lange mit dem Gedanken aufzuhalten, wie sehr sie das Nils zu verdanken hat. Nils hingegen pflegt ein eitles Understatement, mit dem er seinen Beitrag zu einer gleichberechtigten Beziehung abtut, als wäre es eine Kleinigkeit, die alle leisten könnten und die ihn nichts kostet – ohne allzu oft darüber nachzudenken, wie sehr er das Maria zu verdanken hat. Beiden gemein ist dieses satte Gefühl, dass sie sich für Gleichberechtigung nicht mehr sonderlich strecken müssen. Das meiste läuft so mit und zur Klärung von strittigen Detailfragen lässt sich gut auf bewährte Muster und eingeübte Konfliktstrategien zurückgreifen. Maria und Nils sagen, sie müssten wieder deutlich wachsamer sein, meinen es aber kein Stück. Für sie fühlt es sich so an, dass sie nun aber wirklich mal lang genug wachsam waren. Sie haben auf alle Fragen der Gleichberechtigung eine Antwort, aber für manche fehlt ihnen der Hunger. Ihren Vorrat an Wohlwollen für den unwahrscheinlichen Trennungsfall füllen sie schon lang nicht mehr auf. Den Punkt Wandelbarkeit checken sie auf ihrer To-do-Liste mit dem sicheren Gefühl, dass sich nach fast drei Jahrzehnten da nicht mehr so viel tun wird. Sie sagen Dinge wie »Ich weiß natürlich nicht, ob wir für immer zusammenbleiben«, aber das ist nur so eine leere Floskel, die sie zur Selbstvergewisserung benutzen. Maria und Nils stecken in einer Happy-End-Epilog-Zone, die sich sehr, sehr gut anfühlt. So gut, dass sie nur noch sagen, sie könnten es gar nicht so richtig glauben. Dabei glauben sich Maria und Nils alles in dieser Zone. Außer vielleicht, dass sie immer noch ein ziemlich gewöhnliches Paar mit ein paar ungewöhnlichen Voraussetzungen und Ansichten sind.

Nachwort

Danke, dass Sie mir zugehört haben. Die eigenen romantischen Ideale demoliert zu bekommen ist nicht gerade eine erfreuliche Angelegenheit. Zumal, wenn ich Ihnen als Alternative nur arbeitsreiche, aufwendige Prozesse anbiete, die ich nicht mit Garantien versehen kann. Ich hoffe trotzdem, dass ich Ihnen die Liebe nicht vergällt habe. Noch nicht einmal die Monogamie, die, wenn sie sich tatsächlich selbst genügt, eine legitime Konfiguration menschlicher Partnerschaft sein kann. All die Dinge, die ich in diesem Buch aufgefahren habe, die kleinen und größeren Spitzen, die Analysen und Alternativszenarien, dienen nur einem einzigen Zweck: Ich möchte, dass wir gemeinsam mehr über die Liebe ins Gespräch kommen. Über Partnerschaft, Sexualität, Belastungen, Einsamkeit, Glück, Trennungen und alles, was dazugehört. Ich möchte, dass wir für den einvernehmlichen Wunsch von Menschen, sich ineinander zu beheimaten, mehr Respekt haben und mehr Verständnis. Momentan ist unser liebevolles Miteinander vor allem Befehlsempfänger: Kindheitserfahrungen, Patriarchat, Kapitalismus, romantische Ideale, stereotype Rollenbilder – all das und noch viel mehr vereint sich zu einem unablässigen Hintergrundrauschen, das zu einer Lautstärke angeschwollen ist, in der wir unsere eigenen Worte nicht mehr verstehen: Was möchte ich, was möchte der andere? Wie wollen wir lieben? Wer bin ich innerhalb und außerhalb meiner Liebesbeziehung? Wo höre ich auf und wo fängt die Inszenierung meines Avatars in der Simulation von romantischer Liebe an? Wie kann es uns gelingen, uns in gegenseitigem Wohlwollen zu halten, Wandelbarkeit zu akzeptieren, wissbegierig zu bleiben und Wahrhaftigkeit für uns selbst und unsere Beziehung anzustreben? Es sind große, komplexe Fragen, auf die es keine einfachen Antworten gibt. Aber jede Liebesbeziehung verdient das Bemühen, auf diese Fragen Antworten zu finden. Jede Liebe ist es wert. Ob sie sich über mehrere Jahrzehnte erstreckt oder über eine Woche. Auf Nähe und Distanz. Mit sexueller Intimität oder ohne. In vielen Konflikten oder wenigen. Liebe ist, was wir daraus machen. Und wenn sie nicht den Kriterien genügt, die ich hier für eine Lebenskompliz♡innenschaft formuliert habe, verzweifeln Sie nicht: Falls wir als Liebende in diesem oder jenem Zusammenhang nicht gut mit- und füreinander sind, können wir es immer noch werden. Und wenn es keinen Weg in ein wandelbares, wahrhaftiges, wissbegieriges Wohlwollen in Liebe auf Augenhöhe gibt, bleibt immer noch eine Trennung in Achtung und Respekt. Gehen Sie behutsam mit sich und Ihren Mitmenschen um. Wir alle sind in dieses Leben geworfen und versuchen, uns auf die eine oder andere Weise an diesem Ort oder in jener Person zu beheimaten.

Ich habe eingangs geschrieben, dass alle Paarbeziehungen Gezeiten unterliegen. Wir richten unsere Liebe in Ebbe und Flut ein, schlagen leck, dichten ab, suchen gemeinsam nach Horizonten. Wir beheimaten uns ineinander, um überhaupt Kurs auf diese Horizonte nehmen zu können. Um dem Versprechen auf diese Horizonte durch Liebe einen Funken Glaubwürdigkeit verleihen zu können. Aber wenn immer nur eine Person die Nachtwachen hält, während die andere es sich unter Deck gemütlich macht, steuern wir fehl. Wenn immer nur der eine oder die andere den Proviant im Blick hat, die Ladung sichert, das Schiff ausbessert und die Kojen auslüftet, ist das Unternehmen zum Scheitern verurteilt. Und wenn beide sich zu Untätigkeit oder Untat verdammen, weil niemand über den Rand der eigenen Bedürftigkeit blicken will oder kann, dann gibt es keine Kompliz♡innenschaft. Dann wird nichts aus der gemeinsamen Verschwörung gegen alle Widrigkeiten. Dann reichen Ihre zentripetalen Liebesbeteuerungen und -gesten nicht aus, um den allgegenwärtigen Zentrifugalkräften des Lebens genug entgegenzusetzen.

Also lieben Sie aus ganzer Kraft mit allem, was Sie haben. In jedem Format, das Ihnen sinnvoll erscheint und das Sie einvernehmlich gestalten. Warten Sie nicht darauf, dass sich Liebe irgendwann so anfühlt, wie Ihnen verheißen wurde, sondern sorgen Sie dafür, dass sie sich so gut wie möglich für alle Beteiligten anfühlt. Beheimaten Sie sich so zärtlich wie möglich. Seien Sie nachsichtig zueinander. Und passen Sie auf Ihre Liebe auf.

Anmerkungen

Liebloses Vorwort

1. Oscar Wilde: *The Importance of Being Earnest and Other Plays*. London 2000 (Penguin Classics)
2. Bertolt Brecht: *Notizbücher. Band 3: 1921*. Berlin 2017 (Suhrkamp)
3. Robert Frost: *Hyla Brook*. Aus: *The Collected Poems*. New York 2013 (Vintage Classics)

1 Offenlegung

1. 1997: Harenberg Lexikon der Sprichwörter & Zitate, Seite 765
2. Nils Pickert: *Prinzessinnenjungs. Wie wir unsere Söhne aus der Geschlechterfalle befreien*. Weinheim 2020 (Beltz)
3. Benjamin Disraeli: *Henrietta Temple*. Paris 1837 (Baudry's European Library)
4. »Ich bin das Ideal – und du bist der Skandal!« WELT-Artikel vom 02.04.2016
5. Şeyda Kurt: *Radikale Zärtlichkeit. Warum Liebe politisch ist*. Hamburg 2021 (HarperCollins)
6. vgl. Theodor W. Adorno: *Minima Moralia*. Frankfurt am Main 2000 (Suhrkamp)
7. Theodor Fontane: *Graf Petöfy*. München 2006 (dtv)
8. Paul Watzlawick: *Anleitung zum Unglücklichsein*. München 1983 (Piper)
9. youtube.com/watch?v=FExI1gNST3Y

2 Liebe ist …

1. Leo Tolstoi: *Anna Karenina*. Köln 2005 (Anaconda)
2. Susanne Scharnowski: *Heimat. Geschichte eines Missverständnisses*. Darmstadt 2019 (wbg academic)

3. Fatma Aydemir und Hengameh Yaghoobifarah (Hrsg.): *Eure Heimat ist unser Albtraum*. Berlin 2020 (Ullstein)
4. Emmanuel Levinas: *Totalität und Unendlichkeit: Versuch über die Exteriorität*. Freiburg 2002 (Verlag Karl Alber)
5. Max Scheler : *Ordo Amoris – Fragment*. In: Ders.: *Gesammelte Werke. 16 Bände*. Bonn 1971 (Bouvier)
6. Dorothy Tennov: *Love and Limerence – the Experience of Being in Love*. Chelsea 1979 (Scarborough House); siehe dazu auch: spiegel.de/kultur/rascheln-im-walde-a-2fe21a90-0002-0001-0000-000014316530
7. Dutton, D. G., & Aron, A. P. (1974). Some evidence for heightened sexual attraction under conditions of high anxiety. *Journal of Personality and Social Psychology*, 30(4), 510–517; siehe: psycnet.apa.org/record/1975-03016-001
8. people.com/archive/sixteen-months-after-his-death-cartoonist-kim-casali-gives-birth-to-her-husbands-miracle-baby-vol-8-no-6/
9. news.google.com/newspapers?nid=2199&dat=19770712&id=6LgxAAAAIBAJ&pg=6753,1352531

3 Wurzelbehandlung

1. Saša Stanišić: *Herkunft*. München 2019 (Luchterhand)
2. Meike Stoverock: *Female Choice. Vom Anfang und Ende der männlichen Zivilisation*. Stuttgart 2021 (Klett Cotta)
3. Margarete Stokowski: *Die letzten Tage des Patriarchats*. Reinbek bei Hamburg 2018 (Rowohlt)
4. Eva Illouz: *Gefühle in Zeiten des Kapitalismus*. Frankfurt am Main 2007 (Suhrkamp)
5. Laurie Penny: *Fleischmarkt*. Hamburg 2012 (Nautilus)
6. Michael Nast: *Generation Beziehungsunfähig*. Hamburg 2016 (Edel)
7. Diana Kinnert und Marc Bielefeld: *Die neue Einsamkeit*. Hamburg 2021, (Hoffmann und Campe)

4 Zusammenrollen

1. Naomi Alderman: *The Power*. New York 2016 (Viking).
2. twitter.com/RebeccaRHelm/status/1207834357639139328?s=19

5 Beziehungsvertrag

1. Emma Goldman: *Das Tragische an der Emanzipation der Frau.* In: *Frauen in der Revolution.* Bd. 2, S. 17, Berlin 1977 (Kramer)
2. re:publica 2016: youtube.com/watch?v=BNLhT5hZaV8
3. William Shakespeare: *Love's Labour's Lost.* New York 1990 (Oxford University Press)
4. Jean-Jacques Rousseau: *Die Bekenntnisse.* Köln 2014 (Anaconda)

6 Sex, Lügen und Libido

1. D.H. Lawrence: *Lady Chatterley's Lover.* New York 2005 (Barnes & Noble)
2. Esther Perel: *Was Liebe braucht. Das Geheimnis des Begehrens in festen Beziehungen.* Hamburg 2020 (HarperCollins)
3. ted.com/talks/esther_perel_the_secret_to_desire_in_a_long_term_relationship?language=de
4. ebd.
5. ebd.
6. ebd.
7. faz.net/aktuell/politik/25-jahre-deutsche-einheit/erinnerung-an-montagsdemonstrationen-gauck-befreiung-ist-noch-beglueckender-als-freiheit-13198697.html
8. Emily Nagoski: *Komm, wie du willst. Das neue Frauen-Sex-Buch.* München 2015 (Knaur)
9. welt.de/print/die_welt/vermischtes/article162245077/Monogamie-ist-das-kranke-Modell.html
10. theschooloflife.com/berlin/blog/katja-lewina-ueber-offene-beziehungen/
11. ebd.
12. Eva Illouz: *Warum Liebe endet. Eine Soziologie negativer Beziehungen.* Berlin 2018 (Suhrkamp)
13. bell hooks: *all about love. New Visions.* New York 2018 (William Morrow)
14. Katja Lewina: *Sie hat Bock.* Köln 2020 (DuMont)
15. Kristen R. Ghodsee: *Warum Frauen im Sozialismus besseren Sex haben.* Berlin 2019 (Suhrkamp)

7 Elternschaft

1. telegraph.co.uk/culture/books/10455494/Doris-Lessing-her-last-Telegraph-interview.html
2. Hildegard Möller: *Die Frauen der Familie Mann.* München 2005 (Piper)
3. Mareice Kaiser: *Das Unwohlsein der modernen Mutter.* Reinbek bei Hamburg 2021 (Rowohlt)
4. zeit.de/arbeit/2019-05/arbeitsteilung-frauen-unbezahlte-arbeit-gleichberechtigung-haushalt-kinderbetreuung
5. Patricia Cammarata: *Raus aus der Mental Load-Falle: Wie gerechte Arbeitsteilung in der Familie gelingt.* Weinheim 2020 (Beltz).
   Laura Fröhlich: *Die Frau fürs Leben ist nicht das Mädchen für alles! Was Eltern gewinnen, wenn sie den Mental Load teilen.* München 2020 (Kösel)
   Emma: *The Mental Load: A Feminist Comic.* New York 2018 (Seven Stories Press)

8 Ermüdungsbrüche

1. Anaïs Nin: *The Four-Chambered Heart.* London 1959 (Peter Owen)

9 Happy End

1. Dawn Powell: *The Locusts Have No King.* Lebanon 1998 (Steerforth)
2. Michael Mary: *Lebt die Liebe, die ihr habt.* Lüttow 2018 (Henny Nordholt)
3. Simone de Beauvoir: *Das andere Geschlecht. Sitte und Sexus der Frau.* Reinbek bei Hamburg 2000 (Rowohlt)
4. Arthur Rimbaud: *Sämtliche Dichtungen. Zweisprachige Ausgabe.* München 2002 (dtv)

Literaturauswahl

Eric Berne: *Spiele der Erwachsenen: Psychologie der menschlichen Beziehungen.* Reinbek bei Hamburg 2012 (Rowohlt)

JJ Bola: *Sei kein Mann: Warum Männlichkeit ein Albtraum für Jungs ist.* München 2020 (Hanser)

Alain de Botton: *How to Think More about Sex.* London 2012 (Macmillan)

Alain de Botton: *Partnerschaft. Keine Frage des Glücks.* München 2018 (SZ Verlag)

Brené Brown: *Verletzlichkeit macht stark: Wie wir unsere Schutzmechanismen aufgeben und innerlich reich werden.* München 2017 (Goldmann)

Kim Casali: *Liebe ist … himmlisch.* München 2000 (Heyne)

Gary Chapman: *Die fünf Sprachen der Liebe – Wie Kommunikation in der Partnerschaft gelingt.* Marburg 1994 (Francke)

Angela Chen: *Ace: What Asexuality Reveals About Desire, Society, and the Meaning of Sex.* Boston 2020 (Beacon Press)

Erich Fromm: *Die Kunst zu lieben.* München 2006 (DVA)

Kristen Ghodsee: *Warum Frauen im Sozialismus besseren Sex haben.* Berlin 2019 (Suhrkamp)

John Gottman und Nan Silver: *Die Vermessung der Liebe: Vertrauen und Betrug in Paarbeziehungen.* Stuttgart 2014 (Klett-Cotta)

Kübra Gümüşay: *Sprache und Sein.* München 2020 (Hanser)

Reinhard Haller: *Die Macht der Kränkung.* Salzburg 2020 (Ecowin)

Axel Honneth: *Anerkennung. Eine europäische Ideengeschichte.* Berlin 2018 (Suhrkamp)

Wolfgang Kersting: *Die politische Philosophie des Gesellschaftsvertrags.* Darmstadt 2009 (wbg Academic)

Katja Lewina: *Sie hat Bock.* Köln 2020 (Dumont)

LITERATURAUSWAHL

Katja Lewina: *Bock. Männer und Sex*. Köln 2021 (Dumont)

Niklas Luhmann: *Liebe als Passion. Zur Codierung von Intimität*. Frankfurt a.M. 1994 (Suhrkamp)

Kate Manne: *Down Girl: Die Logik der Misogynie*. Berlin 2020 (Suhrkamp)

Martha Nussbaum: *Politische Emotionen: Warum Liebe für Gerechtigkeit wichtig ist*. Berlin 2014 (Suhrkamp)

Esther Perel: *Was Liebe aushält – Untreue überdenken. Ein Buch für alle, die jemals geliebt haben*. Hamburg 2020 (HarperCollins)

Sandra Pertot: *When Your Sex Drives Don't Match: Discover Your Libido Types to Create a Mutually Satisfying Sex Life*. New York 2007 (Marlowe & Company)

Sami Pihlström: *Why Solipsism Matters*. London & New York 2020 (Bloomsbury Academic)

David Schnarch: *Intimität und Verlangen*. Stuttgart 2019 (Klett-Cotta)

Margarete Stokowski: *Die letzten Tage des Patriarchats*. Reinbek bei Hamburg 2018 (Rowohlt)

Franklin Veaux und Eve Rickert: *More Than Two: A Practical Guide to Ethical Polyamory*. Portland 2014 (Thorntree Press)

Jenseits von Rosa und Hellblau

Wir haben feste Erwartungen an die Geschlechterrollen, die Jungen zu erfüllen haben. Noch immer sollen sie stark sein, ab einem gewissen Alter lieber nicht mehr weinen und keine Röcke tragen.

Der Feminist, Journalist und Vater Nils Pickert hat ein leidenschaftliches, gedanklich präzises und berührendes Plädoyer für die Freiheit von Geschlechterrollen in der Erziehung unserer Söhne geschrieben. Er beschreibt, wo diese Männlichkeits-Normierung beim Spielzeugkauf, auf dem Schulhof oder im Gefühlsleben stattfindet und wie sehr sie Jungen in ihrer Entfaltung schadet. Der Autor zeigt, wie sehr viele Jungen Fürsorglichkeit und Puppen lieben – und brauchen. Es gibt eine unendliche Vielfalt an Wegen, vom Jungen zum Mann zu werden. Wie Eltern ihre Söhne dabei unterstützen können, schildert Nils Pickert mit vielen Hinweisen und Beispielen.

»*Für mich ist* Prinzessinnenjungs *ein echter Augenöffner.*«
Christopher End, bindungsträume

Nils Pickert
Prinzessinnenjungs
Wie wir unsere Söhne aus der Geschlechterfalle befreien
Klappenbroschur
254 Seiten
ISBN 978-3-407-86587-8